本书由
中央高校建设世界一流大学（学科）
和特色发展引导专项资金
资助

 中南财经政法大学"双一流"建设文库

创 | 新 | 治 | 理 | 系 | 列 |

构成要件真实语义研究

—— 刑法解释发微

胡先锋 著

长江出版传媒
湖北人民出版社

图书在版编目(CIP)数据

构成要件真实语义研究:刑法解释发微/胡先锋著.
武汉:湖北人民出版社,2019.12
ISBN 978-7-216-09831-1

Ⅰ.构… Ⅱ.胡… Ⅲ.刑法—法律解释—研究—中国 Ⅳ.D924.05
中国版本图书馆 CIP 数据核字(2020)第 018665 号

责任编辑:李　鹏
封面设计:陈宇琰
　　　　　张　弦
责任校对:范承勇
责任印制:王铁兵

构成要件真实语义研究
GOUCHENG YAOJIAN ZHENSHI YUYI YANJIU

胡先锋 著

出版发行:湖北人民出版社	地址:武汉市雄楚大道 268 号
印刷:武汉科源印刷设计有限公司	邮编:430070
开本:787 毫米×1092 毫米 1/16	印张:15.5
字数:256 千字	插页:2
版次:2021 年 5 月第 1 版	印次:2021 年 5 月第 1 次印刷
书号:ISBN 978-7-216-09831-1	定价:62.00 元

本社网址:http://www.hbpp.com.cn
本社旗舰店:http://hbrmcbs.tmall.com
读者服务部电话:027-87679656
投诉举报电话:027-87679757
(图书如出现印装质量问题,由本社负责调换)

总　序

"中南财经政法大学'双一流'建设文库"是中南财经政法大学组织出版的系列学术图书，是学校"双一流"建设的特色项目和重要学术成果的展现。

中南财经政法大学源起于1948年以邓小平为第一书记的中共中央中原局在挺进中原、解放全中国的革命烽烟中创建的中原大学。1953年，以中原大学财经学院、政法学院为基础，荟萃中南地区多所高等院校的财经、政法系科与学术精英，成立中南财经学院和中南政法学院。之后学校历经湖北大学、湖北财经专科学校、湖北财经学院、复建中南政法学院、中南财经大学的发展时期。2000年5月26日，同根同源的中南财经大学与中南政法学院合并组建"中南财经政法大学"，成为一所财经、政法"强强联合"的人文社科类高校。2005年，学校入选国家"211工程"重点建设高校；2011年，学校入选国家"985工程优势学科创新平台"项目重点建设高校；2017年，学校入选世界一流大学和一流学科（简称"双一流"）建设高校。70年来，中南财经政法大学与新中国同呼吸、共命运，奋勇投身于中华民族从自强独立走向民主富强的复兴征程，参与缔造了新中国高等财经、政法教育从创立到繁荣的学科历史。

"板凳要坐十年冷，文章不写一句空。"作为一所传承红色基因的人文社科大学，中南财经政法大学将范文澜和潘梓年等前贤们坚守的马克思主义革命学风和严谨务实的学术品格内化为学术文化基因。学校继承优良学术传统，深入推进师德师风建设，改革完善人才引育机制，营造风清气正的学术氛围，为人才辈出提供良好的学术环境。入选"双一流"建设高校，是党和国家对学校70年办学历史、办学成就和办学特色的充分认可。"中南大"人不忘初心、牢记使命，以立德树人为根本，以"中国特色、世界一流"为核心，坚持内涵发展，"双一流"建设取得显著进步：学科体系不断健全，人才体系初步成型，师资队伍不断壮大，研究水平和创新能力不断提高，现代大学治理体系不断完善，国际交流合作优化升级，综合实力和核心竞争力显著提升，为在2048年建校百年时，实现主干学科跻身世界一流学科行列的发展愿景打下了坚实根基。

习近平总书记指出："当代中国正经历着我国历史上最为广泛而深刻的社会变革，也正在进行着人类历史上最为宏大而独特的实践创新。……这是一个需要理论而且一定能够产生理论的时代，这是一个需要思想而且一定能够产生思想的时代。"①坚持和发展中国特色社会主义，统筹推进"五位一体"总体布局和协调推进"四个全面"战略布局，实现"两个一百年"奋斗目标、实现中华民族伟大复兴的中国梦，需要构建中国特色哲学社会科学体系。市场经济就是法治经济，法学和经济学是哲学社会科学的重要支撑学科，是新时代构建中国特色哲学社会科学体系的着力点、着重点。法学与经济学交叉融合成为哲学社会科学创新发展的重要动力，也为塑造中国学术自主性提供了重大机遇。学校坚持财经政法融通的办学定位和学科学术发展战略，"双一流"建设以来，以"法与经济学科群"为引领，以构建中国特色法学和经济学学科、学术、话语体系为己任，立足新时代中国特色社会主义伟大实践，发掘中国传统经济思想、法律文化智慧，提炼中国经济发展与法治实践经验，推动马克思主义法学和经济学中国化、现代化、国际化，产出了一批高质量的研究成果，"中南财经政法大学'双一流'建设文库"即为其中部分学术成果的展现。

文库首批遴选、出版两百余册专著，以区域发展、长江经济带、"一带一路"、创新治理、中国经济发展、贸易冲突、全球治理、数字经济、文化传承、生态文明等十个主题系列呈现，通过问题导向、概念共享，探寻中华文明生生不息的内在复杂性与合理性，阐释新时代中国经济、法治成就与自信，展望人类命运共同体构建过程中所呈现的新生态体系，为解决全球经济、法治问题提供创新性思路和方案，进一步促进财经政法融合发展、范式更新。本文库的著者有德高望重的学科开拓者、奠基人，有风华正茂的学术带头人和领军人物，亦有崭露头角的青年一代，老中青学者秉持家国情怀、述学立论、建言献策，彰显"中南大"经世济民的学术底蕴和薪火相传的人才体系。放眼未来、走向世界，我们正以习近平新时代中国特色社会主义思想为指导，砥砺前行，凝心聚力推进"双一流"加快建设、特色建设、高质量建设，开创"中南学派"，以中国理论、中国实践引领法学和经济学研究的国际前沿，为世界经济发展、法治建设做出卓越贡献。为此，我们将积极回应社会发展出现的新问题、新趋势，不断推出新的主题系列，以增强文库的开放性和丰富性。

"中南财经政法大学'双一流'建设文库"的出版工作是一个系统工程，它的推进得到相关学院和出版单位的鼎力支持，学者们精益求精、数易其稿，付出极大辛劳。在此，我们向所有作者以及参与编纂出版工作的同志们致以诚挚的谢意！

因时间所囿，不妥之处还恳请广大读者和同行包涵、指正！

中南财经政法大学校长

---

① 习近平：《在哲学社会科学工作座谈会上的讲话》，2016年5月17日。

序

刑法分则的教学和研究，一向不很受重视。

20多年前，我在武汉大学参加博士论文答辩，席间一位答辩委员说："分则有个啥理论性呢？"甚至说"写分则的博士论文水平都不行"。我颇觉惊诧。

刑法学界轻视甚至歧视刑法分则研究的风气，也不知道是何时开始的。现在虽然好一些，但是，全身心投入具体构成要件解释的研究力量仍然比较薄弱和孤单。这就造成了刑法分则的研究尚未有突破性进展。这是非常遗憾的事情。

2013年以前，我一直在一线从事刑法分则的教学。有的条文，用案例一讲就活了。我积累了上百个案例，并逐年加以完善，学生们学起来普遍不觉得枯燥。这是我很欣慰的，觉得自己的日常工作是有价值的。

总则与分则是分不开的。真正的社会意义和社会价值是在刑法分则。分则使得总则的理论具体化，反过来又会推动和丰富刑法总论。很多理论是从分则发展出来的，是从实际案例发展出来的。假如没有分则，没有具体构成要件的解释和语义挖掘，刑法学根本就是纸上谈兵。

本书是从语言学和语义学角度对构成要件真实语义、终极语义的宏观审视和微观阐发，既填补了学界研究空白，对于刑法分则的教学也有裨益。刑法解释学不仅需要宏大的理论架构，也需要微观的扎实努力与知识转型。

本书作者是我教过的学生，其思维不落窠臼，卓然独立，是隐忍、刻苦和机巧的学人。他嘱我作序，兹置寥寥数语，以成其事，以彰其行。我也期待他还有后续著作，期待他的著作对我国刑法研究有大的推进。

是为序。

吴安清

2019年10月18-19日于武昌银杏公寓家中

目 录

绪 论

第一节　重新厘定构成要件内涵和外延　　2
第二节　体系解释与语言场域　　5
第三节　说明　　6
　一、本书术语的使用习惯　　6
　二、刑法构成要件背后的汉语史　　7
　三、本书书名　　7
　四、刑法术语　　8

第一章　文理解释与词典义

第一节　文理解释的现状与地位　　10
　一、文理解释的研究现状　　10
　二、文理解释在解释方法中的地位　　11
　三、文理解释与论理解释的关系　　13
第二节　词典义（字面意思）　　14
　一、词典义是文理解释的依据　　14
　二、词典义是扩大解释与缩小解释的先决条件　　15
　三、词典义的复杂性　　16
　四、词典义的局限性　　18
第三节　义项与义素分析法　　19
　一、释义的结构　　19
　二、义素分析法的优点　　20
　三、义素分析法的缺陷　　20

　　　　四、义素分析法的适用条件　　　　　　　　　　　21
　　第四节　文理解释与义素的关系　　　　　　　　　　22
　　　　一、词典义的义素是文理解释的基础　　　　　　22
　　　　二、随意增加区别义素的效应　　　　　　　　　23
　　　　三、随意删除区别义素的效应　　　　　　　　　24
　　　　四、合理增加区别义素的实质　　　　　　　　　25

第二章　语义确定
　　第一节　字面意思的不确定性　　　　　　　　　　　29
　　　　一、字面意思不确定性的成因　　　　　　　　　29
　　　　二、医疗器械具有不同外延　　　　　　　　　　35
　　　　三、伤害具有不同外延　　　　　　　　　　　　36
　　　　四、邮政具有不同外延　　　　　　　　　　　　38
　　第二节　字面意思的确定性不允许随意扩张构成要件的外延　44
　　　　一、冒充　　　　　　　　　　　　　　　　　　45
　　　　二、结婚或婚姻　　　　　　　　　　　　　　　46
　　　　三、吸食毒品　　　　　　　　　　　　　　　　49
　　第三节　字面意思的确定性不允许随意缩小构成要件的外延　49
　　　　一、公共交通工具　　　　　　　　　　　　　　50
　　　　二、凶器　　　　　　　　　　　　　　　　　　51

第三章　语义关系
　　第一节　现代汉语词汇的上下位关系　　　　　　　　55
　　　　一、上下位关系的现象　　　　　　　　　　　　55
　　　　二、上下位关系的实质：共同义素　　　　　　　57
　　　　三、新词与新的上下位关系　　　　　　　　　　60
　　第二节　刑法构成要件中的上下位关系　　　　　　　61
　　　　一、上下位关系的复杂性　　　　　　　　　　　61
　　　　二、用语替代视角下的上下位关系　　　　　　　63

三、危害、侵犯（侵害）与破坏的上下位关系　　64
　　　四、传播与出版的上下位关系　　67
　第三节　危险物质、危险物品、危险化学品、危险废物等的
　　　　　语义关系　　68
　　　一、危险物质应该包括危险原料和危险废物　　69
　　　二、投放危险物质罪的"危险物质"　　72
　　　三、天津"8·12"爆炸案中硝酸铵和氰化钠的刑法属性　　73
　　　四、医疗废物的刑法属性　　76
　　　五、有毒有害食品与空心毒胶囊的刑法属性　　76
　　　六、小结　　80

第四章　概念借用与外延泛化

　第一节　词汇的概念借用与外延泛化　　84
　　　一、生活词汇的概念借用与外延泛化　　84
　　　二、生活词汇外延泛化的途径　　91
　　　三、刑法词汇的外延泛化　　94
　第二节　非法经营的外延泛化　　100
　　　一、非法经营罪的外延泛化过程　　100
　　　二、非法经营罪的"其他"不能实现堵截功能　　101
　　　三、非法经营罪的"其他"是总括性规定还是补充性规定　　102
　　　四、非法经营的所指确定：立法意图、客观知识、语言惯习　　105

第五章　语义场视角下的体系解释

　第一节　历时性的体系解释　　113
　　　一、历史解释之一：背叛　　113
　　　二、历史解释之二：残害　　116
　　　三、历史解释之三：掠夺　　118
　　　四、语词继受之一：虚伪与虚假　　121
　　　五、语词继受之二：机务与国家秘密　　123

六、语词继受之三：背信、违背忠实义务、违背受托义务　　124
第二节　共时性的体系解释　　125
　　一、语义场中的同义词体系　　125
　　二、语义场中关系密切词语构成的体系　　143
第三节　言内语境与刑法语篇词汇体系　　158
　　一、言内语境的含义　　158
　　二、刑法语篇的副词体系　　159
　　三、刑法语篇的形容词体系　　162
第四节　历时性体系解释和共时性体系解释的统一　　166
　　一、暴力　　166
　　二、入户与入室　　173

第六章　语义场视角下的分型与涵摄

第一节　分型与涵摄概说　　182
　　一、能够分型　　183
　　二、不能分型与暂时分型　　185
　　三、不周延的分型　　188
第二节　分型的形式逻辑与语义视角　　191
　　一、分型不能使用列举方法　　191
　　二、分型应该符合形式逻辑　　194
　　三、两个逃逸不同分型　　197
　　四、分型的语义视角　　199
第三节　构成要件的分型与涵摄　　201
　　一、形形色色的未公开信息　　201
　　二、形形色色的非法获取　　204
第四节　罪名的分型与涵摄　　204
　　一、概述　　204
　　二、罕见的分型　　206
　　三、泄露秘密或者情报的犯罪　　209

四、"持械"的增减　　211

第七章　侮辱的真实语义
第一节　侮辱的词义和分类　　214
　　一、侮辱的词义　　214
　　二、侮辱的分类　　216
　　三、滥用侮辱的原因　　217
　　四、从历史解释看侮辱　　219
第二节　侮辱行为的展开　　220
　　一、侮辱国旗、国徽罪的展开　　220
　　二、侮辱国歌罪的展开　　223

戬藜之思（代后记）　　225

绪　论

第一节　重新厘定构成要件内涵和外延

一个语词的内涵和外延，不可能由其自身得到解释。众所周知，词典中解释、定义一个词语的时候，是用其他文字、词语等作为素材的。这种现象和规则表现在逻辑学上，就是定义项中不得含有被定义项。既然定义项中不得含有被定义项，那么被定义项中也不得含有定义项。所以，一个语词的内涵和外延，不可能由其自身得到解释，也不应该从其自身得到解释，而只能依赖、必须依赖其他语词的阐发而得到确定。

而这种规则和语言现象表现在刑法解释中，就是一个构成要件的内涵和外延，也不可能由其自身得到解释。对一个构成要件的解释，实际上是使用别的语言材料来完成的，是依靠该构成要件之外的语料来实现的，这实际上就是在一个巨大的语言体系里面，找寻和发现能够阐释被阐释项的语言外壳，以达到立法目的，完成刑法和诉讼过程，完成定罪量刑各个环节。目光往返于社会生活事实也好，往返于刑法规范也好，形式上都是建立在语言世界、语料库的基础上的，形式上看到的都是语言和语词的流动、堆叠和建构。所以，从某种角度来说，刑法解释就是刑法语言学。

从某种角度说，刑法解释的终极问题是确定构成要件的内涵与外延。如果认可刑法构成要件都是原型范畴，认可原型范畴中心是清晰的、边缘是模糊的，就意味着认可了构成要件的边缘是模糊的，也就是外延是模糊的，文义射程是模糊的，涵摄范围是模糊的。例如，什么是财产？新的样本（刑法史上的电力、虚拟财产等）出现后，为了涵摄这个新的样本，解释者们会修改原型范畴的内涵，会导致财产的内涵缩小，于是该范畴的外延就扩大了，该范畴的文义射程就扩大了，就能被处断为财产这一构成要件，解释工作就完成了。当然，上述论者的逻辑错误是非常明显的：一个概念，假如其中心是清晰的（也就是内涵是清晰的），其外延就不可能是模糊的。之所以觉得模糊，是因为新的样本出现后，还误以为原有的原型范畴中心是清晰的，新的样本出现后，概念的内涵（中心）势必发生变动。其实，只要有新的样本出现，原型范畴的中心和边缘、概念的内涵和外延都会不清晰，只有调整好了，新的清晰才能出现。所以，整个刑法解释的核心，是重新确定概念的内涵和外延，而重新确定概念的内涵和外延，既是语言学的任务，也是刑法学的任务，二者本质上是一致的，只是各自是从不同学科角度进行观照罢了。因而，刑法语言学就是刑法解释，是使用刑法语言解释刑法现象和刑事案件罢了。

重新确定概念的内涵和外延，其途径大致有：

第一，通过刑事立法、修法直接更改构成要件的适用范围。例如，立法解释中的渎职罪犯罪主体内涵外延的改变。再如，立法者通过立法，使得虐待罪名增多，扩大了虐待行为的处罚范围，实际上缩小了虐待这个语词的内涵。再如，2019年新的《中华人民共和国药品管理法》没有再把未经批准进口的药品列为假药，这必然使得刑法中的假药这一构成要件的外延缩小，相应地内涵扩大了，假药这一概念、构成要件被立法者重新厘定。

第二，通过新词的引进和使用，通过直接改变语言外壳来完成。这种途径是比较缓慢的，也是很慎重的，毕竟，语言是交流的最重要的工具，一般不会轻易使用。但这仍然有迹可循。例如，国家工作人员这一范畴，已经逐渐被"行使公权力的人员"[①]等新的语言所替代。再如，学界在涉及犯罪客体的时候，以法益替代社会关系，就是直接使用新的语言来完成的。

第三，通过学理解释赋予构成要件合理的新外延。如卖淫一词的外延，从女性为男性，扩大为包括同性之间的性交易与男性为女性的性交易。这是有风险的，毕竟构成要件的原有外延是被词典义明确加以规定的，学理解释的腾挪空间其实是非常有限的，搞不好就会闹笑话，或者难以为社会公众所接受。

第四，通过立法解释增加新的分型，而无需改变语言外壳，来完成涵摄任务。例如，男生声部包括男低音、男中音、男高音和高男高音（历史上为阉人歌手）四种，假如增加低男低音这种分型，而"男生声部"这一语言外壳保持不变，依然能够完成"男生声部"的涵摄任务。刑法中，以某某论就是这一技巧的运用。例如，部队执行戒严任务或者处置突发性暴力事件时，以战时论，既没有改变"战时"，也增加了这一构成要件的涵摄力。再如，以国家工作人员论这一类型，就是立法者增加的国家工作人员的新类型。

---

① 在最近几年的打黑除恶中，行使公权力的人员、公职人。

第五，通过逻辑上的周延来完成涵摄任务，扩大罪名的外延和打击范围。典型做法是增加"不""反"这一行为方式。例如，第226条强迫交易罪，2011年增加了参与、退出投标、拍卖、特定的经营活动等罪状。但是由于在逻辑上仍然不周延，所以，北京政泉公司强迫交易案出现后，由于该案是强迫他人退出收购的行为，无法适用现有法条。因而，很有必要完善和周延，把强迫他人提供或者接受服务的改为强迫他人提供或者接受服务，以及强迫他人不提供或者不接受服务。把强迫他人转让或者收购公司、企业的股份、债券或者其他资产的改为强迫他人转让或者收购，以及强迫他人不转让或者不收购，等等。

第六，通过司法解释确定构成要件的真实语义。例如，什么是"法律规定的国家考试"？其内涵和外延是什么？2019年9月，最高人民法院、最高人民检察院发布《关于办理组织考试作弊等刑事案件适用法律若干问题的解释》，予以明确，解决了此前的各种争论：《刑法》第284条之一规定的"法律规定的国家考试"，仅限于全国人民代表大会及其常务委员会制定的法律所规定的考试。根据有关法律规定，下列考试属于"法律规定的国家考试"：（一）普通高等学校招生考试、研究生招生考试、高等教育自学考试、成人高等学校招生考试等国家教育考试；（二）中央和地方公务员录用考试；（三）国家统一法律职业资格考试、国家教师资格考试、注册会计师全国统一考试、会计专业技术资格考试、资产评估师资格考试、医师资格考试、执业药师职业资格考试、注册建筑师考试、建造师执业资格考试等专业技术资格考试；（四）其他依照法律由中央或者地方主管部门以及行业组织的国家考试。前款规定的考试涉及的特殊类型招生、特殊技能测试、面试等考试，属于"法律规定的国家考试"。笔者认为，这一解释仍存在外延不够明确的问题。例如，根据《中华人民共和国道路交通安全法》第19条："驾驶机动车，应当依法取得机动车驾驶证。申请机动车驾驶证，应当符合国务院公安部门规定的驾驶许可条件；经考试合格后，由公安机关交通管理部门发给相应类别的机动车驾驶证。"驾驶证考试显然属于全国人民代表大会及其常务委员会制定的法律所规定的考试，但是在司法解释中只字未提。笔者认为，有必要对于"全国人民代表大会及其常务委员会制定的法律所规定的考试"予以全面清理、查明，然后详细列举出"法律规定的国家考试"的具体名称，而不应采取例示法这一司法解释的模式。[①]

[①] 关于例示法的缺陷与不足。参看胡先锋《解构与重构：刑法分则类型化研究》，中国政法大学出版社2018年版。

第二节 体系解释与语言场域

只有将一个具体的刑法构成要件置身于语词海洋、语料库之中,在与其他语词的对比之中,在各种语言场域之中,才能得到明确的解释,获得其真实含义、最终含义。从某种意义上说,刑法语言之间的互相关联、互相印证、互相补充和互相排斥等,使得语词之间的关系变得比每个语词自身还要重要。我们使用某个语词,其实是在使用某个语词身处其间的语言场域而已。为了框定一个构成要件的内涵和外延,为了解释一个构成要件,我们必须搞清楚与此密不可分的其他构成要件,必须搞清楚与此密不可分的宏观语言场域及其微观语词。例如,解释刑法中的"暴力",每个"暴力"所处的语言场域都不完全一样,同时,多次出现的"暴力"之间形成的语言场域也构成一个体系和系统,也需要维护这个体系和系统的逻辑自洽和稳定。

对比的方法包括两种,都是体系解释:一个是横向规范对比,这就是共时性的体系解释:强令、强制、强迫、胁迫。一个是纵向规范对比,这就是历时性的体系解释。它们都属于归纳的方法,而不是演绎的方法。总则用语与分则用语的协调方法也属于体系解释。如果静态地看,刑法规范内部是一个最大的体系,总则规范与分则规范也构成一个体系,分则规范也构成一个体系。如果动态地看,历时性的刑法规范与现实的刑法规范同样构成一个体系,其中,经常使用的历史解释方法同样属于体系解释的方法。

广义的体系解释其范围很大,刑法案例体系、刑法规范体系、刑法历史与沿革的体系所形成的语言场域、刑法语料库体系等,都应该也可以纳入体系解释之中。因为,体系解释的要义在于,在各种体系的聚焦中,逐渐发现和定位一个具体构成要件的真实含义。不仅如此,多种解释方法的位阶关系到底存不存在,似乎并不重要,重要的是,运用各种方法是逐步把构成要件真实含义进行聚焦、定位的过程,其最终目标得到构成要件真实含义。

目的论的解释属于主观解释,其局限性,首先在于不是任何时候都能发现立法原意和立法目的。当不能明确立法者的立法原意和立法目的时，这种解释方法就无法运用了。其次在于当主观解释与客观文义不能协调的时候，目的解释本身会受到质疑，其解释的有力性会下降，其权威会被质疑，其适用范围变得狭窄。但是，当可以明确立法者的立法原意和立法目的时，这种解释方法得出的结论也很有说服力。从某种角度说，目的论的解释同样属于体系解释，即参酌立法目的也是整个解释体系中的一部分，这对某些构成要件来说，还特别重要。甚至缺了目的解释，该构成要件完全不能得到解释。至于立法解释、司法解释是不是符合立法目的，是无需争论的，因为它们属于有权解释，解释主体本身就能够代表立法者，所以，原则上，引用立法解释、司法解释的规定，都是在进行体系解释，也是在引用目的论的解释。除非立法解释、司法解释完全错误或者不甚妥当，此时才需要对其进行纠正。

在语言场域视角下，所有的解释方法都属于体系解释、整体的解释。即便是最基础的文理解释，也要在语言场域中来进行，否则，就难以厘定词典义、字面意思、通常文义等。

第三节　说明

一、本书术语的使用习惯

本书术语的使用习惯是：词汇、语汇、构成要件词汇、构成要件等，往往是在一个相同意义上使用的。语义场、语言场、语言场域等，往往是在一个相同意义上使用的。语言场域基本相当于语篇、语境、体系。扩张、扩大、泛化等术语，往往是在一个相同意义上使用的。义位、义项等，往往是在一个相同意义上使用的。此外，限制、限缩、缩小等一组词语，行为人、犯罪行为人等一组词语，词典义、词典语义、词典释义、词典意思、词典解释等一组词语，历史解释、历时解释一组，体系解释、语篇解释一组，也是如此。

语义包括字义、词义和句义，乃至篇义。由于刑法的构成要件主要是关乎词义、词汇含义的，所以，本书尽管会涉及字义和短语的含义，但是仍不进行严格区分，统称为语义。有时候，文义一词与语义也不加区分。

二、刑法构成要件背后的汉语史

一个汉语词汇、一个刑法构成要件的背后，就是一段汉语史。这是无法逃避的事实。刑法研究如果不能把自身置于汉语史的怀抱中，就是背离现实，只会与真理渐行渐远。只有把刑法研究扎根于汉语言所构建的意义世界中，才会形成中国品格与汉语风骨。

进行刑法评价，实际上是以汉语言进行刑法评价。进行刑法解释，实际上是以刑法语言进行解释。刑法理论，是以汉语言为唯一载体的理论或者其体系。总而言之，汉语言不通，则刑法理论不通。汉语言不同，则刑法理论有异。因此，可以考察一个解释者语言水平的高低，来定性该解释者刑法水平的高下。例如，中止犯的定义，有的解释为出于己意停止犯罪，有的解释为能而不欲，有的解释为自动放弃犯罪或者自动有效防止犯罪结果发生。其间的细微差异，的确能够折射出刑法水平的高下和刑法感觉的高下。

三、本书书名

"真实含义"这一表述可能是出自张明楷[①]，也可能是自己心中盘桓多年的一个刑法关键词。这个词语或者短语，将汉语语言学与刑法解释结合在一起，值得继续深究。本书将它改为"真实语义"，并下探至义素层面，期望能够将刑法研究的微观深度大大提升。有学者使用的"刑法文本的具体意义"或"现实意义"[②]大致相当于本书的"真实语义"。这些表述方式都试图找到对一个构成要件进行刑法解释的最佳答案，因此，本质上都是"最佳语义""最佳意义"或者"终极语义"的代名词。为了强调本书与刑法解释的内在联系，故确定书名为《构成

[①] 张明楷：《刑法学》，法律出版社2003年版，第43页。
[②] 王政勋：《刑法解释的语言论研究》，商务印书馆2016年版，内容提要，第59页。

要件真实语义研究——刑法解释发微》。

四、刑法术语

现行刑法学的某些术语，有的并未真实传达出其意旨。如"防卫挑拨"，意思本来是——貌似防卫的挑衅、挑逗行为。"挑拨"的意思是搬弄是非，引起纠纷。① 刑法学是从何时开始使用"挑拨"一词的，本书暂时无力考证。英语为 Instigation of Defense。Instigation，意思是发起、唆使、煽动。所以，防卫挑拨的真实意思非常接近寻衅滋事、惹是生非等，明显属于不法行为。有学者把挑衅行为作为一个上位概念，下面包括防卫挑拨、间隔的刺激、给对方造成刺激的前期冲突、过错行为等。② 不论这一分型是否科学，至少可以表明，防卫挑拨的确是挑衅行为的一种。

---

① 《现代汉语词典》，商务印书馆2012年版，第1293页。
② 罗岚：《论挑衅行为中的正当防卫问题》，2018年上海师范大学硕士专业学位论文。按：刑法中的挑衅不能达到不法侵害的程度，否则，挑衅行为本身已经具有犯罪性了。

第一章
文理解释与词典义

第一节 文理解释的现状与地位

一、文理解释的研究现状

文理解释是最基础性的刑法解释方法，这已经成为刑法学界的共识。[①] 其实质是客观解释，而不是主观解释，它是依据构成要件的文字、语法、标点符号等确定其真实含义的方法和过程。文理解释是展开刑法解释活动的起点。

尽管学界普遍认为文理解释是刑法解释的基础，但实际上，刑法学界对此解释方法总体上是比较忽视的，这表现在三个方面。

第一，对于文理解释的定义很简单，很随意，不严谨。如："文理解释，就是对法律条文的字义，包括单词、概念、术语，从文理上所作的解释。"[②] 这是以文理解释来定义文理解释，犯了低级的逻辑错误，当然不足为训。再如："文理解释是指根据刑法用语的文义及其通常使用方式阐释刑法意义的解释方法。"[③] 这个定义强调了文义和通常使用方式，但是何为文义、何为通常、通常的依据是什么，显然是需要继续进行解释、说明才能令人知晓论者的真意的。

第二，有关研究成果并不多。以"文理解释"为书名关键词的刑法学专著目前尚无一本。以"刑法文理解释"为关键词搜索中国知网，仅得到 11 条汉语文献，被引次数最多的为程红《论刑法解释方法的位阶》一文，还不是专论文理解释的。这 11 条文献中，真正专论文理解释的，只有 4 条，分别是：叶良芳、申屠晓莉《论理解释对文理解释的校验功能——"两高"指导性案例马乐利用未公开信息交易案评释》，于成《浅析刑法中论理解释与文理解释之关系辨析》，

[①] 张明楷：《刑法学》（上），法律出版社 1997 年版，第 33 页。王海桥：《经济刑法解释原理的建构及其适用》，中国政法大学出版社 2015 年版，第 156 页。

[②] 高铭暄、马克昌：《刑法学》，北京大学出版社、高等教育出版社 2005 年版，第 24 页。

[③] 张明楷：《刑法学》，法律出版社 2003 年版，第 43 页。

唐厚珍《刑法文理解释初探》，李希慧《论刑法的文理解释方法》。

第三，当前，刑法学界还存在着不顾文理、不顾文义、随意曲解文义、生造文义、滥用论理解释方法、随意选择义项等方面的荒唐现象。其中，比较典型的有两个，一个是生造义项，一个是错选义项。一个概念中的每个词典义就是一个义项，组成义项的是义素。义项就是义位的同义语。

生造义项指的是词典义本来没有某个义项，是解释者自己以为有这个义项，是解释者自己生造、杜撰出来的。例如，有学者对"假冒"一词具有的义项进行生造，认为"假冒"有充当这一义项。其实，"假冒"根本没有这个义项。①

错选义项指的是对于具有多个义项的一个具体构成要件，解释者错误以为只有一个义项，或者错误选择义项的情形。例如，收买被拐卖的妇女、儿童罪中的"收买"，有学者认为：日常用语中"收买"这个词往往是指用一定的方法讨好某人，难道能将这里的"收买"按照它在日常生活中所具有的含义来理解吗？难道那些给妇女、儿童购买贵重物品来讨好妇女、儿童的行为也能认定为这里的"收买"吗？② 这当然是很明显的错误。因为，现代汉语中的"收买"，有两个义项，一个是收购；一个是用钱财或其他好处笼络人，使受利用。③ 收买被拐卖的妇女、儿童罪中的"收买"，当然应该选择收购这个义项。在解释的过程中，或者在论证自己的观点的过程中，如果使用的论据是错误的，论点岂能是正确的？解释者似乎都很在意自己的论点，而容易忽视论据。有的是根据预设的论点而有意识地挑选适合自己的论据，有的是无视常识、先入为主、使用了错误的论据，形形色色，不一而足。

与刑法学的发展一样，由于现代汉语自身的发展也同样很迅猛，文理解释并非简单的事情，甚至是复杂的事情和学问，很有必要进行深入研究。

二、文理解释在解释方法中的地位

在刑法学界，有学者主张各种刑法解释方法有位阶性，应遵循文理解释→

---

① 《现代汉语词典》，商务印书馆 2012 年版，第 624 页。
② 张明楷：《刑法的私塾》，北京大学出版社 2014 年版，第 37 页。
③ 《现代汉语词典》，商务印书馆 2012 年版，第 1194 页。

体系解释→目的论解释的适用序列。① 也有学者对此予以否定，认为不存在位阶。② 如一种代表性的观点是：

　　文义解释有诸多局限，需要其他解释方法来印证和检验，因此其并不具有优位性。客观目的解释的功能具有多面性，其仅在目的性缩限时具有绝对优先性，因此不能一概认为其有决定性；主观目的解释仅在提供不处罚的立法资料时具有特殊价值。在刑法解释的商谈、试错过程中，方法的采用有"各取所需"的特点，采用何种解释方法取决于对处罚必要性的判断。解释是一种结果，通常是在结论确定之后再选择解释方法，为法官定罪与否提供"事后注脚"。由于司法裁判必须考虑国民的认同感，且要接受后果考察，刑法适用就必须兼顾大量解释方法自身难以涵括的各种复杂因素。因此，如何立足于法条用语的通常含义，将犯罪论体系、规范保护目的、国民的规范认同、处罚必要性等内容一并考虑，并且坚持实践理性，选择对个案最为合适的解释方法，将实质解释的结论限定在特定时代能够接受的范围内，从而平衡好惩罚犯罪和保障人权的关系，是比刑法解释方法的位阶性更为重要的问题。③

　　上述文字存在着多处自相矛盾或者不妥。第一个自相矛盾是，既然论者认为"立足于法条用语的通常含义"，就仍然是把文理解释放在基础性地位上的——既然是立足于、立足性，当然就是位阶在前了。该论者自己也明确提出：本文的基本观点是文义解释处于解释的起点位置，但这不意味着文义解释是决定性的。既然是起点，位阶当然是最前的。第二个不妥是，"通常是在结论确定之后再选择解释方法"，试问，这不是先定罪再找理由吗？这样的定罪活动是不是完全不顾事实？

　　无论如何，文理解释是基础性的刑法解释方法，是厘定构成要件真实含义、真实语义的时候应该首先运用的一种解释方法。本书无意探讨位阶问题和顺序问题，因为那只是一个方法论的问题，对于发现构成要件的真义即使有一点价值，也不是巨大价值。真正需要刑法学者们去做的，应该是对一个司法实践案例中的构成要件进行刻意、纯粹的关怀，而不是泛泛论述该怎么去解释，该按照什

---

① 程红：《论刑法解释方法的位阶》，《法学》2011年第1期。
② 刘俊杰：《刑法解释方法位阶性否定论》，《刑事法评论》2016年总第39卷，第438页。周光权：《刑法解释方法位阶性的质疑》，《法学研究》2014年第5期。
③ 周光权：《刑法解释方法位阶性的质疑》，《法学研究》2014年第5期。

么顺序去解释。无论是采取什么解释方法，也无论按照什么位阶、顺序去解释，最合理的、最佳的解释结论应该只有唯一的一个。

三、文理解释与论理解释的关系

文理之中当然是讲究逻辑和论理的，否则，文理解释自身不可能有任何发展，也不可能生存下去。这就面临一个问题，文理解释与论理解释（逻辑解释）是什么关系？刑法学界普遍认为是一种并列关系，这是所谓的通说。其实，笔者认为，这恐怕是把问题简单化了。一个国家的语言体系，或者一个刑法的语言体系，能够自身得到长足进展，仅有文字的外壳，岂能独善，因为外壳性质的文字和语言的背后，是对世界的认知和指称，文字语言系统自身就是自足的逻辑系统和逻辑世界，其对应的事物（所指）必然也是自足的逻辑系统和逻辑世界。所以，充其量只能说，文理解释侧重于文字解释，论理解释侧重于逻辑解释，而不能把二者对立起来，作为并列关系。二者应该是一种你中有我、我中有你的共生互渗关系，文理解释不能脱离逻辑，逻辑解释、论理解释也是以文字为唯一的表达手段的。只要看看文理解释与论理解释这两个词语中都有"理"，就知道二者有交叉、重叠的部分。学者们之所以把他们作为并列关系，实际上是悄悄地把文理解释缩小为词典的解释，也就是词典义。其实，文理解释的基础是词典义，但是词典义并非文理解释的全部。例如，学者们公认的文理解释的内容包括标题、标点、语法等，这些显然不是词典义所能涵摄的。

综上所述，整个刑法解释都是文理解释，都是以文字为唯一手段的解释。体系解释、目的解释、沿革解释都是为了弄清楚构成要件的文义和含义。或者说，文理解释是直接解释文字的意思，而其他解释方法则是间接解释文字的意思。也可以说，文理解释是对构成要件进行的初次文义确定，而其他解释方法则是对构成要件进行的第二次、第三次、第四次等的文义确定，最终，构成要件真实含义是什么，可能进行初次文义确定就已完成，也可能需要对构成要件进行第二次、第三次、第四次的文义确定才能完成，这要看具体案件的具体情况。

没有不讲论理的文理解释，否则，文理解释也进行不下去。同样，也没有不讲文理的论理解释，否则，没有了论理解释所必需的基础和语言材料，论理解释将失去依附。

体系解释，也是文理解释，只不过范围是很大的文理，包括总则体系与分则体系的文理，案例体系形成的文理，历史沿革、历时性体系等形成的文理。但是，为了与刑法学界主流的知识体系维持一致，为了论述的方便，本书暂时仍将文理解释与论理解释进行并列，还是暂时把文理解释与体系解释进行并列，等等。

学界使用的文理解释一词，是指语文的解释。但其实，刑法解释不可能孤立地、静态地探讨文字本身的含义，这价值不大。所以，区分文理解释和论理解释似乎是观念上的价值更多一点。在实际的刑事司法与刑法推理中，文理解释难以与论理解释严格界分开来，或者说，刑法解释过程始终有文理解释的因素。所以，本书宁愿混同使用文理解释和论理解释。

第二节 词典义（字面意思）

一、词典义是文理解释的依据

文理解释的依据，指的是文理解释的文义是什么，以及通常使用方式是什么。笔者认为，文理解释[1]、文义解释[2]、客观文义、通常文义、通常含义、字面意思[3]、字面通常含义[4]等，都是一个意思，其实质是《现代汉语词典》规定的文义。本书把这称为词典义或者字面意思。关于字面意思这个概念，刑法学界一般都没有进行界定，非常遗憾。所以，很有必要对其进行界定。否则，文理解释的一系列问题就缺乏深入探讨的基础。

众所周知，词典有很多，而且还有不同版本，那么，权威的词典指的就是《现

---

[1] 李希慧：《论刑法的文理解释方法》，《中央检察官管理学院学报》1995年第1期。
[2] 时延安：《论刑法规范的文义解释》，《法学家》2002年第6期。尹传波：《论文义解释》，2006年山东大学硕士学位论文。谢丽花：《文义解释的优先性及其限制》，2012年南京师范大学硕士学位论文。李超：《论刑法的文义解释》，2015年河北大学硕士学位论文。
[3] 高铭暄、马克昌主编：《刑法学》，北京大学出版社、高等教育出版社2005年版，第24页。
[4] 张明楷：《刑法学》，法律出版社2003年版，第43页。

代汉语词典》,解释文字、单字的时候当然应该包括《新华字典》。除此之外的词典、字典,都不能作为刑法解释的文理解释的依据。也就是说,文理解释的依据是客观的——《现代汉语词典》规定的意思,而不是主观的,更不是每个学者自己认为的意思。如果字面意思没有客观标准,那么,刑法解释的基础方法就没有达成共识,这必然导致后续的解释结论难以统一。

如果有学者以广受业界批评的一本词典作为文义解释依据,显然是错误的做法。1993 年起对王同亿主编的《语言大典》等一系列词典的集体性批评,是中国辞书界、出版界的一件大事。① 到了 1996 年,王同亿主编的《新现代汉语词典》(海南出版社 1992 年出版)被作者标榜或传媒鼓吹为"换代性产品",但"盛名之下,其实难副"。②

如果有学者以自己以为的文义作为刑法文义解释的依据和出发点,显然也是错误的、不妥的做法,会导致刑法解释得出错误的、不妥的结论。众所周知,每个刑法解释者的知识背景、知识结构、社会阅历、文化素养、思想观念、世界观等都不相同,因此,对于什么是一个构成要件的通常文义,每个解释者得出的结论也是不完全相同的,可能存在较大差别。所以,必须以《现代汉语词典》的词典义作为通常文义或者客观文义,除此之外,都不妥当。

二、词典义是扩大解释与缩小解释的先决条件

还需要注意的是,词典义或者字面意思的确定,也是扩大解释与缩小解释的前提与基础。假如连字面意思是什么都没有交代或者没有确定,就贸然推出扩大解释与缩小解释,显然是莫名其妙的事情。这一点既是浅显的道理,也是容易被忽视的。

例如,有学者认为,2000 年最高人民法院《关于审理为境外窃取、刺探、收买、非法提供国家秘密、情报案件具体应用法律若干问题的解释》中对"情报"的解释是缩小解释,但是该学者并未给出"情报"的字面意思。既然没有字面意思,何来缩小解释呢?笔者认为,上述司法解释把《刑法》第 111 条中的"情

---

① 《他的胆识,我们始终未忘》,光明网。
② 戴建华:《一部粗制滥造的词典》,《阅读与写作》1996 年第 6 期。

报"解释为"关系国家安全和利益、尚未公开或者依照有关规定不应公开的事项",不是缩小解释,而只是给出了该司法解释所认为的字面意思而已。之所以说是"该司法解释所认为的字面意思",是因为这一构成要件的字面意思存在巨大争论,如有学者认为的"情报"是"国家秘密以外的、一切有关国家的政治、经济、军事、外交和科技等不应该让境外的机构、组织、人员知悉的资料、情况和消息"[1]。众所周知,《中华人民共和国国家情报法》并未给出"情报"或"国家情报"的定义。因此,何为"情报"本身就是急需明确的重大问题,在这一问题达成共识之前,缩小解释或者扩大解释不可能有任何正确的结果。上述几种对于"情报"的解释,其外延显然不一样。如尚未公开或者依照有关规定不应公开的事项,当然是不应该让境外的机构、组织、人员知悉的资料、情况和消息。但是,已经公开的,也可能是不应该让境外的机构、组织、人员知悉的资料、情况和消息。本书初步认为,"情报"是"国家秘密以外的、一切有关国家的政治、经济、军事、外交和科技等不应该让境外的机构、组织、人员知悉的资料、情况和消息",这一观点不妥,主观性太强,"不应该"难以界定。而把"情报"解释为"关系国家安全和利益、尚未公开或者依照有关规定不应公开的事项",这一观点似乎是把"情报"等同于"国家秘密"了,恐怕也难称恰当。总之,这是一个典型的规范的构成要件,需要有权者进行解释,明确加以界定。

因为一般认为论理解释包括扩大解释与缩小解释,词典义是扩大解释与缩小解释的先决条件,这使得文理解释与论理解释都是以词典义为逻辑起点的。从这一点来说,文理解释应该是论理解释的有机组成部分。或者说,论理解释无非是文理解释的深化与延伸而已。在抵近真实含义的线性上,从文理解释走到论理解释,再走到体系解释或者目的论解释,都离不开文理解释的始终参与。

三、词典义的复杂性

词典义不是一成不变的东西。有时因为《现代汉语词典》的收词原因,还会找不到某些构成要件的词典义。

---

[1] 高铭暄、马克昌:《刑法学》,北京大学出版社、高等教育出版社2005年版,第372页。

首先，《现代汉语词典》有多个版本，目前已经出到第七版。那么，是以最新的版本作为词典义，展开刑法解释，还是可以参照之前的版本？例如，强令，这个构成要件被收录是第七版的事情，此前版本都未收录。还有，不同时期的版本对于同一个构成要件词语的解释并不相同或者并不完全相同，怎么处理？

其次，一个具体的词汇、刑法构成要件，在词典中也可能会有广义、狭义，包括本义、引申义，包括多个义项等，词典中经常使用"或者"加以显示。例如，挪，挪动；转移。挪动是本义，转移是引申义。那么，解释挪用公款罪的挪用，应该选择引申义，而有趣的是，作为引申义的挪用，居然也有两个义项，一个是把原定用于某方面的钱移到别的方面来用，一个是私自用（公家的钱）。① 显然，后者才是挪用公款罪的挪用的真实含义，至于挪动（移动位置）、把原定用于某方面的钱移到别的方面来用，都不是挪用公款罪的挪用的真实含义。再如，暴力这个构成要件，1979 年的解释和 2012 年的解释基本一致。一个义项是强制的力量：武力。一个义项是特指国家的强制力（量）。② 显然，刑法构成要件暴力的义项一般应该选择"强制的力量"。如果选择"武力"，因为武力的意思有两个，一个是强暴的力量，一个是军事力量③，所以，应该选择强暴的力量。

最后，可能会出现这样的情况，即找不到构成要件在权威词典中的位置，如果词典没有收词当然就没有词典义。《现代汉语词典》并不是收录词语最全的词典，很多构成要件都没有收录于《现代汉语词典》之中，这必然为文理解释带来一定的困难和麻烦。例如，国家工作人员，司法工作人员，监察委员会，审查调查（是不是侦查）等。凡是新词，《现代汉语词典》一般不会收录，而是等到社会对这个新词已经形成约定俗成的含义之后，才考虑收录，这是一个规律。④ 而之所以《现代汉语词典》不收录，正是因为新词本身还不成熟，还没有形成稳定的义项。

---

① 《现代汉语词典》，商务印书馆 2012 年版，第 960 页。
② 《现代汉语词典》，商务印书馆 1979 年版，第 42 页。《现代汉语词典》，商务印书馆 2012 年版，第 51 页。
③ 《现代汉语词典》，商务印书馆 2012 年版，第 1382 页。
④ 其实，新生事物所对应的新词，不仅是《现代汉语词典》没有收录，无法给出客观文义，就是为新词给出解释的权威机构，其解释结论也是需要受到实践检验的，一旦与形势发展不符，或者解释错误、不正义，或者被领导人否定，或者被舆论谴责，或者被老百姓抛弃或抵制，都面临重新解释的问题。这也是对解释的再解释。

四、词典义的局限性

词典义的局限性是显而易见的。一般而言，词典义还不能直接拿来作为构成要件的解释结果，还需要进一步得到厘定、阐释和补充，以符合案件实际和规范语义。

首先，词典义仅仅是划定一个进一步进行刑法解释的大致范围和基本语义界限，给出的义素较少，一般是不能直接拿来作为刑法解释结论而使用的。如黑社会，黑，词典义为：隐秘的；非法的。[①] 那么，黑社会就是非法的社会、非法的组织。至于具体是怎样的非法，如何的非法，则需要解释者进一步去解释，如全国人大常委会的立法——《〈刑法〉修正案（八）》第 294 条规定的组织性、经济性、暴力性和控制性。词典义的这个特点显然也是其优势，即客观文义的范围较为宽广，为各种解释留下回旋余地。从义素角度来看，词典义的义素较少，而具体的刑法解释会增加义素，以缩小词典义的外延，更好地适用于刑事案件和犯罪现象。例如，刑法解释中的黑社会，是具有组织性、经济性、暴力性和控制性的非法的社会或非法的组织，增加了组织性、经济性、暴力性和控制性 4 个义素。笔者认为，解释者的解释，往往是在词典义的基础上增加义素的过程，简单地说，是把篇幅较短的、字数较少的词典的解释变为篇幅较长的、字数较多的刑法解释。

其次，词典义往往落后于现实生活和犯罪现象，也可能会滞后于刑法解释。这是毋庸置疑的，新词的收录、新的义项的收录总是滞后于社会发展的实际，总是要等到形成比较稳定和成熟的观念后，语言外壳才能相应产生。所以，如何连接新的犯罪现象与新的语言，是永恒的命题。如当前的扫黑除恶，出现的新词比较多，像黑恶霸痞四个字的连用。霸，词典义是强横无理、仗势欺人的人。[②] 第 294 条修正前有"称霸一方"这一构成要件和罪状。痞，词典义是痞子，而痞子意思是无赖、流氓。[③] 显然，问题回到了当年的口袋罪——流氓罪。这说明，词典义的解释，不仅落后于现实生活和犯罪现象，也可能会滞后于刑法解释的成果。

[①]《现代汉语词典》，商务印书馆 2012 年版，第 529 页。
[②]《现代汉语词典》，商务印书馆 2012 年版，第 22 页。
[③]《现代汉语词典》，商务印书馆 2012 年版，第 989 页。

第三节　义项与义素分析法

义素分析法是词汇学、语义学的重要研究方法，已经广泛用于各国语言的研究之中。汉语也不例外。义素分析的前提就是词典释义、词典义。一个概念中的每个词典义就是一个义项，组成义项的是义素。义项就是义位的同义语。

一、释义的结构

解释词语，解释概念，包括解释刑法的构成要件，都属于释义。释义其实是采取了"义素＋义素＋义素…"这样的模式，其基本单元就是义素。关于不同词性的释义结构，语言学者的研究成果有以下几个方面。

（一）名词的释义
多为定义式释义，结构为种差＋属概念，即区别义素＋共同义素的结构。如上衣—裤子—裙子这一组。

上衣：上身穿的衣服。
裤子：穿在腰部以下的衣服，有裤腰、裤裆和两条裤腿。
裙子：一种围在腰部以下的服装。
再如，师傅—徒弟这一组。
师傅：工、商、戏剧等行业中传授技艺的人。
徒弟：跟从师傅学习的人。

（二）动词的释义
结构为动作行为与施事和受事。如入伏—出伏这一组。
入伏：进入伏天，伏天开始。
出伏：出了伏天，伏天结束。

（三）形容词的释义

结构为状态性质与主体。如热闹—冷落这一组。

热闹：（景象）繁盛活跃。

冷落：不热闹。改写：（景象）不繁盛活跃。

二、义素分析法的优点

在我国刑法学研究和刑法解释中，率先把义素、义素分析法引入进来的是王政勋教授。他认为，义素分析法深入到了词义的内部，可以更加细致入微地辨析词语的语义特征……并且可以实现词义分析的形式化……[1]

笔者认为，不仅如此，义素分析法可以使得构成要件之间、罪名之间的关系变得更符合形式逻辑，这对于刑法解释和刑法推理都非常重要。在义素分析的基础上，不同罪名之间的内在联系会呈现得更加清晰，很多罪名会被解构掉，失去独立存在的价值，很多罪名的不周延之处也显现得更清晰。[2] 义素分析法有助于实现刑法解释的逻辑化、科学化、精细化。

三、义素分析法的缺陷

但是，正如王政勋教授所认可的那样，义素分析法存在很多缺陷，不同的人可能分析出不同的义素来，这就大大降低了义素分析法的实践价值和逻辑价值。例如，王政勋教授认为，制造、伪造和变造是意义之间存在细微差别而必须使用同义词、近义词以示区别的例子。并对三个词语进行了义素分析。[3] 但是笔者对其结论表示高度怀疑：制造和伪造"形成新的物品"，变造则没有"形成新的物品"？制造和变造"新物品和真实物品不相同"，伪造"新物品和真实物品相同"？这样的义素分析经得起推敲吗？为什么把制造、伪造和变造划分为7

---

[1] 王政勋：《刑法解释的语言论研究》，商务印书馆2016年版，第290页。

[2] 胡先锋：《刑法教学的宏旨与技术》，中国政法大学出版社2016年版，"罪名解构法"一章。

[3] 王政勋：《刑法解释的语言论研究》，商务印书馆2016年版，第252、289、290页。

个义素而不是 8 个或者 5 个？笔者认为，这里有两次上下位关系，一次是制造是伪造和变造的上位概念，这也是该论者主张的观点。[①] 一次是广义的伪造与变造是上下位关系。当然，该论者认为这是三个同义词[②]，显然是错误的，也是自相矛盾的：既然是上下位关系，怎么可能是同义词？《唐律》中使用的就是单音节词语"造"，或者四个同义的单音节词语"缮造营作"连用，非常值得借鉴和继承。现代汉语中，造就是作，制造就是制作。

再如，王政勋教授认为，"（利用）职务（上的便利）"的义素有 5 个，并认为第 171 条第 2 款的罪名有"本人职权"这一义素。[③] 而实际上，第 171 条第 2 款两个罪名中，只有金融工作人员以假币换取货币罪这一罪名才涉及"（利用）职务（上的便利）"，另一个罪名金融工作人员购买假币罪并无"（利用）职务（上的便利）"这一个构成要件。即只有金融工作人员以假币换取货币罪才有"本人职权"这一义素，金融工作人员购买假币罪并无"本人职权"这一义素。同时，他认为，第 385 条的义素"本人职权"，可能是＋，可能是－。这当然也是不正确的。因为第 385 条受贿罪明文规定，必须是行为人具有职权，利用职务上的便利，只能是＋（拥有）。那么，论者为何认为"本人职权"，可能是＋（拥有），也可能是－（不拥有）呢？笔者认为，也许是把受贿罪的其他类型如第 388 条斡旋型受贿罪的义素搅进来了。众所周知，受贿罪的构成要件中，利用职务上的便利与利用本人职权形成的便利条件是不同的，前者是典型的受贿罪，后者虽说也是职务犯罪但显然行为人并无职权。也就是说，在形式逻辑上，受贿罪的"职务"与"便利"是并列关系，而假如笼统认为二者都是"职务"，实际上是把"职务"认为进行了外延扩张和泛化，这就导致在分析义素的时候产生错误。

四、义素分析法的适用条件

所以，义素分析法的结论要经得起检验，能够被广泛接受，需要满足几个要求。

第一，必须结合形式逻辑，否则，其结论就难以服人。这是因为，义素分

---

①② 王政勋：《刑法解释的语言论研究》，商务印书馆 2016 年版，第 290 页。
③ 王政勋：《刑法解释的语言论研究》，商务印书馆 2016 年版，第 289 页。

析法主观性太强，也缺乏统一标准，在此前提下，进行义素分析，只有依靠形式逻辑的支撑，才能顺利进行下去。换句话说，义素分析本身就是在进行刑法推理和刑法解释，必须事先界定好概念的内涵外延，事先界定好概念的广义狭义。

　　第二，义素划分、义素分析应该先以词典义给出的义素为基础。例如，解释暴力的时候，词典义为"侵犯他人人身、财产等权利的强暴行为"[①]。这给出了两个义素，一个是强暴行为，一个是侵犯他人人身、财产等权利。在这两个义素的基础上进行刑法解释才具备社会基础，符合文化传统。只有在词典没有给出义素的时候，解释者才能建构一个自己的义素结构和义素划分，而这个义素结构和义素划分是否合理，需要受到检验后才知道。至于强暴行为又具备哪些义素，能否拆分出合理的义素，与其外延大小的确定息息相关。换句话说，如果把强暴行为作为一个构成要件的话，这个构成要件的解释过程也就是其内涵、外延的确定过程。下文中，确定一个构成要件的外延的努力，就是在进行刑法解释。无论是同一个构成要件的语义确定，还是不同构成要件之间的语义关系，还是探讨外延泛化现象，其实质都属于刑法解释的范围。

第四节　文理解释与义素的关系

一、词典义的义素是文理解释的基础

　　义素分析应该先以词典义给出的义素为基础，而进行刑法解释的时候，往往会在此基础上增加区别义素，也就是增加各种限定成分，以便获得合理的解释结论，明确构成要件的真实所指和真实语义。词典义给出的义素就成为共同义素。

　　例如，流氓。众所周知，流氓罪是1979年刑法的口袋罪，而之所以成为口

[①]《辞海》（缩印本），上海辞书出版社1980年版，第1404页。

袋罪，与其词典义密切相关。刑法对流氓罪的解释与其词典义密切相关。流氓的词典义有两个，一个是原指无业游民，后来指不务正业，为非作歹的人。一个是指调戏妇女等恶劣行为。① 显然，口袋罪主要与第一个义项有关系，因为第二个义项"调戏妇女"的所指还是很清楚的。第一个义项"为非作歹"包括的可能行为就太多了，现行刑法中的聚众斗殴、寻衅滋事、强迫交易、非法持有枪支、强制猥亵等行为当然都属于"为非作歹"。所以，流氓罪不具有罪刑法定主义所要求的外延的明确性，被时代抛弃是理所当然的事情。当年对于流氓罪的刑法解释主要是来自于词典义，词典义及其义素是刑法文理解释的基础。

再如，枪支。在进行刑法解释的时候，刑事司法者往往会在词典义的基础上增加一个义素——枪口比动能大于等于 1.8 焦耳 / 平方厘米。也就是说，枪口比动能大于等于 1.8 焦耳 / 平方厘米的枪支才是司法机关认为的枪支。这是 2010 年 12 月公安部《公安机关涉案枪支弹药性能鉴定工作规定》所规定的：对不能发射制式弹药的非制式枪支，按照《枪支致伤力的法庭科学鉴定判据》(GA/T718-2007)的规定，当所发射弹丸的枪口比动能大于等于 1.8 焦耳 / 平方厘米时，一律认定为枪支。增加区别义素会缩小枪支词典义的外延。

再如，黑社会。既然黑社会是具有组织性、经济性、暴力性和控制性的非法的社会或非法的组织，那么，就是在非法社会、非法组织的基础上，增加了组织性、经济性、暴力性和控制性 4 个区别义素。这一刑法上的解释，是以词典义给出的义素为基础的。也只有如此，才能得出受到广泛认同的刑法解释结论，这是刑法解释具有生命力的重要原因。② 增加义素会缩小黑社会词典义的外延。

二、随意增加区别义素的效应

进行文理解释的时候，如果解释者随意增加区别义素，会不当缩小构成要件的外延，导致解释结论明显错误或者自相矛盾。

---

① 《现代汉语词典》，商务印书馆 2012 年版，第 832 页。按：现在，汉语已经完全不使用"无业游民"这一义项了。
② 从这一角度来看，刑法解释做得好，能够为词典义的完善做出贡献。编纂词典绝不是闭门造车，必须广泛搜求全社会各个领域的解释成果。

例如，脱逃，现代汉语的词典义是脱身逃走。①脱逃罪，是指依法被关押的罪犯、被告人、犯罪嫌疑人从被关押的处所逃逸的行为。②这一解释与论者的其他解释自相矛盾：所谓脱逃，是指行为人实施了逃离羁押场所或摆脱监押人员控制的逃逸行为。③究其原因，是由于该论者增加了一个本不应该增加的义素——处所或场所。增加的义素，大大缩小了脱逃的外延，也与刑法规范的明文规定相抵触——第316条是"依法被关押的罪犯、被告人、犯罪嫌疑人脱逃的"，并不要求从场所脱逃。行为人从哪里脱逃，在所不论：从有形的羁押场所脱逃也罢，从无形的羁押场所（即人民警察或人民武装警察等的羁押与控制下）脱逃也罢，都属于脱逃，都构成脱逃罪。应该说，刑法典对于脱逃的解释和定义是合理的，它对词典义的义素增加是适度的。

再如，第133条中的构成要件"交通运输"的外延，有的学者解释为"交通管理范围内"，这是对交通肇事罪成立范围进行的时空的限制。④笔者认为，这是错误的。原因在于，解释者实际上是在随意增加区别义素。解释者把构成要件"交通运输"分为两种，一种是"交通管理范围内"的"交通运输"，一种是"交通管理范围外"的"交通运输"，并把后一种从本罪的成立范围中排除出去。把构成要件"交通运输"限制解释为"交通管理范围内的交通运输"，增加了一个区别义素——"交通管理范围内"。这是不对的。因为，即便是有所谓的"交通管理范围外"的"交通运输"，它也是"交通运输"。也就是说，无论是否属于公安部门的管理范围内，其行为也仍旧是交通运输的性质。

随意增加区别义素导致了不合理的缩小解释，它与合理的缩小解释是不同的性质。

三、随意删除区别义素的效应

进行文理解释的时候，如果解释者随意删除词典义中的区别义素，仅保留语义场中的共同义素，就会产生不合理扩大解释的效应。如果删除区别义素不当，

---

① 《现代汉语词典》，商务印书馆2012年版，第1329页。
②③ 高铭暄、马克昌：《刑法学》，北京大学出版社、高等教育出版社2016年版，第562页。
④ 李希慧：《刑法各论》，中国人民大学出版社2012年版，第64页。

则扩大解释就是错误的，容易异化为类推解释。

例如，对卖淫的解释，希望把同性之间性交易行为也涵摄进去的、采取扩大解释的论者会对卖淫的词典义进行扩张，扩张为性服务、性交易。其语义实质是把词典义中的"女性对男性"或者"妇女出卖肉体"①这一区别义素删除，仅保留性服务、性交易、出卖肉体这一共同义素。就组织卖淫罪的刑法规定而言，刑法并没有将同性之间的卖淫"除斥"在外，那么其作为属概念自然包括"同性卖淫"这个种概念。虽然"同性卖淫"是"异性卖淫"之后才出现的社会现象，但卖淫早以其自身的"质"而为"同性卖淫"准备了外延空间。②论者的逻辑错误就是，把卖淫作为"同性卖淫"的上位概念、属概念，以此为演绎法中的大前提或者小前提，进行刑法的推理，其结论当然是错误的。

因此，如果解释者删除区别义素，仅保留语义场中的共同义素，希望借此达到扩大解释的目的，要特别慎重。例如，日本刑法史上，大审院1934年把行为人捕获的三只山鸟（湖岸陆鸟）解释为"湖上水禽"，进而处断为非法狩猎犯罪，就遭到后世学者的批判。③这显然是由于"湖上水禽"中的区别义素"湖上"和"水"是其区别于"山鸟"的重要事实和语言特质，不能随意删除。正因如此，日本著名刑法学家曾根威彦指出："对于现代社会给我们提出的现代课题，虽说刑法理论不能袖手旁观，但是，将立法的缺陷转嫁给被告人承担，随便用解释论的方法对其进行弥补，反而会引起更大的问题。"④当然，这一经典论断还没有深入到语义内部和语义场内部。

四、合理增加区别义素的实质

进行刑法解释的时候，解释者之所以会在词典义基础上增加义素，以便得出合理的结论，是因为刑法解释具有特定的语境，这包括法益、主客观要件、主客体要件等，它们形成的语言场域实际上是被刑法解释者增加的义素。刑法

---

① 《现代汉语词典》（汉英双语），外语教学与研究出版社2002年版，第1296页。
② 马荣春：《警惕刑法学中的过度类型化思维》，《法律科学》2012年第2期。
③ 陈朴生、洪福增：《刑法总则》，五南图书出版公司1982年版，第10～11页。
④ [日]曾根威彦：《刑法学基础》，黎宏译，法律出版社2005年版，第18页。

解释者也习惯于增加各种义素，使得词典义既能对刑法解释活动具有一定指导作用，又能不束缚刑法解释活动。例如，解释者解释脱逃罪，是在司法活动、羁押、羁押场所等构成的特定语言场域中进行的，所以，脱逃罪就是依法被关押的罪犯、被告人、犯罪嫌疑人脱离羁押的犯罪。而不会把脱逃罪解释为俘虏或者降敌脱离羁押的犯罪。[1]

---

[1] 俘虏或者降敌脱离羁押，只会被解释为脱逃，而不会解释为脱逃罪。因为俘虏或者降敌脱离羁押不是犯罪行为，而是一种自我庇护的天然权力。需要注意的是，在有的法域中，依法被关押的罪犯、被告人、犯罪嫌疑人脱离羁押也不是犯罪行为。

第二章
语义确定

刑法构成要件的语义确定中，最要紧也是最难的，是区分一个具体构成要件的外延的大小，即广义与狭义。广义与狭义，是指一个构成要件具有不同外延，外延大的是广义，外延小的是狭义。当然，有的还有居于二者之间的中间义。本书不使用最广义、最狭义这样的表述，只使用广义、狭义、中间义。这是因为，即便现在认为是最广义，随着情势的变化和语言的发展，未必就一定是最广义。因为，最广义、广义、中间义、狭义、最狭义这五种外延，未必就穷尽了一个构成要件的全部外延的可能性，所以，一个构成要件也许有五种外延，也许有三种外延，也许有两种外延，也许只有一种外延，但也许有六种以上的外延（尽管这不是经常见到的）。广义与狭义是相对的，一个构成要件现在是广义的，如果发现了、出现了比它外延更大的含义，它就成为中间义或者狭义。反之，一个构成要件现在是狭义的，如果发现了、出现了比它外延更小的含义，它就成为中间义或者广义。在语言学上，语义确定的实质是所指的确定，也就是同一个能指，所指可能有外延大小的不同。

对于相同的刑法词汇、刑法构成要件，进行文理解释的时候，需要辨别其含义是广义还是狭义，此外，可能还有各种中间义。众所周知，广义当然是外延大的意义，狭义则是外延小的意义。比如，广义的暴力、狭义的暴力、几种中间意义的暴力。[①] 再如，广义的国家工作人员与狭义的国家工作人员。再如，广义的强奸与狭义的强奸，广义的强奸罪包括了标准的强奸罪和准强奸罪，那么，相对而言，标准的强奸罪就属于狭义的强奸罪，也就是典型的强奸罪。再如，广义的医疗器材与狭义的医疗器材，广义的医疗器材是包括医用卫生材料（医用卫材）的。再如，广义的书号与狭义的书号，为他人提供书号出版淫秽书刊罪中的书号，有学者认为是广义的书号，包括狭义的书号、刊号、版号。[②]

广义的无产阶级包括知识分子，狭义的则不包括，狭义的无产阶级指的是工人阶级。广义的正当防卫包括无限防卫，狭义的则不包括，狭义的正当防卫指的是没有明显超过必要限度的防卫。广义的证人包括被害人，狭义的则不包括。广义的行政主体包括中宣部（主管新闻出版电影），狭义的则不包括。广义的司法机关包括纪委监委（审查调查职务犯罪），狭义的则不包括。广义的虐待包括

[①] 张明楷：《刑法学》，法律出版社2003年版，第553页。张明楷：《刑法学》，法律出版社2011年版，第619页。
[②] 高铭暄、马克昌：《刑法学》，北京大学出版社、高等教育出版社2016年版，第606页。

精神上的折磨，狭义的则不包括。虐，意思是残暴狠毒[1]，对他人的精神折磨难以评价为是残暴狠毒的行为。《说文》：虐，残也。残，贼也。贼，败也。败者，毁也。毁，缺也。缺者，器破也。破，石碎也。这一连串的解释说明，虐仍然是对他人的物理性的伤害和摧残。广义的暴力包括胁迫（精神暴力），狭义的则不包括。

外表上是并列关系的构成要件之间，一旦出现了广义与狭义，则会成为属种关系。例如，伪造与变造，广义的伪造与狭义的伪造，广义的伪造与变造是属种关系。再如，暴力与胁迫，广义的暴力与狭义的暴力，广义的暴力与胁迫也是属种关系。再如，广义的国家工作人员与狭义的国家工作人员也是属种关系，等等。广义的共谋共同正犯中包含两种情形，一种是狭义的共谋共同正犯，指的是领袖（或强力机关）与其下属（或成员）的关系。可见，广义的共谋共同正犯与狭义的共谋共同正犯也是属种关系。

第一节　字面意思的不确定性

一、字面意思不确定性的成因

（一）社会发展使得字面意思存在不确定性

社会发展使得字面意思存在不确定性，这是很典型的也是很现实的社会现象。社会发展伴随着语言发展，伴随着词汇发展、借用与更新，以往还算稳定的字面意思几乎摇摇欲坠。

首先，网络时代，社会转型，词语爆炸，信息爆炸，新词迭出，网络语言大行其道，连现代汉语词典也小心翼翼，因为新词的内涵外延一时无法确定，所以不敢随意收录新词。即便收录，也未必完全符合实际语用和现实语言习惯。

---

[1]《现代汉语词典》，商务印书馆2012年版，第960页。

如屌丝，女神，渣男，学霸，大神，大大，大佬，壕，小姐姐，内鬼，老虎，苍蝇，等等。例如，内鬼，词典义有两个，一是指暗藏在内部，为敌对势力或竞争对手提供情报的人；一是指自行或勾结外人盗窃本单位财物的人。① 而众所周知，当前的扫黑除恶中，使用"内鬼"一词往往指的是违法为犯罪分子通风报信，进行包庇纵容的"保护伞"。这并非符合词典义的第一个义项，而是对这一义项的大大突破。因此，"内鬼"一词的字面意思存在不确定性。这种不确定性，主要就是因为"内鬼"一词属于尚在发展中的新词，其词典义不容易确定。

其次，中外交流日益日常化，西文字母开头的词语大量进入现代汉语语言交际实践，这些词语往往有多个义项，其内涵、外延也可能存在不确定性。例如，B超，BBS，FAX，等等。同时，由于英语本身也在巨变，对应的汉译自然也会发生变化。例如，guy，1978年版的《新英汉词典》的第一个义项是衣着古怪的人、怪丑的人。② 而到了2013年版，第一个义项是家伙、人、小伙子、朋友。③ 这个变化当然是惊人的。

再次，我们还时时刻刻身处中国历史长河与漫长文字历史所建构起来的场域之中，时时刻刻身处中华人民共和国成立后建构起来的历史文化场域中，身处改革开放后的文字世界、语言世界之中，不可能不顾及这些"文化墙"和"文字背景墙"，而一旦考虑这些"文化墙"和"文字背景墙"，字面意思可能就马上变得不那么容易确定了。每个具体的解释者，其生活经验和知识发展都离不开特定时代，特定时代的观念和语词堆叠到这个具体的解释者身上，会使得其解释活动"包袱沉重"，难以摆脱自身经历和时代烙印。例如，解释贿赂的时候，总会联想到性贿赂。解释非法经营的时候，总会联想到投机倒把。解释包庇罪的时候，总会联想到通风报信，等等。

（二）其他部门法的发展使得字面意思存在不确定性

每个部门法都似乎想拥有自己的语言系统，这样其实是有利有弊的。有利的地方是，部门法及其词汇大量进入社会生活中，使得公民时时刻刻处于一种"法的世界"中，对于法制的普及和法律意识的养成都是必需的。弊端在于，这不

---

① 《现代汉语词典》，商务印书馆2012年版，第938页。
② 《新英汉词典》，上海译文出版社1978年版，第560页。
③ 《新英汉词典》，上海译文出版社2013年版，第670页。

仅可能使得不同部门法之间交流困难，也可能使得生活语言和部门法交流障碍。不同部门法的语言系统与普通生活中的语言场域总会存在差距，有时甚至存在相反的情形。这种情况实在是很多。

1. 道路交通安全法

例如，机动车驾驶证考试题中有：交通信号包括交通信号灯、交通标志、交通标线和交通警察的指挥。答案是对的。显然，这里的"交通信号"是广义的，外延是极大的。再如，《公安部令第123号》第22条：机动车驾驶人考试内容分为道路交通安全法律、法规和相关知识考试科目（简称"科目一"）、场地驾驶技能考试科目（简称"科目二"）、道路驾驶技能和安全文明驾驶常识考试科目（简称"科目三"）。这里，把场地驾驶技能与道路驾驶技能并列，显然认为场地不是道路。但是，在停车场、酒店门前、地下停车场醉驾的，被解释为在道路上驾驶机动车，又把这些场地解释为了道路。这显然是不可以的，是矛盾的。既不尊重语言，也使得法律体系被割裂，一个概念在不同意义上使用（实质就是在不同外延上使用）的后果，使法律推理几乎变得不可能。

《中华人民共和国道交法实施条例》第45条：在没有限速标志、标线的道路上，机动车不得超过下列最高行驶速度：（一）没有道路中心线的道路，城市道路为每小时30千米，公路为每小时40千米；（二）同方向只有1条机动车道的道路，城市道路为每小时50千米，公路为每小时70千米。法条中，城市道路与公路相并列，在形式逻辑上的确令人不解。城市道路应该与农村道路（或者非城市道路）相并列才合乎逻辑啊，公路不是道路，还是说公路不是城市道路，《中华人民共和国公路法》中，没有解释"公路"。因此，只能依据词典义确定公路的内涵和外延。即市区以外的可以通行各种车辆的宽阔平坦的道路。[①] 也就是说，实际上，道路是一个上位概念，而城市道路、公路都是其下位概念。公路也是道路。国道、省道、县道、乡道，都是道路。第133条之一危险驾驶罪中的"道路"显然指的是作为上位概念的道路，包括上述城市道路与公路。词典义也是这样意思——地面上供人或车马通行的部分。[②] 所谓"部分"，包括得就很广泛，例如小区里面的部分，地下的部分，楼顶的部分，骑楼走廊的部分，地铁站台，火车站站台，停机坪，甚至旋转式立体停车场部分、允许车辆通行

[①]《现代汉语词典》，商务印书馆2012年版，第451页。
[②]《现代汉语词典》，商务印书馆2012年版，第269页。

的过街天桥、地下通道，等等。古代汉语中，道，路也。① 道，就是路。公路，当然是路，也是道。

那么，构成要件"道路"究竟是什么？究竟有多大的外延？部门法中的"道路"距离生活语言中的"道路"真的有天渊之别吗？笔者认为，经过上述分析，刑法构成要件"道路"，也许与有的部门法规定有距离，但是，与生活语言中的"道路"没有任何距离。这意味着，在"道路"这一汉语词汇上，词典义、构成要件、生活语言三者是统一的。根据普通人的生活经验和直觉得到的结论，与根据烦琐论证、文献征引得出的结论是一样的。这就是重视刑法感觉和生活通则的重要性和刑法解释价值所在——法律以社会为基础。

2. 军事法

一般而言，军事法不会进入普通生活中的语言场域。但是，近几年来，随着改革开放的深化和军事领域改革的持续推进，军民融合战略举措落地，军事报道的日益增多，军事法和军事词汇也日益为公民所了解。在刑法规范中，一个重要的组成部分就是军人违反职责罪、危害国防利益罪。枪支、弹药、爆炸物、军人、战时、武器、部队等构成要件的实质含义、真实语义到了实际案件中该如何确定，并非简单问题。

例如，停火、停战与战时的关系。停火，通常指交战双方部队为了一定的军事或政治目的，同意在一定地区暂时停止军事敌对行动的状态。有时"停火"一词用来泛指停止军事敌对行动，其含义和"停战"相同。② 停火的前提，当然是开火了、交战了。停战的前提，当然是开战了。那么，停火之前是不是战时，停战之前是不是战时。

再如，武器、弹药、装备、军火、军人、武警等词语，大量进入社会生活中，如何界定其内涵外延，也不容易。

（三）刑法发展使得构成要件出现不同外延

刑法发展使得构成要件出现不同外延，会导致刑法解释困难重重。刑法自身的发展使得一个构成要件出现各种不同外延，这当然会导致刑法解释困难重

---

① （汉）刘熙：《释名》：一达曰"道路"。二达曰"岐旁"。三达曰"剧旁"。四达曰"衢"。五达曰"康"。六达曰"庄"。七达曰"剧骖"。八达曰"崇期"。九达曰"逵"。
② 《辞海》（缩印本），上海辞书出版社1980年版，第256页。

重，刑法推理无所适从。例如，形形色色、多个外延的暴力，形形色色、多个外延的警察，形形色色、多个外延的贿赂（古代的贿赂是包括性贿赂的），形形色色、多个外延的不公开信息，形形色色、多个外延的国家工作人员，形形色色、多个外延的违规，形形色色、多个外延的敌人，等等，都表明刑法学概念厘定不是简单的事情。

1. 危害结果

危害结果争讼已久，它至少包括抽象的危险结果、具体的危险结果和实害结果三种，狭义的危害结果指的是实害结果。换一种分类标准的话，危害结果包括直接结果和间接结果。但是，如果脱离与其相关的构成要件，危害结果自身也得不到准确的定位。比如，至少要把危害结果与实行行为紧密结合，危害结果才有实际意义，因果关系才是明确的。假如有学者认为，侮辱行为引起他人自杀，自杀是间接结果，并进而建立侮辱行为与死亡结果的因果关系，笔者认为这一论断就是错误的，错误的原因就在于把死亡这个间接结果也作为了危害结果，不顾侮辱这一实行行为与死亡结果之间根本不具备的内在联系。笔者认为，危害结果应该被限定为实行行为内在引起的那种结果，既可以是危险状态，也可以是实害结果，但不应包括间接结果，间接结果不是根据生活通则、经验法则产生的，不属于因果关系意义上的"果"。在推理的时候，容易产生的错误是：虽然在使用危害结果这一个范畴，却时而在 A 外延上使用该范畴，时而在 B 外延上使用该范畴，导致推理的逻辑异常混乱，其结论自然是经不起推敲的。

2. 机动车

再如，机动车。机动的词典义是利用机器开动的[①]，那么，机动车就是利用机器开动的车辆。根据《中华人民共和国道路交通安全法》的规定："机动车"，是指以动力装置驱动或者牵引，上道路行驶的供人员乘用或者用于运送物品以及进行工程专项作业的轮式车辆。"非机动车"，是指以人力或者畜力驱动，上道路行驶的交通工具，以及虽有动力装置驱动但设计最高时速、空车质量、外形尺寸符合有关国家标准的残疾人机动轮椅车、电动自行车等交通工具。显然，机动车的词典义与道交法语境下的规范意义是不完全一致的。

在形式逻辑上，车辆的动力只有人力、畜力和机动三种。机动就是以机器

[①]《现代汉语词典》，商务印书馆 2012 年版，第 596 页。

为动力，包括以电为动力、以汽柴油等为动力、以天然气等为动力，等等。所以，目前来看，除了人力车辆、畜力车辆，只有机动车辆了，电动自行车、残疾人机动轮椅车当然是机动车辆了。农用电三轮也是机动车。但是，由于部门法对这些概念的解释，影响了构成要件的词典义的普及，相反，更为国民熟知的反倒是部门法的规定。

在形式逻辑上，前述部门法规定的机动车、非机动车看似对车辆一词非常周延的分类分型，其实，众所周知，车辆应该还有一部分是"有动力装置驱动但设计最高时速、空车质量、外形尺寸不符合有关国家标准的残疾人机动轮椅车、电动自行车等交通工具"，如非法的老年代步车、超标电动自行车，等等。因此，在司法实践中，超标电动自行车已经被解释为机动车了。2019年起，新的电动自行车国标正式实施，那就意味着之前上路行驶的超标电动自行车中的绝大多数都成了机动车，总数大约1亿台。其实，在词典义之中，无论超标的还是不超标的，都属于机动车。部门法律对于词典义进行了外延的缩小，刑事法对其进行实质解释的时候，还会进行扩大，如不合标准的老年代步车在道路上行驶发生事故的，也会被解释为机动车。此时，实质解释的结论会接近或者等同于词典义。

以上所述，最为奇特的是，不超标的电动自行车本来就是机动车，却被部门法规定为非机动车。而超标的电动自行车本来也是机动车，本来无需额外解释，却不得不额外解释、明确一下它们属于机动车的性质，以便纠正普通老百姓的观念——认为它们属于非机动车。语言的混乱实实在在造成了社会资源的浪费，增加了管理成本和交易成本，增加了社会总的成本。

还需注意，由于用语的不够严谨，目前在多个场合中（包括很权威的电视节目）已经出现了"履带式全地形工程车"[①]"全地形车""全地形履带式抢险救援工程车"[②]等称谓。这些工程车、救援车使用的并非车轮，不是轮式，而是履带式，严格说来，只能叫作"工程机械""救援机械"。"车辆""车"甚至"轮"[③]

[①] 中央电视台播出的电视节目《大国重器》（第二季）第三集"通达天下"。
[②] 《詹阳重工携全地形履带式抢险救援工程车参与2018年全国科技活动周》第一工程机械网。http：//news.d1cm.com/2018052196820.shtml
[③] 轮子，词典义是车辆或机械上能旋转的圆形部件。也就是说，轮，必须是圆形的。履带当然不是圆形的。《刑法》第116条中的火车、汽车、电车，都是车，都必须是轮式的。"坦克车""履带式工程车"等称谓都是错误的。展开来看，行为人破坏这些"坦克车""履带式工程车"不构成破坏交通工具罪。但是，如果这些"坦克车""履带式工程车"违法上路造成事故的，可构成交通肇事罪，因为交通肇事罪不等于交通工具肇事罪，前者外延大于后者。

等的外延似乎也在扩张，这在本书后面还会涉及，兹不赘述。

二、医疗器械具有不同外延

根据2000年起实施的《医疗器械监督管理条例》的规定：本条例所称医疗器械，是指单独或者组合使用于人体的仪器、设备、器具、材料或者其他物品，包括所需要的软件；其用于人体体表及体内的作用不是用药理学、免疫学或者代谢的手段获得，但是可能有这些手段参与其中并起一定的辅助作用；其使用旨在达到下列预期目的：对疾病的预防、诊断、治疗、监护、缓解；对损伤或者残疾的诊断、治疗、监护、缓解、补偿；对解剖或者生理过程的研究、替代、调节；妊娠控制。

根据2000年起实施的《医疗器械监督管理条例》第五条的规定，医疗器械分类判定的依据包括结构特征、使用形式、使用状态三种。其中，根据医疗器械的结构特征，分为有源医疗器械和无源医疗器械。

根据医疗器械使用形式，根据不同的预期目的，将医疗器械归入一定的使用形式，即无源器械的使用形式和有源器械的使用形式。

无源器械的使用形式有：药液输送保存器械、改变血液、体液器械、医用敷料、外科器械、重复使用外科器械、一次性无菌器械、植入器械、避孕和计划生育器械、消毒清洁器械、护理器械、体外诊断试剂、其他无源接触或无源辅助器械等。

有源器械的使用形式有：能量治疗器械、诊断监护器械、输送体液器械、电离辐射器械、实验室仪器设备、医疗消毒设备、其他有源器械或有源辅助设备等。

根据医疗器械使用状态，根据使用中对人体产生损伤的可能性、对医疗效果的影响，医疗器械使用状态可分为接触或进入人体器械和非接触人体器械。使用时限分为：暂时使用、短期使用、长期使用。接触人体的部位分为：皮肤或腔道、创伤或体内组织、血液循环系统或中枢神经系统。

国家食品药品监督管理总局于2017年8月31日发布《医疗器械分类目录》，自2018年8月1日起施行。像6864医用卫生材料及敷料（如医用脱脂棉），6865医用缝合材料及黏合剂（如羊肠线），6866医用高分子材料及制品（如避孕套），6870软件，都不是刑法中的医疗器械，但却是《医疗器械分类目录》中的医疗器械。可见，《刑法》第 145 条中的医疗器械、医用卫生材料中，医疗器械是一个狭义的概念。而上述卫生法律法规中的医疗器械明显是广义的概念，包括了医用敷料、医用高分子材料及制品等习惯上被社会公众视为医用卫生材料的产品。像公众熟知的棉签的生产，就需要得到医疗行政主管部门的发证和备案。例如，河南亚都实业有限公司出品的一款自流式医用酒精棉签，其许可证编号为：豫食药监械生产许 20150036，其注册证编号为：豫械注准 20152640548。再如，山东皇圣堂药业有限公司出品的一款磁灸热贴，其许可证编号为：鲁食药监械生产许 20140114，其注册证编号为：鲁食药监械（准）字 2014 第 2260318。

学界对此似乎很随意，并未严肃对待。如有教材直接把医疗器械改成了"医疗器材"。① 最高人民法院的确定罪名使用的是"医用器材"。很明显，都未能与医政、医管部门保持一致。这也属于法律体系的冲突与内耗。

综上所述，刑法典中的医疗器械是较小外延的一个概念，而医疗卫生行政主管部门视野中的医疗器械是较大外延的一个概念。

三、伤害具有不同外延

通说认为，故意伤害罪侵害了他人的身体健康权，② 或者称为他人生理机能之健全③。可见，刑法中的伤害是肉体伤害、身体伤害、生理伤害，并不包括心理伤害、情感伤害、精神伤害等情形。可是，伤害在现实语境中，时而使用于肉体伤害，时而使用于精神伤害，显然是广义的。古代不叫伤害，而叫伤人。现行刑法故意杀人罪之后是伤害罪（故意伤害罪），从表述结构看，应该改为"伤人罪"或者"故意伤人罪"。2014 年的《人体损伤鉴定标准》，使用的是"损伤"，也没有使用"伤害"或者"损害"。因此，伤害分广义与狭义，伤人只有狭义一种，为了精确表述刑法概念，建议修改立法语言为宜。

伤害罪指的是侵害他人生理机能完整的行为。但是由于外延泛化，对于他

---

① 谢望原、赫兴旺：《刑法分论》，中国人民大学出版社 2016 年版，第 87 页。
② 高铭暄、马克昌：《刑法学》，北京大学出版社、高等教育出版社 2005 年版，第 516 页。
③ 张明楷：《刑法学》，法律出版社 2003 年版，第 681 页。张明楷：《刑法学》，法律出版社 2011 年版，第 763 页。

人的心理、精神等的侵害，在生活用语中也会被表述为伤害，如精神伤害、心理伤害、感情伤害等。这已经为词典义所吸纳：使身体组织或思想感情等受到损害。[1] 刑法中的伤害罪，已经是对词典义或者字面意思的缩小了，刑法中的伤害既然仅限于肉体伤害，那么，相关罪名及其构成要件的解释也应该保持体系上的一致性，例如，战时残害居民罪，就不能包括对于无辜平民的精神伤害、心理伤害等，也不应包括对其的精神虐待。残害，不应解释为残忍的伤害、残忍的侵害，而应该解释为残与害，解释为联合结构而不是偏正结构。对他人的精神伤害、心理伤害、感情伤害行为，应该归入另外的犯罪类型，例如报复陷害罪等。由于生活用语会潜移默化地影响学者、司法者的判断和认知，因此，要极力避免泛化外延的词语对刑法词语的解释干扰。一首著名流行歌曲中有"你伤害了我却一笑而过""你爱的贪婪我爱的懦弱"等歌词，其中的"伤害"指的是感情伤害，与刑法中的伤害无关，但是，这些语言的实际用法却很有可能会影响诉讼参与人的判断和认知，并试图影响法官的判断和认知。

众所周知，刑法中的伤害指的是轻伤害以上的危害结果，一般的殴伤、殴打并不包括在内。而很有趣的是，殴打其实是被《现代汉语词典》中的伤害所涵摄的——使身体组织受到损害——当然包括一般的殴伤、殴打。于是，现在已经很难说清楚，到底是《现代汉语词典》对刑法意义上的伤害外延进行了扩张、扩大、扩充，还是刑法意义上的伤害对词典义的外延实施了有意的缩小、限缩、限制。这种刑法意义上的概念的外延与普通生活用语意义上的概念的外延之间的差距，时时刻刻在影响刑法人，例如，法学院一年级的学生，总是不知道为什么故意伤害罪的伤害不包括轻微暴力、殴打、推搡、虐待、扇耳光等情形，因而做习题的时候经常失利，这让他们极为沮丧。

英语中的 injure，也有两个义项，一是在事故中受伤，一是损害（名誉、自尊等）。[2] 第一个义项特别强调的是 to cause physical harm to someone or to yourself。[3]

综上所述，伤害一词具有不同外延，这体现为不同的刑法学者所持含义的不一致上。[4]

---

[1]《现代汉语词典》，商务印书馆 1979 年版，第 991 页。《现代汉语词典》，商务印书馆 2012 年版，第 1135 页。
[2]《牛津高阶英汉双解词典》，商务印书馆、牛津大学出版社 2014 年版，第 1083 页。
[3]《朗文当代英语辞典（英语版）》，外语教学与研究出版社 1997 年版，第 732 页。
[4] 张明楷：《刑法学》，法律出版社 2011 年版，第 762 页以下。

四、邮政具有不同外延

"邮政"一词至少有两个义项、两个外延。

一个是特指中国邮政（中国邮政集团公司），这是一家大型国有企业，分支机构遍布全国城乡，基层营业场所的名称有邮电所、邮政所、邮政支局、邮政代办所等。

另一个指的是国家邮政局中的"邮政"，主管传统邮政和新型快递，分别进行邮政服务监管、快递市场监管。国家邮政局内设机构之一是市场监管司（安全监督管理司），其职能为：依法监管邮政市场，维护信件寄递业务的专营权；依法实行快递等邮政业务的市场准入制度；依法监管集邮市场；指导邮政行业安全生产管理工作，承担邮政行业运行安全的监测、预警和应急管理工作；拟订保障邮政通信与信息安全的政策并监督实施；拟订邮政行业安全生产监督管理办法并监督实施；组织或参与邮政行业重大突发事件的统筹调度、协调疏导、调查处置工作。其中的"依法实行快递等邮政业务的市场准入制度"这样的表述足以表明，快递属于一种"邮政业务"，这里的"邮政"是外延较大的一个义项。实际的语用中，往往会还使用物流、寄递、快递等，如："中国政府从今年5月1日起整类列管芬太尼类物质……包括督促物流寄递公司落实实名寄递、开箱验视、过机安检'三项制度'，部署重点海关关区加大对高风险国际邮包的查缉力度等，确保各项措施落地生效。"[①]

很明显，两个"邮政"中，后者的外延大于前者。国家邮政局，是主管全国寄递业务的机关。国家邮政局中的"邮政"，不是指"中国邮政"或者"中国邮政集团公司"这一国企。这当然直接涉及刑法中的构成要件及其解释，例如邮政工作人员，邮件，等等。邮政工作人员，指的是中国邮政这家国有企业的工作人员，还是从事邮政业务、寄递业务的所有工作人员。邮件，指的是中国邮政这家企业的邮件，还是所有邮政业务企业涉及的邮件。

笔者认为，刑法中，邮政工作人员、邮件等构成要件不能再局限、解释为"中国邮政"范围内，因为这无疑是加大了"中国邮政"相关人员的刑事责任，与平等适用刑法原则背道而驰。况且，立法者也绝不会为一家特定央企的工作

---

① 特朗普命令美快递企业拒收中国运来的芬太尼。

人员单独设置罪名——私自开拆、隐匿、毁弃邮件、电报罪，故意延误投递邮件罪。以前，中国邮政是全行业的代名词，现在快递业突飞猛进，中国邮政已经不是全行业唯一的企业。从邮政、中国邮政发展到快递业务、寄递业务，既是社会发展的事实，也影响着主管部门的名称与管理思路。国家邮政局这个名称，似乎也应该改变，以避免误解。历史上曾经出现过驿运、邮传等词语和称谓，也是珍贵的刑法构成要件的历史资源。从文字学来看，"邮"，繁体字应为"郵"，右边的部首是"邑"，"郵"的意思是"境上行书舍"[①]，是古代传递文书供车马食宿的驿站[②]。《说文解字》："邑"，国也。今日的快递公司，都符合"驿站"的特征，即站点式的传递，从发货地、中间的转运地、集散地，到收货地，再加上最后的派件，形成多站点的传输传递，消费者跟踪物流进度实际上是跟踪物品到达哪一站点了，站点之间的运输则不可能跟踪。

邮政有狭义和广义之分。狭义的邮政，是指中国邮政这一家国企。广义的邮政，则包括所有接受国家邮政局监管的寄递行业，包括中国邮政和其他快递企业。例如，《邮政用品用具生产企业名录》中，包括快递包装箱生产企业、快递包装袋生产企业、快递封套生产企业、快递运单生产企业、邮政日戳生产企业、国内邮政包裹详情单生产企业、机要封装用品生产企业、国际邮件包装箱生产企业八个部分，既有中国邮政的生产企业，也有大量的非中国邮政的生产企业。

第253条私自开拆、隐匿、毁弃邮件、电报罪中的"邮件、电报"与第304条故意延误投递邮件罪中的"邮件"。笔者认为，后者的"邮件"理应包括"电报"，"电报"理应是一种邮件。也就是说，两处"邮件"其外延是不一样的。邮件往往有一个从寄出地到寄达地的实际运输过程，无论信件、印刷品还是包裹，都属于典型意义上的"邮件"。而"电报"不存在实际运输过程，只是从寄达局到达收报人这一段距离。如果是采取上门投递方式，邮政工作人员就可能实施延误投递的可能性。如果是采取收报人上电报局收报的方式，邮政工作人员一般而言就不存在实施延误投递的可能性（当然仍然可能实施例如故意晚通知、拖延通知收报人）。邮寄是古老的生活方式的记载，而相比较而言，电话、电报、传真电报（传真）等都属于晚近的事物。今天，普通场合里面，人们都已经不使用电报了。国家机关传递的明传电报实际上就是传真电报。

---

① （清）段玉裁：《说文解字注》，中华书局2013年版，第286页。
② 《古代汉语词典》，商务印书馆1998年版，第1897页。

中国邮政和其他快递企业，除了所有制性质和股权分布不同之外，除了工作人员服装不同，无论是行业标准、人员规范、业务模式、资费标准，还是站点式的传递运输方式、驿站式的传递运输方式，都是完全一样的。寄件人持有效证件寄递、快递企业开箱验视、禁止寄递明令禁止的物品，等等，都是一样的。1997年刑法制定实施的时候，尚无快递行业，构成要件中的"邮政"自然只包括中国邮政，如今，快递企业星罗棋布，"邮政"就应该包括所有从事寄递业务的行业、企业。注意，物流企业点对点的运输、搬家公司、货拉拉等业务，不属于"邮政"性质，其工作人员不应被解释为邮政工作人员。

例如，2018年《邮件快件实名收寄管理办法》第1条：为了保障寄递渠道安全和寄递用户信息安全，规范邮件、快件实名收寄活动，根据《中华人民共和国邮政法》《中华人民共和国反恐怖主义法》《中华人民共和国网络安全法》《快递暂行条例》等法律、行政法规，制定本办法。第2条：在中华人民共和国境内交寄、收寄邮件、快件以及实施相关监督管理，适用本办法。第3条：邮政企业、快递企业、经营邮政通信业务的企业（以下统称寄递企业）应当执行实名收寄，在收寄邮件、快件时，要求寄件人出示有效身份证件，对寄件人身份进行查验，并登记身份信息。

尽管习惯上还是分开成为邮件、快件，但是实质上没有什么不同。尽管2015年《中华人民共和国邮政法》对于术语进行了界定，但是，邮政和快递二词语混用的场合非常多。《中华人民共和国邮政法》第84条对下列用语的含义进行了诠释。

邮政企业，是指中国邮政集团公司及其提供邮政服务的全资企业、控股企业。

寄递，是指将信件、包裹、印刷品等物品按照封装上的名址递送给特定个人或者单位的活动，包括收寄、分拣、运输、投递等环节。

快递，是指在承诺的时限内快速完成的寄递活动。

邮件，是指邮政企业寄递的信件、包裹、汇款通知、报刊和其他印刷品等。

快件，是指快递企业递送的信件、包裹、印刷品等。

信件，是指信函、明信片。信函是指以套封形式按照名址递送给特定个人或者单位的缄封的信息载体，不包括书籍、报纸、期刊等。

包裹，是指按照封装上的名址递送给特定个人或者单位的独立封装的物品，其重量不超过50千克，任何一边的尺寸不超过150厘米，长、宽、高合计不超过300厘米。

平常邮件，是指邮政企业在收寄时不出具收据，投递时不要求收件人签收的邮件。

给据邮件，是指邮政企业在收寄时向寄件人出具收据，投递时由收件人签收的邮件。

邮政设施，是指用于提供邮政服务的邮政营业场所、邮件处理场所、邮筒（箱）、邮政报刊亭、信报箱等。

邮件处理场所，是指邮政企业专门用于邮件分拣、封发、储存、交换、转运、投递等活动的场所。

国际邮递物品，是指中华人民共和国境内的用户与其他国家或者地区的用户相互寄递的包裹和印刷品等。

邮政专用品，是指邮政日戳、邮资机、邮政业务单据、邮政夹钳、邮袋和其他邮件专用容器。

这是"本法"中的含义而已，离开了《邮政法》语境，两个词语则经常混用。而且，不难看出，"本法"中的寄递与快递、邮件与快件，实在难以区别。比如，信件业务，邮政企业和快递企业都可以开展，前者寄递完成的就叫作"邮件"，后者寄递完成的就叫作"快件"，令人难以接受。《邮政法》第 55 条：快递企业不得经营由邮政企业专营的信件寄递业务，不得寄递国家机关公文。第 56 条：快递企业经营邮政企业专营业务范围以外的信件快递业务，应当在信件封套的显著位置标注信件字样。快递企业不得将信件打包后作为包裹寄递。

而且，也不是凡涉及"邮"的都是中国邮政，如"国际邮递物品"，根据上述界定，看不出是中国邮政才能开展的业务，换句话说，快递企业也是有权开展"国际邮递物品"业务的。

即便在"本法"中，也是有混用的地方的。如第 54 条："邮政企业以外的经营快递业务的企业（以下称快递企业）设立分支机构或者合并、分立的，应当向邮政管理部门备案。"这一规定当然从文义上有两种解释，一种是把邮政企业与经营快递业务的企业并列，是并列关系。另一种是认为邮政企业自己也属于经营快递业务的企业，邮政企业是经营快递业务的企业的下位概念，二者是种属关系。只是邮政企业自己在经营快递业务的时候，不叫快递企业，而是称为邮政企业罢了。

第 57 条：经营国际快递业务应当接受邮政管理部门和有关部门依法实施的监管。邮政管理部门和有关部门可以要求经营国际快递业务的企业提供报关数据。

《邮政行业安全监督管理办法》《禁止寄递物品管理规定》《快递业务经营许可管理办法》《邮件快件微剂量X射线安全检查设备配置管理办法（试行）》，等等。例如，《邮件快件微剂量X射线安全检查设备配置管理办法（试行）》（2016年7月1日国家邮政局印发）第1条：为加强邮件、快件安全检查设备配置管理，保障邮件、快件寄递安全，根据《中华人民共和国邮政法》《中华人民共和国安全生产法》《中华人民共和国反恐怖主义法》以及《邮政行业安全监督管理办法》等法律、行政法规和有关规定，制定本办法。第2条：邮政企业、快递企业及其他提供寄递服务的企业（以下统称寄递企业）①用于邮件、快件安全检查的微剂量X射线安全检查设备（以下简称安检设备）的配置管理，以及邮政管理部门实施相关监督管理工作，适用本办法。第3条：安检设备的安装、使用、检测、维修和报废，应当符合国家标准或者行业标准。安检设备制造单位应当通过ISO900（一）ISO14000以及ISO18001体系认证。第4条：安检设备的配置应当满足寄递渠道安全防范的需要，坚持科学配置、应检必检、安全高效、注重实绩的原则。第5条：寄递企业是安检设备配置、使用与管理的责任主体，要按照"谁收寄、谁安检、谁负责"的要求，确定专门机构或者人员负责安检设备的配置、使用与管理工作，并建立健全相关责任制度。

再如，2018年《快递暂行条例》第1条：为促进快递业健康发展，保障快递安全，保护快递用户合法权益，加强对快递业的监督管理，根据《中华人民共和国邮政法》和其他有关法律，制定本条例。第2条：在中华人民共和国境内从事快递业务经营、接受快递服务以及对快递业实施监督管理，适用本条例。第3条：地方各级人民政府应当创造良好的快递业营商环境，支持经营快递业务的企业创新商业模式和服务方式，引导经营快递业务的企业加强服务质量管理、健全规章制度、完善安全保障措施，为用户提供迅速、准确、安全、方便的快递服务。地方各级人民政府应当确保政府相关行为符合公平竞争要求和相关法律法规，维护快递业竞争秩序，不得出台违反公平竞争、可能造成地区封锁和行业垄断的政策措施。第4条：任何单位或者个人不得利用信件、包裹、印刷品以及其他寄递物品（以下统称快件）从事危害国家安全、社会公共利益或者他人合法权益的活动。除有关部门依照法律对快件进行检查外，任何单位

---

① 邮政企业、快递企业及其他提供寄递服务的企业，统称寄递企业。这就意味着，在形式逻辑上，寄递企业、寄递业务、寄递物品等，都是上位概念。

或者个人不得非法检查他人快件。任何单位或者个人不得私自开拆、隐匿、毁弃、倒卖他人快件。第 5 条：国务院邮政管理部门负责对全国快递业实施监督管理。国务院公安、国家安全、海关、工商行政管理、出入境检验检疫等有关部门在各自职责范围内负责相关的快递监督管理工作。省、自治区、直辖市邮政管理机构和按照国务院规定设立的省级以下邮政管理机构负责对本辖区的快递业实施监督管理。县级以上地方人民政府有关部门在各自职责范围内负责相关的快递监督管理工作。第 6 条：国务院邮政管理部门和省、自治区、直辖市邮政管理机构以及省级以下邮政管理机构（以下统称邮政管理部门）应当与公安、国家安全、海关、工商行政管理、出入境检验检疫等有关部门相互配合，建立健全快递安全监管机制，加强对快递业安全运行的监测预警，收集、共享与快递业安全运行有关的信息，依法处理影响快递业安全运行的事件。第 7 条：依法成立的快递行业组织应当保护企业合法权益，加强行业自律，促进企业守法、诚信、安全经营，督促企业落实安全生产主体责任，引导企业不断提高快递服务质量和水平。第 8 条：国家加强快递业诚信体系建设，建立健全快递业信用记录、信息公开、信用评价制度，依法实施联合惩戒措施，提高快递业信用水平。第 9 条：国家鼓励经营快递业务的企业和寄件人使用可降解、可重复利用的环保包装材料，鼓励经营快递业务的企业采取措施回收快件包装材料，实现包装材料的减量化利用和再利用。

2017 年《国家邮政局关于加快推进邮政业供给侧结构性改革的意见》中说：各省、自治区、直辖市邮政管理局，国家局直属各单位、机关各司室，中国邮政集团公司，各主要快递企业：邮政业是国家重要的社会公用事业，是推动流通方式转型、促进消费升级的现代化先导性产业。近年来，我国邮政业发展迅速，在降低流通成本、服务生产生活、扩大就业渠道等方面发挥了积极作用，但仍存在发展方式粗放、创新能力不强、同质化竞争严重、服务质量不高、安全基础薄弱等突出问题，迫切需要在供给侧发力，提高供给质量和效率。为贯彻落实党中央、国务院重大决策部署，加快推进邮政业供给侧结构性改革，进一步促进行业转型升级提质增效，充分发挥邮政业对降低社会物流成本、释放消费需求、培育经济发展新动能的重要作用，现提出如下意见。

随着监管的加强，验视制度的落地，检验成本的上升必然导致效率的下降。快递业中的快递公司和中国邮政之间的差别将日益缩小，快递公司、快递小哥的业务量将不可能像以前那样，因为安全第一，势必延长了单件包裹业务的周转时间。之前人们之所以不愿意去中国邮政的网点，一个很重要的原因就是中国邮政的验视制度非常严格，开包查验落实到位。而快递公司则没有那么严格。今后，二者的差距将不复存在。因为这个时间成本是最重要的成本。还有就是验视后的包装费用，中国邮政现在是一元钱，前提是使用顾客自己带去的包装物。假如顾客不再自己携带包装物前往网点，则使用网点的包装物，整体寄递费用就会上升。这是笔者亲身经历后得到的结论。

  邮政行业的本质是运输，是物流，是驿站式的运输，是驿站式的物流。这也是国家邮政局是交通运输部主管的国家局的原因。邮政行业是国家基础行业，邮政用地是公共性质的土地，例如，2019年的《中华人民共和国土地管理法》第45条："为了公共利益的需要，有下列情形之一，确需征收农民集体所有的土地的，可以依法实施征收：（一）军事和外交需要用地的；（二）由政府组织实施的能源、交通、水利、通信、邮政等基础设施建设需要用地的；（三）由政府组织实施的科技、教育、文化、卫生、体育、生态环境和资源保护、防灾减灾、文物保护、社区综合服务、社会福利、市政公用、优抚安置、英烈保护等公共事业需要用地的；（四）由政府组织实施的扶贫搬迁、保障性安居工程建设需要用地的；（五）在土地利用总体规划确定的城镇建设用地范围内，经省级以上人民政府批准由县级以上地方人民政府组织实施的成片开发建设需要用地的；（六）法律规定为公共利益需要可以征收农民集体所有的土地的其他情形。"2018年《快递暂行条例》第10条："国务院邮政管理部门应当制定快递业发展规划，促进快递业健康发展。县级以上地方人民政府应当将快递业发展纳入本级国民经济和社会发展规划，在城乡规划和土地利用总体规划中统筹考虑快件大型集散、分拣等基础设施用地的需要。"

第二节　字面意思的确定性不允许 随意扩张构成要件的外延

  刑法解释者如果随意扩张一个刑法构成要件的外延，这不是合理的扩大解释，也不是所谓超人的智慧，而是违背文理、也就是违背约定俗成的语言规范的任性之举，极不严肃。

一、冒充[①]

例如，冒充军警人员抢劫中的"冒充"，意思是"假的充当真的"[②]，那么，军警人员实施抢劫的，就不能处断为冒充军警人员抢劫。第263条中的"冒充军警人员抢劫"，有学者认为冒充包括"假冒和充当"[③]，试图通过这样的解释来涵摄真正的军警人员实施抢劫的情形。这是根本不顾及现代汉语词汇基本语义的个人化尝试，不值得提倡。毕竟，现代汉语中的"冒充"并没有"充当"的义项，冒充就是"假的充当真的"，假冒就是冒充[④]。真的军警人员实施抢劫，当然不是"假的充当真的"实施抢劫。解释者自己难道不是置身于现代汉语语料库、语言场的制约之下的一个普通的使用汉民族共同语的人吗？如此强硬的解释，连解释者自己都不自信地说"或许可以认为，冒充不等于假冒"[⑤]。

从形式逻辑角度，除了假的充当真的，可能还有假的充当假的，真的充当真的，真的充当假的三种情形，而这三种情形毫无意义：假的充当假的，真的充当真的这两种，自然不值一提，不叫作充当。而真的充当假的也不会被现代汉语评价为"冒充"。现代汉语中的冒充、假冒，只有假的充当真的这一种含义，没有给解释者预留任何"自由驰骋想象"和"自由发挥"的空间。

在进行刑法解释的时候，如果解释者随意扩张一个刑法构成要件的外延，以便能够使得该构成要件适用于具体案件，那么，就会使得一个仅具有单一含义的刑法构成要件突然便具有了狭义和广义至少两种外延，这实际上是文理解释中不合理的扩大解释。随意扩张一个刑法构成要件的外延，人为制造出狭义、中间义、广义等多个外延，要么是把狭义上升为所谓的中间义，要么是把狭义上升为所谓的广义，要么是把中间义上升为所谓的广义，无论何种情形和处理方式，都是不妥当的，是错误的。

[①] 有学者从构词方式角度加以研究，得出的结论与笔者是一样的。参见王政勋：《刑法解释的语言论研究》，商务印书馆2016年版，第236页。
[②]《现代汉语词典》，商务印书馆2012年版，第878页。
[③][⑤] 张明楷：《刑法学》，法律出版社2011年版，第864页。
[④]《现代汉语词典》，商务印书馆2012年版，第624页。

文理解释中合理的扩大解释的前提与基础，是该构成要件本身具有两种以上的外延。例如行凶，词典的意思是"指打人或杀人"①。那么，作为构成要件的行凶，理论上就包括杀人行为、伤害行为和殴打行为。再结合刑法规范的语言场域，要求行凶必须是严重危及人身安全的暴力犯罪，就能够排除殴打行为，那么，刑法意义上的行凶只能是杀人行为、伤害行为。

之所以文理解释不是简单的学问，是因为当构成要件本身具有两种以上的外延的时候，确定客观文义这一步都不容易完成，需要解释者的智力活动。一般而言，为了避免法网疏漏，在确定一个构成要件客观文义的时候，应优先选择广义或者中间义，而不应该优先选择狭义。这样才能最大限度保护法益。

二、结婚或婚姻

结婚，男子和女子经过合法手续结合成为夫妻。② 也就是说，结婚必须是合法的，并不存在非法结婚。而婚姻，是指结婚的事；因结婚而产生的夫妻关系。③ 可见，婚姻的前提是结婚。那么，婚姻只有一种，即法律婚姻。并不存在事实婚姻这么一种婚姻形式。刑法中所谓的事实婚姻，不是婚姻，而是非法同居行为中的一种。

也可以说，刑法重婚罪对于构成要件"明知他人有配偶而与之结婚"中的"结婚"是扩张了外延的，这一扩张沿袭日久，逐渐成为事实婚姻可以成为重婚罪的理由。但是反思一下会发现，这一扩张是以牺牲汉语的基本意思为代价的。"与之结婚"事实上指的是"与之非法同居"。尤其是在今天，婚姻登记已经联网，不再可能同时存在两个经过合法手续的婚姻关系。

正因为如此，在进行破坏军婚罪的构成要件的解释时，有学者不是把事实婚姻明确划归到结婚或者同居之一，时而认为事实婚姻属于结婚，时而认为事实婚姻属于同居，或者认为事实婚姻这一情形在结婚和同居中都存在。④ 这就造

---

① 《现代汉语词典》，商务印书馆 2012 年版，第 1457 页。
② 《现代汉语词典》，商务印书馆 2012 年版，第 663 页。
③ 《现代汉语词典》，商务印书馆 2012 年版，第 585 页。
④ 周光权：《刑法各论》，中国人民大学出版社 2016 年版，第 78 页。

成了破坏军婚罪中的"同居"与"结婚"两个构成要件不是互斥关系，而成为交叉关系、有重合的部分，这个重合的部分就是事实婚姻，这显然是不合逻辑的观点。正因为如此，有学者就明确指出，"结婚"，是指与现役军人的妻子或丈夫登记结婚。① 对此笔者是赞同的。事实婚姻只能划归到同居范围内，事实婚姻是同居的下位概念。同居分为合法同居和非法同居，是中性词语，现在不具有贬义了。

可资引证的还有，因为暴力干涉婚姻自由罪中的婚姻，只能解释为法律婚姻、合法婚姻，显然不包括事实婚姻。所以，在婚姻类的几个罪名中，婚姻的含义应该是被明确限制在这一点的，只有如此才能保持同一刑法语言含义的统一性，而不是外延忽大忽小，令人难以把握。这是刑法构成要件"婚姻"或者"结婚"所形成的体系的内在一致性所要求的。

综上所述，刑法学界一直以来把结婚扩张为广义，使得结婚或者婚姻包括法律婚姻和事实婚姻，这是一种任意的扩张，是不顾现代汉语语言约定俗成的强硬行为，这造成解释有关构成要件的时候，要么困难重重，要么逻辑不能一以贯之，要么时而取广义时而取狭义，随时偷换概念才能完成自己的论证和推理。这显然是不对的。结婚或者婚姻只有一个意思，没有广义的和狭义的两个外延。

除此之外，有学者不遵守下定义的基本规则，在给重婚罪下定义的时候说："重婚罪，是指有配偶而重婚，或者明知他人有配偶而与之结婚的行为。"② 这当然是一眼就能看出来的毛病，即定义项中含有被定义项。该学者的解释当然是不合理的。相较而言，另外一些学者的定义就好一些，如："重婚罪，是指有配偶而又与他人结婚，或者明知他人有配偶而与之结婚的行为。"③ 当然，由于该学者的结论仍然是把"结婚"扩张为包括登记婚姻和事实婚姻在内，于是在论证的时候，就出现自相矛盾的情形：忽而前面说"重婚罪，是指有配偶而又与他人结婚……"，忽而后面马上又说"犯罪客观要件是有配偶而重婚……"④ 也就是说，该学者为了得出扩张的四种重婚情形，不得不偷换概念，悄悄地把自己前面使用的"结婚"换成了后面的"重婚"。

日本学者的见解和逻辑都很值得重视。"所谓重婚，就是有配偶的人在没有

---

① 谢望原、赫兴旺：《刑法分论》，中国人民大学出版社 2016 年版，第 244 页。
② 周光权：《刑法各论》，中国人民大学出版社 2016 年版，第 77 页。
③④ 张明楷：《刑法学》，法律出版社 2003 年版，第 725 页。

解除婚姻关系的时候又结婚。""本罪的行为是又结婚。所谓又结婚，是和有配偶的人登记结婚。"①需要注意："所谓又结婚，是和有配偶的人登记结婚"一句，应该是翻译错误或者编校错误，应该改为"所谓又结婚，是有配偶的人又登记结婚"。

我国台湾地区学者的形式逻辑也很清晰："本罪之行为形态有三，即有配偶者重为婚姻。无配偶者同时与二人以上结婚。与重婚者相婚。"②需要注意："无配偶者同时与二人以上结婚"，其实，严格地说，同时是不可能的，一定有先后之分，既然如此，先前的结婚完成后，行为人已经是有配偶的人，此时，仍然属于有配偶者重为婚姻。也就是说，这三种情形仍然是两种情形，一是重婚，一是相婚。

笔者在以上解释的过程中，除了文理解释，其实还使用了体系解释的方法，以及逻辑解释的方法。首先是使用文理解释。其次，运用体系解释的方法，不仅要考虑多次出现的"结婚"或"婚姻"，还要考虑"有配偶"，决不能下定义的时候坚持"有配偶"，后面论证的时候又无视"有配偶"。这也证明一个重要观点，即欲得出一个构成要件的真实含义、最终含义、合理含义乃至最佳含义，不可能仅仅依靠单一的解释方法。最后，逻辑解释或者形式逻辑是矫正错误的重要环节。对此问题，坊间教材大多不作区分，而日本教材和我国台湾地区教材都明确进行了区分，更为严谨。笔者以为，重婚罪的本来含义、字面意思就是又结婚，只是对于相婚的人作同样处理、处罚而已。其实，相婚者是没有"重婚"或者"又结婚"的。相婚者的实行行为不是"重婚"或者"又结婚"，其之所以构成重婚罪被处罚，仅仅是因为共同犯罪的理由（所谓必要共犯③），是因为对合犯的理由，共同犯罪中的非实行犯的行为肯定不是重婚行为，所以，相婚者构成重婚罪被处罚，我们也能在刑法原理上找到合理的解释。如果思路打开，因为我国刑法不是一概处罚对合犯，那么，对于相婚者也可以不处罚。此时，重婚罪的实行行为就更为明晰。④

综上所述，学界对于重婚罪的解释，经过了两次扩张，一次是扩张为包括

---

① [日] 大谷实：《刑法各论》，黎宏译，法律出版社2003年版，第375页。
② 林山田：《刑法特论》，三民书局1979年版，第709页。
③ 必要共犯这个概念不够严谨。有的对向行为并不构成犯罪，何来"必要"？参见刘凌梅：《帮助犯研究》，武汉大学出版社2003年版，第127页。应明确重婚罪的实行行为是重婚行为而非相婚行为，这是判断一个案件是否构成重婚罪的基础。
④ 其实，重婚罪的实行行为本来是明晰的，是长期的以讹传讹导致了它的不清晰。

事实婚姻，一次是扩张为包括相婚行为。经过这两次扩张，使得本来意义的重婚反倒变得不清晰了，使得重婚罪的实行行为反倒变得不清晰了，这是不得不反思的教训。当我们一次次把重婚罪的处罚范围进行扩大，的确是有利于法益保护的。但是，这对于现代汉语而言，也的确是一次次的灾难和冒犯。这对于刑法逻辑而言，也的确是一次次的破坏和扰乱。笔者认为，这两次扩张都可以取消，作为单独犯的重婚罪，既不包括事实婚姻行为，也不包括相婚行为。作为共犯的重婚罪，可以处罚相婚行为。总之，行为人的事实婚姻行为既不构成重婚罪的单独犯，也不构成重婚罪的共犯。

三、吸食毒品

刑法中的吸食毒品、注射毒品，被最高法院确定罪名归纳为吸毒，即引诱、教唆、欺骗他人吸毒罪，强迫他人吸毒罪，容留他人吸毒罪。罪状中的吸食毒品、注射毒品，能不能归纳为上述三个罪名？能不能不要注射毒品？换句话说，吸毒能不能涵摄注射毒品行为呢？从词典义来看，吸食的意思是用嘴或鼻吸进（某些食物、毒物等）。[①]字面意思是很明确的。既然字面意思具有确定性，就不允许随意扩张"吸食"这一构成要件的外延，"吸食"就不能扩张到包括"注射"。我国台湾地区同样在法条中并用了"吸食"和"施打"，并同时以"施用"一词加以涵摄。[②]这都是法律用语对生活语言的应有尊重。

第三节　字面意思的确定性不允许
随意缩小构成要件的外延

字面意思的确定性不允许随意扩张一个刑法构成要件的外延。与此同时，

[①]《现代汉语词典》，商务印书馆 2012 年版，第 1390 页。
[②] 我国台湾地区《毒品危害防制条例》。

也不允许随意缩小一个刑法构成要件的外延。如果一个构成要件字面意思是具有确定性的，那么，就不允许随意缩小该构成要件的外延，不允许随意地、人为地制造出该构成要件的不同外延，人为制造出一个狭义的意思。这种例证也是出现过的。

一、公共交通工具

司法解释对于抢劫罪中"在公共交通工具上抢劫"的解释是：公共交通工具承载的旅客具有不特定多数人的特点。根据《抢劫解释》[①]第二条规定，"在公共交通工具上抢劫"主要是指在从事旅客运输的各种公共汽车、大、中型出租车、火车、船只、飞机等正在运营中的机动公共交通工具上对旅客、司售、乘务人员实施的抢劫。在未运营中的大、中型公共交通工具上针对司售、乘务人员抢劫的，或者在小型出租车上抢劫的，不属于"在公共交通工具上抢劫"[②]。在我国的现实生活中数量最大的小型出租车居然被该解释排除出去。为何把小型出租车排除在"公共交通工具"之外，理由是什么，目的是什么，有学者认为，公共交通工具具有两个特点，一是乘坐的人员较多，二是众多且互不相识的人可以同时乘坐同一辆交通工具，出租车不具有这些特点，属于私人交通工具。[③]这一观点的实质是，公共交通工具是不特定的多数人使用的交通工具。

"公共交通工具"指的是什么？小型出租车是不是"公共交通工具"？根据1998年施行的《城市出租汽车管理办法》第四条："出租汽车是城市公共交通的重要组成部分。出租汽车的发展，应当与城市建设和城市经济、社会发展水平相适应，并与其他公共交通客运方式相协调。"虽然《城市出租汽车管理办法》2016年被废止，但是在其有效的1998—2016年期间，刑事司法解释并未与其规定保持一致。

2015年起施行的《出租汽车经营服务管理规定》第三条规定："出租汽车是城市交通的组成部分，应当与城市经济社会发展相适应，与公共交通等客运

[①] 指的是2000年《最高人民法院关于审理抢劫案件具体应用法律若干问题的解释》。
[②] 2005年6月8日《最高人民法院关于审理抢劫、抢夺刑事案件适用法律若干问题的意见》。
[③] 侯国云：《有关抢劫罪的几个问题》，《中国刑事法杂志》2000年第3期。

服务方式协调发展，满足人民群众个性化出行需要。"这一表述与前述《城市出租汽车管理办法》相比，有了巨大改变，出租汽车从"城市公共交通的重要组成部分"改变为"城市交通的组成部分"，去掉了"公共"，对此应如何评价呢？笔者认为，如果以此改变为依据，认为在公共交通工具上抢劫不再包括小型出租车，当然是有一定道理的。但是，公共交通工具与小型出租车的关系，毕竟有很长时间的积淀，不是一纸文书就能改变的。笔者仍然坚持，小型出租车是公共交通工具。

上述解释错误的根源在于，先把公共交通工具承载的旅客具有不特定多数人的特点，作为推理的大前提，而这个大前提恰恰是错误的。众所周知，公共安全法益指的是不特定人或多数人的法益，或者是多数人，或者是不特定的人。而小型出租车涉及的是不特定的人，包括不特定的少数人和不特定的多数人，无论哪种情形，当然都是符合公共交通工具特点的。既然大前提缩小了公共交通工具的外延，是错误的，那么无论怎么推理，结论肯定也是错误的。

这不是缩小解释，而是任意缩小一个构成要件的外延——公共交通工具承载的是不特定多数人，既缺乏立法的根据，也缺乏语言习惯的支持，法律是以社会为基础的，刑法当然也是以社会为基础的，刑法构成要件的含义也应尊重社会，不应随意缩小外延。

不特定的少数人，就是潜在的多数人，所以，危害公共安全，总会与多数人的法益相关联，危害不特定少数人的安全，其实质仍旧是危害公共安全。在公共交通工具上抢劫中的小型出租车，主要是不特定少数人乘坐的交通工具，本质上自然是公共交通工具。一般的出租车是 5 座车，可以搭乘 4 名乘客，这个数量意味着它也能承载不特定多数人，涉及不特定多数人的法益。司法解释将其从公共交通工具中排除出去是不对的，违背逻辑常识，也与社会生活的实际不符。

二、凶器

凶器的词典义为：行凶用的器具。① 可见，凶器的本来意义、规范意义、词

---

① 《现代汉语词典》，商务印书馆 2012 年版，第 1462 页。

典义是一致的。但是，学者们可能以为凶器的真实含义是指"本来的凶器"，认为这需要扩大解释，于是提出了"用法上的凶器"，大大扩张了凶器的外延，较好地解决了司法实践中的问题，有力打击了犯罪，对于刑法解释也是有贡献的。

可实际上，根据上述词典义，凶器既然是行凶用的器具，那么，只要是能够拿来行凶的器具都是凶器，这不就是包括了所谓"用法上的凶器"吗？既然如此，还存在"本来的凶器"吗？难道管制刀具就是"本来的凶器"？毒药就是"本来的凶器"？自制土枪就是"本来的凶器"？笔者认为，根本不应该存在"本来的凶器"这一称谓，所有的凶器都只有是被用来行凶才被称为凶器的。这就意味着，刑法学者对凶器的扩张解释是不必要的，因为凶器这个概念本来就是在刑法学者所认为的扩张的意义上使用的。反过来说就是，"本来的凶器"的解释者实际上是把词典义先进行了缩小解释，再进行扩大解释。这实在是没有必要。可以说，学界对于凶器字面意思的理解一开始就脱离和偏离了词典义，这种对词典义的脱离和偏离，到底是什么原因造成的还难以说清楚。

第三章
语义关系

不同构成要件之间具有的关系，即语义关系，除了同义关系、对立关系、不相容关系等，最重要、最难区别的就是上下位关系。上位与下位，是指不同构成要件之间具有的一种关系，外延大的构成要件是上位构成要件，外延小的构成要件是下位构成要件，它们之间所形成的关系就是上下位关系。这在语言学中被称为上下位关系，是相似关系中的一种。① 这无疑是语言学家的巨大贡献，对指导刑法解释很有价值。上下位关系不仅存在于名词词义之中，也存在于动词词义之中。

本书这一部分不探讨同义关系和近义关系，有兴趣的读者可以参看研究者的已有研究成果。② 需要申明，上述研究成果非常重要，但是具体结论是否完全经得起推敲，还需要经过时间的检验。例如，表达因果关系的引起、致使（使）、造成、因而（因而发生）这四个语词是不是同义词，是不是任何罪名中都可以替换，还需要认真研究。③ 因为在有的罪名中，上述四个语词表达的是因果关系，但是在有的罪名中，表达的可能是条件关系。还可能既包括因果关系，又包括条件关系。例如，因逃逸致人死亡，如果认为逃逸和死亡具有因果关系，则是违背生活常识的，因为逃逸不会引起死亡。此时，因逃逸致人死亡，逃逸与死亡之间的引起与被引起的关系，只能解释为条件关系。只有表述为"因不救助致人死亡"时，才是因果关系。所以，不是看到"因""致使""导致"等词语，就认为是刑法的因果关系。这是生活经验告诉我们的。④ 引起（实行行为）与被引起（危害结果）的关系，是有程度差别的，盖然性的引起被引起，高度可能的引起被引起，才是因果关系。而低度的引起被引起，不是因果关系。但是立法者都无差别地使用了上述四种语词。解释者不能只看语言外壳，还必须结合罪名、罪名的其他构成要件、生活事实、前例等，综合判断。例如，暴力干涉婚姻自由罪中，"致使被害人死亡的"，显然不是因果关系，只能是条件关系，即暴力干涉婚姻自由引起被害人死亡是低度的可能性，引起死亡的行为一般是被害人

---

① 王惠：《现代汉语名词词义组合分析》，北京大学出版社 2004 年版，第 8 页。
② 例如，王政勋：《刑法解释的语言论研究》，第 251 页；陈兴良：《相似与区别：刑法用语的解释学分析》；张明楷：《刑法分则的解释原理》；等等。
③ 王政勋：《刑法解释的语言论研究》，商务印书馆 2016 年版，第 255 页。
④ 例如，"本轮强降雨已导致湖南 15 人死亡"这样的表述是常见语言，强降雨和死亡是什么关系？死亡是强降雨导致的？还是强降雨引发的洪水、决堤、泥石流、路基塌方等导致的？相信答案很容易得出——强降雨和死亡是条件关系，而非因果关系。而酷暑、严寒与死亡结果之间则往往是因果关系。

的自杀。

所以，如果引起被引起是上位概念的话，那么，因果关系的引起被引起和条件关系的引起被引起是其下位概念。或者说，引起被引起可以分型为：高度可能的引起被引起与低度可能的引起被引起，前者是因果关系，后者是条件关系。

第一节　现代汉语词汇的上下位关系

一、上下位关系的现象

现代汉语词汇中的上下位关系比比皆是。例如，红色或者红，是一个上位概念、上位词汇，其下则有各种各样的红色或者红：鲜红、暗红、乌红、亮红、玫红、桃红、朱砂红、胭脂红、猪肝红、鹤顶红、玛瑙红、酒红、枣红、番茄红、海棠红、山楂红，等等。灌溉作为一个上位概念、上位词汇，其下则有各种各样的词汇：喷灌、滴灌、漫灌、浇灌，等等。破坏、损坏、毁坏之间，肯定有一个重合的部分——"坏"，这就是上位概念。侵害、危害、损害、毒害、残害、伤害之间，也有一个重合的部分——"害"，这就是上位概念。辅警、巡警、交警、特警、狱警、刑警之间，有一个重合的部分——"警"或者"警察"，这就是上位概念。

推广开来的话，劫难、劫数、劫波，都是劫的下位概念。怜惜、爱惜、珍惜，都是惜的下位概念。分解、化解、调解、崩解、讲解，都是解的下位概念。督查、审查、调查、检查、检察，都是查、察的下位概念。引导、诱导、指导、辅导、开导、领导，都是导的下位概念。敷设、铺设、架设、搭设、建设等，都是设的下位概念。堤、坝本来是不同的东西，堤是高岸，坝是截住河流的构筑物，但是现代汉语连用，不怎么严格区分。但即便如此，溃堤和溃坝还是不同的，三峡大坝不可能称为三峡大堤，尾矿坝也不可能称为尾矿堤，圩堤不是圩坝，但是可以认为，堤坝是一个上位概念，涵摄堤与坝。大坝、矿坝、水坝、堤坝都是坝的下位概念。

再如，国家粮食和物资储备局这一机构名称中的粮食与物资的关系，就是下位与上位的关系，之所以下位与上位概念混用，很明显是为了突出粮食在所有物资中的重要性。再如，人力资源与社会保障部、卫生与计划生育委员会这些机构名称，都没有非常明显的逻辑关系，只是为了突出或者强调某些事项而设置的，笔者以为，计划生育的本质应该属于人力资源范围，人口当然是人力资源范围内的事项，今后会不会把计划生育与人力资源加以整合，值得进一步观察，也有赖于执政观念的变化。

还有检验。检和验这两个词语，其实是相同的。例如，检验、检票、验票、查验、验资、验证、验血、检验科、商检、车检、产检、妇检、卫检、质检，等等，诸多词语都是检和验之下的下位概念：商检是商品的检验，妇检是妇女的体检，检票是车票的检验和检查，验资是投入资本的检验，车检是车辆的检验，质检是质量的检验，等等。

之所以如此，是因为现代汉语的双音节词语大多源自古代汉语的单音节词语。而这其实意味着现代汉语拥有足够多的语料资源来指称犯罪，意味着刑法文本的语言外壳拥有极大的回旋余地。而不是一味使用较为抽象的语词来指称事实上并不完全相同的犯罪，如强迫吸毒罪、强迫卖淫罪、强迫卖血罪、强迫交易罪，事实上都是不一样的强迫，有必要、也有可能选择其他语料。

需要注意的是，有的语词之间不但是生活语言中的上下位关系，也是行政法规中的上下位关系。例如机动车与汽车。2001年国务院公布的《报废汽车回收管理办法》与2019年公布的《报废机动车回收管理办法》，颁布时间有先后，以机动车涵摄了之前的汽车。而机动车与汽车这两个构成要件并存于刑法典之中——破坏交通工具罪、破坏交通设施罪中的汽车和危险驾驶罪中的机动车——显然，刑法规范的修缮还不够及时，适当的时候应该废除"汽车"，以"机动车"代替为宜。

还需要注意的是，生活语言中的上下位概念与法律法规中的上下位概念可能存在差距。例如，在生活中，往往会认为履带式工程车是车辆的下位概念，而实际上，在法律中，二者并不是这样的关系。在《中华人民共和国车船税法》中，车辆被分成乘用车、商用车、挂车、专用作业车、轮式专用机械车和摩托车。道路交通安全法中的机动车，是指以动力装置驱动或者牵引，上道路行驶的供人员乘用或者用于运送物品以及进行工程专项作业的轮式车辆。履带式工程机械车等并不属于道路交通安全法中的机动车，不能上路行驶。可是如果其非法上路，也应被解释为"在道路上驾驶机动车"。此时应该对机动车进行实质解释和扩大解释，解释为包括上道路行驶的任何机械装置。例如，单轮或者双轮的电动平衡车上路行驶，应该被解释为"在道路上驾驶机动车"。

二、上下位关系的实质：共同义素

词汇的上下位关系，究其实质，是词汇之间具有共同义素作为连接点。以下举例予以说明。

（一）叛逃、逃逸、逃离、脱逃、逃跑的共同义素

例如，叛逃、逃逸、逃离、脱逃、逃跑等词汇之间，共同的义素就是逃、离，这个义素连接起这些词汇，使得逃跑或者逃离称为上位词汇、上位概念，而相应地，叛逃、脱逃、逃逸等是在逃跑或者逃离基础上增加义素、增加内涵而成为下位概念。所以，增加了义素、增加了内涵的词语和概念外延就变小了，就成为下位概念。而基本义素构成的词语就成为上位概念。我们还可以从字义的发展演变简史审视"逃"与其下位概念之间的内在联系。《说文》亡也。又《广韵》避也，去也。《史记·吴世家》季札让逃去。《注》谓让位而逃也。《后汉·谢该传》良才抱璞而逃，所谓往而不返者也。又通作跳。逸去也。可见，逃，意思就是去，就是逸，就是往而不返，就是离去。

因此，可以在义素分析的基础上对上述词汇（同时也是刑法构成要件）进行一个新的解释和表述。

叛逃罪，指的是国家工作人员在履行公务期间，逃跑至境外或者在境外逃跑的行为。

军人叛逃罪，指的是正在履行公务的军职人员逃跑至境外或者在境外逃跑的行为。

交通肇事罪的逃逸，指的是肇事者肇事后不应离开却逃跑离开的行为。逃逸，词典义是逃跑。[1]

---

[1]《现代汉语词典》，商务印书馆 2012 年版，第 1270 页。

逃离部队罪，指的是现役军人平时或战时从部队逃离的行为。逃离，词典义是从某地或某种处境中逃跑离开。[①]

脱逃罪，指的是依法被关押的人逃离羁押的行为。

战时临阵脱逃罪，指的是军人在战场上或在战斗状态下逃跑的行为。有学者进一步认为本罪的动机是贪生怕死、畏惧战斗[②]，笔者认为不妥。因为根据法条，并无此动机的规定，解释者假如认为加上这个动机才能成罪，实际上是缩小了本罪的处罚范围。比如，行为人并非贪生怕死、畏惧战斗，而是为了自以为更重要的事情而离开战场或战斗，也构成此罪无疑。

上述罪名或者犯罪行为中，共同义素就是逃跑、逃离、离去，它们实质上都是特定主体构成的各种各样的"逃跑罪"，是违反禁止性规定的"逃跑罪"。只有履行特定义务的特定主体才可能构成"逃跑罪"，否则绝不构成犯罪，例如地震时教师先跑掉、先离开的行为。至于叛逃罪、军人叛逃罪的"叛"，实际上并非构成要件要素，而是在该罪齐备了全部构成要件之后得出的一种犯罪类型，即叛逃罪、军人叛逃罪是一种叛罪，而不是反罪。

为什么刑法禁止特定主体逃跑或者离开？一般而言，逃跑或者离开是公民的自由，是基本人权，如犯罪行为人犯罪后的逃跑、逃亡行为。但是，特定主体由于是公务员、军人或被羁押人员等事实存在，立法者为了保护特定法益而做出特别的规定。这种特别的规定实际上并不常见。上述5个"逃跑罪"中，根据本书的体系和观点，交通肇事罪的逃逸应该单独构成逃逸罪或者交通肇事逃逸罪，其实质是交通肇事不救助罪，所以只有这一个是违反义务性规范的不作为犯，其余4个都是真正的逃跑罪，是违反禁止性规范的作为犯。

以上对叛逃、逃逸、逃离、脱逃、逃跑等词汇语义的分析和比较，是基于共同义素"逃"的，这是语义学中语义场形成的关键。[③]语义场是在同一个语义系统中，在共时条件下，若干个具有共同义素的义位聚合起来的聚合体。语义场是借用物理学中"场"的概念而来的，是指语义的类聚。语义场强调的是一个词跟全体词在语义上存在着密切的联系，只有通过比较、分析词与词之间的

---

① 《现代汉语词典》，商务印书馆2012年版，第1269页。
② 高铭暄、马克昌：《刑法学》，北京大学出版社、高等教育出版社2016年版，第666页。
③ 《唐律疏议》之《断狱》篇，有"与囚金刃解脱"条，其中"囚以故逃亡""因得逃亡"中的"逃亡"，同样是以"逃"为共同义素的汉语词汇。

语义关系，才能确定这个词真正的内涵。显然，具有共同义素"逃"的上述词汇构成了一组类义词（同义词），其各自真实语义的挖掘，还需要找到各自的区别义素，以便与同组的其他构成要件相区别。

（二）交通运输与邮政的共同义素

再如，交通运输与邮政的关系。表面上看，二者没有任何联系。但是，用语替代一下的话，邮政又称驿运、邮传、邮运，邮政本质上是一种运输。况且，交通运输部下设有三个最重要的交通运输部门，一个是国家铁路局，一个是中国民航总局，一个是国家邮政局，也足以表明，邮政是交通运输的下位概念。交通运输与邮政的共同义素就是运输、运，有了这个基础，就可以建立起二者的内在联系。

（三）配备与配置的共同义素

再如，配备用枪和配置用枪的关系。二者有共同的上位概念，即配用。我国台湾地区《枪炮弹药刀械管制条例》中使用的就是"配用"一词。在我国，无论是经特别行政许可后（即依法）[1]、自己购买枪支的配置，还是公务机关配发枪支的配备，都属于配用的一种具体情形，也只有这两种情形。配，意思是有计划地分派。[2] 这是二者的共同义素。配备，是根据需要分配（人力或物力）。[3] 配置一词，词典义虽然是配备布置[4]，但是不够准确，因为"置"是购买的意思，所以配置就应该有购买这个区别义素。根据我国的法律实际，由于配置枪支的对称是"配售枪支"——《枪支管理法》第三章枪支的制造和民用枪支的配售——，所以配置就应含有购买这个区别义素，从而把配备、配置、配售与配用四个词语建构起一个完整的语义场。

---

[1]《中华人民共和国枪支管理法》第 13 条：国家对枪支的制造、配售实行特别许可制度。未经许可，任何单位或者个人不得制造、买卖枪支。
[2][3]《现代汉语词典》，商务印书馆 2012 年版，第 979 页。
[4]《现代汉语词典》，商务印书馆 2012 年版，第 980 页。

三、新词与新的上下位关系

一个新词的出现，或者一个新的用法的出现，会造就新的上下位关系。

例如，"家用器具"这一新词，出现于国家统计局月度经济数据发布会上。[①]"家用器具"至少可以包括家用电器、家用家具（家具）、家用汽车等。而这个词语是此前没有使用过的。"器具"，词典义是用具；工具。[②]既可以指称工具如犯罪工具，也可以指称用具即日常生活、生产等所使用的器具。[③]可见，刑法学中经常使用的犯罪工具也好，凶器也好，都属于器具或者用具的涵摄范围。而"家用器具"显然指的是家用的器具，一般不涉及生产用的器具。当然，家用与生产用的器具之间并无绝对界限，如小型切割机、角磨机、电钻等，既可以家用，也可以生产用。所以，"家用器具"到底能有多大的涵摄范围，也是复杂的统计分类问题。

再如，告白。"告白祖国""真情告白"等其实是一个新的用法，因为告白的词典义是说明，表白。[④]表白的词典义是对人解释，说明自己的意思。[⑤]本来是较为客观的一个词语，现在被赋予了强烈的感情色彩，以至于词典义反倒无人使用，这是很尴尬的事情。如果告白一词在语言习惯中继续按照上述用法使用，可以预见，不久的将来，词典义就会被迫修改，新的上下位关系也会取代原有的上下位关系。"白"，意思是说明、告诉、陈述。[⑥]表白、辩白、告白等，都是其下位概念。告白之下再有"真情告白"等，这是原有的上下位关系。而新的上下位关系就可能把"告白"变成与"倾诉"等相同的意思，即，"告白"变成了"真情流露"的意思。增加的义素（真心、真情、衷心、赤子之心等）使得"告白"从一个上位概念悄悄变成了涵摄力较小的下位概念。而且，"告白祖国""对祖国告白"这样的用法并不符合汉语词汇的约定俗成的用法，大可不必。可是，由于媒体的力量过于强大，其示范效应远大于理性的语法和词汇分析产生的影响力，时间一长，"告白"一词势必被解构。

---

① 2019年9月17日，中央电视台"朝闻天下"。
② 《现代汉语词典》，商务印书馆2012年版，第1029页。
③ 《现代汉语词典》，商务印书馆2012年版，第1569页。
④ 《现代汉语词典》，商务印书馆2012年版，第435页。
⑤ 《现代汉语词典》，商务印书馆2012年版，第86页。
⑥ 《现代汉语词典》，商务印书馆2012年版，第23页。

再如，下文中的军用物资与武器军火（武器装备）关系的变迁，也形成新的上下位关系。在1979年刑法中，军用物资是涵摄武器军火的上位构成要件，武器军火是军用物资的一部分，军用物资、武器军火是属种关系。而到了1997年刑法中，军用物资与武器装备成为并列关系，军用物资不再包括武器装备。这是军用物资一词新的用法所导致的。

第二节　刑法构成要件中的上下位关系

一、上下位关系的复杂性

刑法不同构成要件之间的上下位关系，不但是客观存在的，也是异常复杂的。这种复杂性在于以下几个方面。

首先，两个语词、两个构成要件之间的上下位关系。这是相对简单的，也比较容易判断。例如，广义的伪造（即词典义的伪造）即假造，相对于变造而言，就是上位概念。所以，广义的伪造与变造是上下位关系。再如，国家工作人员与司法工作人员是上下位关系，司法工作人员与承担侦查职责的工作人员也是上下位关系，承担侦查职责的工作人员与检察机关承担侦查职责[①]的工作人员也是上下位关系。枪支与公务用枪是上下位关系。公共场所与公共交通工具是上下位关系。制造条件与准备工具，犯罪工具与凶器，从犯与胁从犯，主犯与首要分子，都具有上下位关系，等等。

其次，是多个语词之间的上下位关系。这是相对复杂的，也比较难以判断。例如，教唆、强令、指使的关系。一种解释是，教唆是上位概念、上位范畴，指使是教唆的具体表现即下位概念，而强令则是指使的下位概念。另一种解释是，教唆是上位概念、上位范畴，指使与强令都是下位概念。所以，可能有两层或

[①] http://www.spp.gov.cn/spp/gjyjg/nsjg/201901/t20190103_404099.shtml 最高人民检察院第一检察厅。笔者按：根据最高人民检察院官网的介绍，其第一、第二、第三、第四、第五、第九、检察厅都有侦查职能。

者三层上下位关系。

最后，是上下位关系的多层次性。既有两层的关系——上位与下位，也有上位、中位、下位的三层关系，甚至可能存在上位、中位、下位、最下位的四层关系，或者还有最上位、上位、中位、下位、最下位的五层关系。特别是在名词性、动词性的构成要件中，出现多个层次的可能性很大。例如，动词性的构成要件中，制造、伪造和变造的关系。有学者认为，制造、伪造和变造是意义之间存在细微差别而必须使用同义词、近义词以示区别。并进行了义素分析。[①]但是笔者对其结论表示怀疑，制造和伪造"形成新的物品"，变造则没有"形成新的物品"？制造和变造"新物品和真实物品不相同"，伪造"新物品和真实物品相同"？这样的义素分析经得起推敲吗？为什么把制造、伪造和变造划分为7个义素而不是8个或者5个？笔者认为，这里有两次上下位关系，一次是，制造是伪造和变造的上位概念，这也是该论者主张的观点。[②]一次是，广义的伪造与变造是上下位关系。当然，该论者认为这是三个同义词[③]，显然是错误的，也是自相矛盾的。既然是上下位关系，怎么可能是同义词？《唐律》中使用的就是单音节词语"造"，或者四个同义的单音节词语"缮造营作"连用，非常值得借鉴和继承。现代汉语中，造就是作，制造就是制作。

诈骗、骗取、套取，斡旋与介绍，古迹与文物，容忍与容留，传播与宣扬，公共秩序与社会秩序，掉包假币与使用假币，入室与入户，个人信息与信用卡信息。胁迫、强迫、强令、刑讯，暴力、软暴力、威胁、侵害生理机能等，可能都具有上下位关系。

除此之外还有抢夺、抢劫、哄抢，应该都是抢的下位概念。强奸、强迫交易、强制猥亵等，应该都是强的下位概念。强迫劳动罪等价于奴隶罪，前者是下位的。虚假广告与虚假陈述，前者是下位的。隐匿与破坏，前者是下位的，等等。

名词性的构成要件中，上下位关系的多层次性也很多，如下文的武器装备、军用物资、枪支弹药等，此处不述。

[①] 王政勋：《刑法解释的语言论研究》，商务印书馆2016年版，第252、289、290页。
[②][③] 王政勋：《刑法解释的语言论研究》，商务印书馆2016年版，第290页。

二、用语替代视角下的上下位关系

用语替代法，有学者也称为替换法。但需要指出的是，替换法与训诂法不是有些论者所言的互斥关系。① 例如，古代汉语中的互训、同训和递训中，其实质都是替代。因为，解释事物的真实含义只能使用被定义项之外的语言材料（定义项），这些语言材料（定义项）中包括单字、词语、短语和句子，如果是单字、词语，就是替换。如果是短语、句子，就是阐释、描述。例如，前述的伪造一词，现代汉语词典解释为假造，这就是替换，是直接使用单字、同义词或者近义词进行替代、代替、置换、替换。如果使用短语或者句子来解释伪造一词，可能是"没有制造、发行货币的权利的人，制造和真货币类似的外观的物"②，也可能是"制作虚假文书"③，或者是"冒用他人名义制作有价证券"④，等等。使用短语或者句子来解释被定义项，其特征就是使用大量的定语、状语、补语，尤其是频繁地使用定语来揭示被定义项的多个义素⑤，而特别需要注意的是，对于同一个构成要件，每个解释者自己认为的义素都是不一样的，这就是解释行为、解释活动的魅力，体现出解释的主观能动性和个人色彩，同样也是解释的复杂性和难点。

用语替代视角下的上下位关系，指的是使用单字、词语进行置换，特殊情形下使用短语进行置换，已确定不同构成要件之间的上下位关系。这是刑法词汇学，也是刑法解释的重要内容。

例如，根据《刑法》第307条的规定，阻止证人作证、指使证人作伪证都属于妨害作证罪，其实在观念上都是"干扰证人"⑥的行为。妨害作证罪，其实就是"干扰证人罪"。妨害公务罪，其实就是"干扰公务员（执行职务）罪"。只有具备此观念了，才可能产生相应的语言表述。反过来，只要在刑法语言上找到了合适的外壳，就可以催生出相应的刑法观念。只有整个过程往返多次，才能为犯罪类型打牢基础。所以，干扰与妨害属于语义关系中的同义关系或者近义关系。

---

① 王政勋：《刑法解释的语言论研究》，商务印书馆2016年版，第253页。
② ［日］大谷实：《刑法各论》，黎宏译，法律出版社2003年版，第310页。
③ ［日］大谷实：《刑法各论》，黎宏译，法律出版社2003年版，第322页。
④ ［日］大谷实：《刑法各论》，黎宏译，法律出版社2003年版，第355页。
⑤ 就是出现多个"的"，一个"的"至少是一个义素。如"没有制造、发行货币的权利的人，制造和真货币类似的外观的物"这句话就有四个"的"，至少四个义素。
⑥ 这是通俄门主角罗杰·斯通的罪名。

三、危害、侵犯（侵害）与破坏的上下位关系

如果使用用语替代方法，把刑法中所有的动词性质的构成要件放在一起来排序的话，危害和侵犯（侵害）无疑是最具有涵摄力的两个上位构成要件。

首先，从类罪来看，危害和侵犯（侵害）是最具有涵摄力的上位语词，如危害国家安全的犯罪，危害公共安全的犯罪，危害市场经济秩序的犯罪（即便现在表述为破坏市场经济秩序的犯罪），危害人身权利的犯罪（即便现在表述为侵犯人身权利的犯罪），等等。

其次，从个罪来看，危害和侵犯（侵害）同样是最具有涵摄力的上位语词，如危害生命权的罪名（即便现在表述为杀人罪等），危害健康权的罪名（即便现在表述为伤害罪等），危害性自决权的罪名（即便现在表述为强奸罪等）①，危害名誉权的罪名（即便现在表述为侮辱罪等），等等。即便是那些司法实践中很少出现的罪名，如妨害传染病防治罪，依然可以表述为危害传染病防治方面的公共卫生利益罪，等等。所以，危害成为刑法学中出现频次最高的词语之一，它是统摄所有犯罪行为的概念和范畴。

为什么这样做无论在语言还是逻辑上都是正确的？

首先，危害行为、危害结果作为基本的刑法范畴、刑法知识，已经把所有的动词（行为）都置身于其下了，这可以说是历代刑法学家的最大贡献之一，也是人类刑法知识体系的最大贡献之一。具有上位地位的危害行为，在司法实践中具体表现为现行刑法的罪名；而反过来说，现行刑法具体的刑法罪名，都是在征表具有上位地位的危害行为。例如，滥用职权罪不就是国家工作人员危害国家机关正常活动的犯罪吗？不就是国家工作人员侵犯国家机关正常活动法益的犯罪吗？

其次，法益侵害说逐渐为学界认可后，相应的表述也逐渐开始变化，例如，犯罪是侵害法益的行为，那么，具体的犯罪就是侵害具体法益的行为，侵害法益与侵犯法益完全可以互相代替，所以，侵害也成为刑法学中出现频次最高的词语之一，它也是统摄所有犯罪行为的概念和范畴。

最后，作为刑法总则的范畴，危害行为、法益侵害、教唆、帮助、主犯、故意、

---

① 性侵犯、性侵等词语，也足以表明"侵犯"一词具有上位构成要件的地位。

过失等，对于刑法分则中的具体构成要件当然具有涵摄力。从刑法分则的具体构成要件中归纳和抽象出刑法总则的范畴，再由刑法总则的范畴去指导刑法分则的范畴，再从被指导过的刑法分则具体构成要件去完善刑法总则的范畴，如此循环下去，这也符合认识规律。有学者指出，无论是总则的还是分则的范畴，都是原型范畴[①]，原型范畴具有边缘模糊的特点，好的样本和差的样本会随时间而变化，差的样本可能逐渐由边缘进入中心，从而改变认知模型，也就是改变刑法学说和刑法解释的观点。[②]

危害、侵害、侵犯、损害等，都是刑法语料库中的上位概念。危害，词典义为使受破坏；损害。[③] 侵害，词典义有二，一为侵入而损害，一为用暴力或非法手段损害。[④] 侵犯，词典义为非法干涉别人，损害其权利。[⑤] 损害，词典义为使（事业、利益、健康、名誉等）蒙受损失。[⑥] 由于各个词语的词典义存在着互训的实际，所以，这些上位概念、上位构成要件在刑法本质上是高度契合的，这是根据习惯或者动宾搭配的理由而选择使用这几个词语罢了。比如，从语言习惯来看，虽然性侵犯一般不会表述为性危害（偏正结构），但是却可以表述为动宾结构的危害性自决权，等等。再如，虽然破坏交通设施罪一般不会表述为危害交通设施罪，但是可以表述为损坏交通设施罪或者损害交通设施罪，等等。

同样，破坏也是刑法语料库中的上位概念。虽然由于前述的理由，它的地位不及危害和侵害（侵犯）。但是，破坏的涵摄力也是非常强大的。其词典义有5个义项：使建筑物等损坏，使事物受到损害，变革（社会制度、风俗习惯等），违反（规章、条约等），（物体的组织或结构）损坏。[⑦] 显然，从词典义来看，破坏一词就有广义与狭义之别，至少，使建筑物等损坏这一义项是狭义，使事物受到损害这一义项是广义。

同样，破坏一词的刑法语义也有广义与狭义之别。例如，破坏交通工具罪中的破坏是狭义的，是被限制为"破坏交通工具的关键部件"。如果行为人破坏非关键部件，则不属于破坏交通工具罪。但是，打砸汽车玻璃，刻划汽车外观，

[①] 在语言学上，就是能指（语言外壳）。
[②] 王政勋：《刑法解释的语言论研究》，商务印书馆2016年版，第116页。
[③] 《现代汉语词典》，商务印书馆2012年版，第1349页。
[④][⑤] 《现代汉语词典》，商务印书馆2012年版，第1050页。
[⑥] 《现代汉语词典》，商务印书馆2012年版，第1248页。
[⑦] 《现代汉语词典》，商务印书馆2012年版，第1007页。

拆掉汽车驾驶室的门，当然属于社会生活中的破坏，而这就是广义的破坏。重庆乘客拉扯汽车方向盘导致车辆坠江的案件中，行为人拉扯有人控制的方向盘，本质上是对关键部件的破坏，所以，这是狭义的破坏。因此，刑法分则中的破坏交通工具罪，不能以一般社会生活的视角去观察和判断，该罪名的实质是"足以导致交通危险的破坏交通工具的行为"，这就把破坏非关键部件的行为从该罪排除出去了。因此，对正在驾驶的驾驶员的控制、殴打、推搡、拉扯，都属于破坏交通工具罪，而不是侵犯人身的犯罪。拉扯手持方向盘的司机等价于破坏交通工具。拉扯手持方向盘的司机等价于拉扯方向盘，就是拉扯交通工具的关键部件，等于是在破坏交通工具。老百姓的说法是"司机是把方向盘的"或者"司机是拿方向盘的"，既然是如此普通的道理，重庆乘客的行为应该被评价为破坏机动车关键部件，构成破坏交通工具罪。①

也就是说，无论从词典义还是从语言习惯来看，虽然破坏的对象往往是有体物，但经常也用于比较抽象的事物。而危害和侵犯的对象往往比较抽象。破坏交通工具、破坏交通设施的对象比较具体，而破坏资源环境、破坏选举的对象就比较抽象。因为破坏一词的使用，既有本义，也有引申义。所以，危害与侵犯是上位概念，相对而言，破坏宜作为危害与侵犯下位概念。

假如我们愿意从中国刑法史角度来审视，宣统二年十二月初七日《修正刑律草案》再读时，议员们对"放火"与"破坏"之间的语义关系的争论是珍贵的刑法资料和历史财富。议员汪荣宝认为，放火有破坏的意思。议员高凌霄则认为，放火有时还要伤人，岂是破坏二字所能包括？议员顾视高认为，破坏二字已经包括放火在内。议员籍忠寅认为，放火有时伤人，破坏不过财产上之丧失，所以是两回事……② 笔者认为，从今人视角考察，放火一词的确是有破坏之义，放火当然是对法益的破坏或危害，这是因为破坏的义项非常丰富，外延可大可小。上述议员观点的对立，源于对破坏一词外延大小的对立。外延大的破坏，可以涵摄放火。而外延小的破坏，仅针对财产的破坏，则不能涵摄放火。

这绝不是玩文字游戏，这是语言世界和刑法世界高度融合之下必然得出的

---

① 同理，假如今后有案件，是行为人拉扯、踩踢机动车的刹车或者油门，是行为人对司机实施拉腿、扯脚、绊脚等行为，而不是拉扯方向盘，同样构成破坏交通工具罪。顺便提及，机动车分类是很复杂的，2001版国家标准《机动车辆及挂车分类》分为：两轮或三轮机动车辆、至少有四个车轮并且用于载客的机动车辆、至少有四个车轮并且用于载货的机动车辆、挂车（包括半挂车）、M类N类越野车。根据词典的解释，两轮或三轮内燃机车叫作摩托车，四个轮子以上的不能称为摩托车。
② 高汉成：《〈大清新刑律〉立法资料汇编》，社会科学文献出版社2013年版，第652～653页。

结论，也是开启刑法研究金色拱门的新钥匙。刑罚体系也罢，刑法理论也罢，貌似波诡云谲，歧见纷呈，学说林立，难明头绪，实则是没有找到条理之、系统之的手法。而如果我们愿意从语言入手，重新审视刑法世界和犯罪类型，就能够豁然开朗，收到不同的效果。

四、传播与出版的上下位关系

出版，包括印刷（或者制作）和发行，出版业合称印行。出版的词典义：把书刊图画音像制品等编印或制作出来，向公众发行。① 发行一词，是近代时期日语进到中文里的新词，汉语原本是没有的。② 发行的意思，词典义为发出新印制的货币、债券或新出版的书刊、新制作的电影等。③ 其外延比几十年前也有所扩张——1979年版的词典义是：发出新印制的货币、公债或新出版的书刊等。④ 可是，上述这些词典义的解释不完全准确和透彻，如果结合英文的解释，可能便于抓住发行一词的真实语义。在英语中，对应"发行"的词汇是issue, publish, distribute, putonsale。⑤ 可见，发行一词含有一个义素——出售、销售、出卖。只是仅有这个义素还不够。发行还有一个义素，就是词典义中的新印制的、新制作的特殊事物如邮票、股票、彩票、纪念币、贵金属产品、钞票、影视剧、书刊、音像制品等。也就是说，发行不是一般的销售，而只能是用于特定事物，在一组同义词词汇中，前者是其共同义素，而后者是其区别义素。新上市的药品、食品的销售等不会使用发行一词，是因为食品和药品不具备前述的区别义素。

出版属于一种传播、扩散行为，所以，传播淫秽物品牟利罪是出版淫秽物品牟利罪、为他人提供书号出版淫秽书刊罪（牟利的）的上位罪名。由于为他人提供书号出版淫秽书刊罪存在着牟利与不牟利的两种可能性，所以，为他人提供书号出版淫秽书刊罪（牟利的）是传播淫秽物品牟利罪的下位罪名。为他

---

① 《现代汉语词典》，商务印书馆2012年版，第187页。
② 陈力卫：《东往东来：近代中日之间的语词概念》，社会科学文献出版社2019年版，第11页。
③ 《现代汉语词典》，商务印书馆2012年版，第351页。
④ 《现代汉语词典》，商务印书馆1979年版，第289页。
⑤ 北京外国语大学英语系《汉英词典》组：《汉英词典》，外语教学与研究出版社1997年版，第321页。

人提供书号出版淫秽书刊罪（不牟利的）是传播淫秽物品罪的下位罪名。出版淫秽物品牟利罪只能是传播淫秽物品牟利罪的下位罪名，而不可能是传播淫秽物品罪的下位罪名。

出版、印刷、发行，都是出版业术语。前已述及，发行，就是出售、出卖、销售、经销。印刷，就是一种复制。出版、印刷、发行、播放、复制、贩卖等行为，都属于一种传播、扩散、流传、散播。所以，传播是出版、印刷、发行、播放、复制、贩卖等行为的上位构成要件。

第308条第一款泄露不应公开的案件信息罪中的"造成信息公开传播"，就是"造成信息传播"。传播当然是公开的。所以，"造成信息公开传播"语意重复。这就像无须使用"公开传播淫秽物品"，只需要使用"传播淫秽物品"就够了。

综上所述，出版、传播、公开传播三者之中，可以将"传播"作为上位构成要件。如果加上发行，则出版、发行、公开传播都是"传播"的下位构成要件。

在下面的论述中，本书将着重关注刑法中几组重要的构成要件，试着辨析它们之间的相互关系或者上下位层级。这可能有一点烦琐，但却是必要的。

第三节　危险物质、危险物品、危险化学品、危险废物等的语义关系

现行刑法中的危险物质、危险物品、危险化学品、危险废物，都是典型的"以价值充填为必要的概念"[①]。从法治国家高度和罪刑法定主义视角来衡量，何为"危险"，兹事体大，必须加以明确，以避免解释者的恣意介入、随意解释，避免危及法治国家和公民自由。

[①] ［韩］金日秀、徐辅鹤：《韩国刑法总论》，郑军男译，武汉大学出版社2008年版，第66页。

一、危险物质应该包括危险原料和危险废物

从形式逻辑角度来看，危险物质应该包括危险原料和危险废物两大类。在《国家危险废物名录（2016版）》中明确规定，列入《危险化学品目录》的化学品废弃后属于危险废物。"危险废物"也属于"危险物质"。《国家危险废物名录（2016版）》规定的危险特性包括腐蚀性（Corrosivity, C）、毒性（Toxicity, T）、易燃性（Ignitability, I）、反应性（Reactivity, R）和感染性（Infectivity, In），共五种。[①] 这五种危险特性应该适用于危险原料和危险化学品。也就是说，危险特性或者危险性最多就是五种。

毒性（Toxicity, T）包括有毒物质的属性（污染环境罪）、有毒有害物质的属性（生产销售有毒有害食品罪）和毒害性物质的属性（投放危险物质罪）。根据《医疗用毒性药品管理办法》第2条：医疗用毒性药品（以下简称毒性药品），系指毒性剧烈、治疗剂量与中毒剂量相近，使用不当会致人中毒或死亡的药品，如毒性中药品种的砒霜、生马前子、生川乌、生草乌等，西药毒药品种的去乙酰毛花甙丙、阿托品等。

例如，2016年12月29日，四川省旺苍县嘉川镇居民昝某邀约好友罗某在东河水晶坝河段，采取用药下毒的方式捕鱼，将200瓶农药甲氰菊酯投入河道。2017年7月11日，旺苍县法院判决被告人昝某、罗某犯投放危险物质罪，分别判处有期徒刑5年、有期徒刑3年。[②] 本案中，甲氰菊酯是一种农业杀虫剂，不属于危险化学品。笔者认为，虽然甲氰菊酯不属于危险化学品，但是可以解释为"危险物质"。本案同时触犯了污染环境罪和投放危险物质罪。之所以会出现这种竞合，一是因为污染环境罪的实行行为是"排放、倾倒、处置"，与"投放"一词比较，只是使用习惯不同，二者的动作则是一样的。二是因为投放危险物质尤其是投放危险废物的行为也会导致污染环境的结果，二者言说的角度不同罢了。三是因为投放危险物质罪侵害了公共安全，污染环境罪侵害了环境，而环境（或者环境安全）当然属于公共安全的一部分，没有比环境更属于公共安全的了，这也是言说角度不同所致。

2017年1月18日，山西省新绛县一辆装载约25吨粗苯的货车与一辆客车

---

① 国家危险废物名录。
② 四川：下毒捕鱼导致污染饮用水源，两名被告分别领刑。

发生碰撞，货车坠入桥下汾河，粗苯罐车出现泄漏。工作人员搭建活性碳坝拦截吸附。粗苯为一级毒物，易燃、易爆、易中毒。汾河下游的新绛、稷山、河津、万荣4县目前已搭建活性碳坝拦截吸附，防止污染物进一步扩散。在《危险化学品目录（2015版）》中，粗苯（序号167）又称为动力苯、混合苯。所以，粗苯应该属于投放危险物质罪中的"毒害性的危险物质"，也属于危险物品肇事罪中的"危险物品"，也属于污染环境罪中的"有害物质"。虽然被列入2014年环保部《重点环境管理危险化学品目录》的不是粗苯，而是纯苯，但是把粗苯解释为"危险物品"或者"危险物质"应无问题。

2014年5月19日案发的某染料有限公司偷排废酸2698吨入大运河一案。该案可以被解释为投放危险物质罪或者以危险方法危害公共安全罪。某染料有限公司负责废酸处置的公司执行助理王某在明知某化工有限公司的王某某没有处置废酸资质的情况下，仍与王某某达成处置废酸的口头协议。王某某将废酸转交给同样没有处置资质的丁某某，丁某某指使孙某、钱某等人夜间驾船将其中2698.1吨废酸直接排放至河道中。江苏科技咨询中心出具的污染环境损害评估技术报告证明，某染料有限公司的生产过程必然产生废酸液，其中硫酸平均浓度为59.34%，数值超过构罪标准数百倍，废酸液中的主要成分为硫酸并含有大量有机物，具有极强的腐蚀性，对水生态环境、水生生物、河流底泥、岸边土壤及地下水资源污染等导致的环境污染损害难以计量。一审法院认定在非法处置废酸的共同犯罪中，某染料有限公司是污染环境罪的单位犯罪主体、是主犯，罚金2000万元。2016年10月8日，江苏省扬州市中级人民法院终审维持原判。①根据《国家危险废物名录（2016版）》，废酸（废物类别HW34）的危险特性主要是腐蚀性（Corrosivity, C），染料、涂料废物（废物类别HW12）的危险特性主要是毒性（Toxicity, T）。只要具有一种或几种危险特性，该物质就是危险物质。所以，本案中的废酸无论是腐蚀性的危险还是毒性的危险，都是投放危险物质罪中的"危险物质"。既然"经公司负责人确认后明知王某某没有处置资质仍委托处置危险废物"，那么，"危险废物"（废硫酸）当然属于"危险物质"。在《危险化学品目录（2015版）》中，硫酸的序号是1302。硫酸是危险化学品，那么当然是"危险物质"。废硫酸当然是"危险废物"，也是"危险物质"。硫酸

---

① 这家企业偷排废酸2698吨入大运河，还试图销毁证据。

是危险化学品，废硫酸液是危险废物。笔者认为，向河道内偷排废酸是向公共水体投放特定种类危险物质的犯罪行为。

根据"废酸液中的主要成分为硫酸并含有大量有机物，具有极强的腐蚀性"，废酸液属于腐蚀性"危险物品"，由于含有大量有机物，也属于毒害性"危险物质"。笔者认为，污染环境类的案件中，根据污染物的具体种类和污染实际，应该考虑把污染环境犯罪行为进一步解释为投放危险物质罪的"危险物质"。如果暂时不能解释为投放危险物质罪的"危险物质"，司法者则可以朝着以危险方法危害公共安全罪方向去解释，把具体的污染行为解释为投放危险物质罪"危险物质"范围之外的危险方法。只有如此"找法"，既没有违背罪刑法定主义，也才能真正保护珍贵的环境，才能真正罚当其罪。

再如，2018年河北"红水浇地"案发，环境执法人员通过暗管探测仪实地探查、调集机械排查挖掘等手段，发现渗坑1个、渗井3个、疑似危险废物地面以下填埋点4处。排污企业存在利用暗管偷排偷放有机染料废水、擅自填埋处置疑似危险废物、通过渗井堆存危险废物等环境违法行为。[①] "偷排偷放""擅自填埋处置"都是投放的具体表现形式。

根据2013年最高人民法院、最高人民检察院《关于办理环境污染刑事案件适用法律若干问题的解释》第8条：违反国家规定，排放、倾倒、处置含有毒害性、放射性、传染病病原体等物质的污染物，同时构成污染环境罪、非法处置进口的固体废物罪、投放危险物质罪等犯罪的，依照处罚较重的犯罪定罪处罚。第10条：下列物质应当认定为"有毒物质"：（一）危险废物，包括列入国家危险废物名录的废物，以及根据国家规定的危险废物鉴别标准和鉴别方法认定的具有危险特性的废物；（二）剧毒化学品、列入重点环境管理危险化学品名录的化学品，以及含有上述化学品的物质；（三）含有铅、汞、镉、铬等重金属的物质；（四）《关于持久性有机污染物的斯德哥尔摩公约》附件所列物质；（五）其他具有毒性，可能污染环境的物质。而2016年的《关于办理环境污染刑事案件适用法律若干问题的解释》废止了2013年的上述司法解释。2016年司法解释第15条：下列物质应当认定为《刑法》第338条规定的"有毒物质"：（一）危险废物，是指列入国家危险废物名录，或者根据国家规定的危险废物鉴别标准和鉴别方

---

① 环境部：完成"红水浇地"案调查4名责任人被刑拘。

法认定的，具有危险特性的废物；（二）《关于持久性有机污染物的斯德哥尔摩公约》附件所列物质；（三）含重金属的污染物；（四）其他具有毒性，可能污染环境的物质。删除了2013年司法解释中的"剧毒化学品、列入重点环境管理危险化学品名录的化学品，以及含有上述化学品的物质"。之所以删除，是因为2014年《重点环境管理危险化学品名录》包括的84种危险化学品与《关于持久性有机污染物的斯德哥尔摩公约》附件所列物质存在着交叉。而剧毒化学品已经收录于《危险化学品目录（2015版）》，该目录收录危险化学品2828种（包括剧毒化学品148种）。

二、投放危险物质罪的"危险物质"

投放危险物质罪中的危险特性，法条明文规定的只有毒害性、放射性、传染病病原体三种。既然危险废物中危险特性是五种，其外延大于投放危险物质罪的三种"危险"。投放危险物质罪的"危险物质"一般指的是构成要件中已经列明了的毒害性、放射性和传染病病原体三类。危险物品肇事罪的"危险物品"在国务院天津"8·12"爆炸案事故调查报告中，专门有一部分为"有关危险品术语解释"，其中涉及化学品、危险化学品、危险物品、危险货物、易制爆危险化学品五个概念，但是恰恰未涉及危险物质，在此引用作为参照。

化学品：指各种化学元素和化合物以及混合物，无论其是天然的，还是人工合成的（摘自：国际劳工组织《关于作业场所安全使用化学品公约》）。据美国化学文摘统计，全世界已有化学品多达700万种，其中已作为商品上市的有10万余种，经常使用的有7万多种，每年全世界新出现化学品1000多种。

危险化学品：指具有毒害、腐蚀、爆炸、燃烧、助燃等性质，对人体、设施、环境具有危害的剧毒化学品和其他化学品（摘自：《危险化学品安全管理条例》）。我国危险化学品的分类采用联合国《全球化学品统一分类和标签制度》（GHS）的分类方法。

危险物品：安全生产领域的专门术语，是指易燃易爆物品、危险化学品、放射性物品等能够危及人身安全和财产安全的物品（摘自：《安全生产法》）。

危险货物：运输行业的专门术语，是指具有爆炸、易燃、毒害、感染、腐蚀、放射性等危险特性，在运输、储存、生产、经营、使用和处置中，容易造成人身伤亡、财产损毁或环境污染而需要特别防护的物质和物品（摘自：GB6944-2012《危险货物分类和品名编号》）。道路运输危险货物具体以列入 GB12268-2012《危险货物品名表》为准，铁路运输危险货物具体以列入《铁路危险货物品名表（铁运〔2009〕130号）》为准，水路运输危险货物具体以列入《水路危险货物运输规则》中附件一"各类引言和危险货物明细表"为准。我国危险货物的分类采用联合国《关于危险货物运输的建议书规章范本》的分类方法。危险货物根据 GB6944-2012《危险货物分类和品名编号》分为9大类：第1类爆炸品，第2类气体，第3类易燃液体，第4类易燃固体、易于自燃的物质、遇水放出易燃气体的物质，第5类氧化性物质和有机过氧化物，第6类毒性物质和感染性物质，第7类放射性物质，第8类腐蚀性物质，第9类杂项危险物质和物品。

易制爆危险化学品：社会公共安全领域的专门术语，是指国务院公安部门规定的可用于制造爆炸物品的危险化学品，具体以列入《易制爆危险化学品名录（2011年版）》为准。[①]

综上所述，化学品是涵摄力最大的，危险化学品、危险物品的危险特性都是五种，但是危险化学品侧重于剧毒也就是毒性。危险货物的危险特性除了前述的五种，还涉及了第2类、第5类和第9类，这是运输业所特有的危险，例如超大体积的货物、易于滚落的货物，其本身并无危险，但是不易运输或者运输难度大。易制爆危险化学品显然只是危险化学品中的一部分而已。

三、天津"8·12"爆炸案中硝酸铵和氰化钠的刑法属性

天津"8·12"爆炸案中硝酸铵和氰化钠在犯罪构成要件中的属性，也就是它们是否属于"危险物质"和"危险物品"？这个问题解释清楚了，才能认定行为人是否构成非法储存危险物质罪、危险物品肇事罪。

根据最终的事故报告：事故直接原因是瑞海公司危险品仓库运抵区南侧集装箱内硝化棉由于湿润剂散失出现局部干燥，在高温（天气）等因素的作用下

[①] 天津港"8·12"特别重大火灾爆炸事故调查报告公布。

加速分解放热，积热自燃；引起相邻集装箱内的硝化棉和其他危险化学品长时间大面积燃烧，导致堆放于运抵区的硝酸铵等危险化学品发生爆炸。事故发生前，瑞海公司危险品仓库内共储存危险货物7大类、111种，共计11383.79吨，包括硝酸铵800吨，氰化钠680.5吨，硝化棉、硝化棉溶液及硝基漆片229.37吨。其中，运抵区内共储存危险货物72种、4840.42吨，包括硝酸铵800吨，氰化钠360吨，硝化棉、硝化棉溶液及硝基漆片48.17吨（危险品仓库和运抵区内危险货物具体种类及数量见附件（二）3）。①

瑞海公司董事长于某构成非法储存危险物质罪、非法经营罪、危险物品肇事罪、行贿罪，予以数罪并罚。判决似乎没有区分"危险货物"、"危险物质"和"危险物品"。在此试做如下分析。

事故中的硝酸铵列入了《危险化学品目录》，也是危险货物、构成要件的"危险物品"，却不是"危险物质"、不属于判决中涉及的第125条第二款的非法储存危险物质罪的危险物质。而事故现场的数量较大的氰化钠，既是危险化学品、列入了《危险化学品目录》，也是危险货物、构成要件的"危险物品"，还被列入2014年《重点环境管理危险化学品目录》。同时，也是判决中涉及的第125条第二款的非法储存危险物质罪的危险物质，剧毒的氰化钠属于毒害性的危险物质，应无争议。所以，天津爆炸案的各个罪名中，危险物品肇事罪应该指的是硝酸铵等引起的事故，非法储存危险物质罪应该指的是氰化钠等的存储行为。

瑞海公司董事长于某构成第125条第二款非法储存危险物质罪，而根据第125条第二款的构成要件，于某构成非法储存危险物质罪的危险物质属于毒害性、放射性、传染病病原体中的哪一种，是需要法院解释的。在一般社会观念中，爆炸性物质、易燃性物质都属于危险物质。刑法的规定与此却不相同，于某构成非法储存危险物质罪在一般社会观念中不会受到质疑，但是刑法解释起来却很棘手，棘手的原因在于天津"8·12"爆炸案中涉及的化学品种类繁多，只能笼统地认定为是危险物质，却很难认定为是哪一类危险物质：放射性，不是。传染病病原体，不是。腐蚀性、爆炸性和易燃性三大类②反而是不属于投放危险物质罪构成要件的危险物质的。

明明是一个大爆炸的结果，却被处断为非法储存毒害性的危险物质，二者

---

① 天津港"8·12"特别重大火灾爆炸事故调查报告公布。
② 实际只有腐蚀性和反应性两种危险特性。

之间极度不匹配。假如把天津"8·12"爆炸案所涉物质解释为爆炸性危险物质，那么罪名就应该为非法储存爆炸物罪。笔者认为，根据GB6944-2012《危险货物分类和品名编号》分为9大类这一实际情况，今后可以考虑把构成要件中的"危险物质"的外延等同于《危险货物分类和品名编号》涉及的九大类。

在《危险化学品目录（2015版）》中，氰化钠（序号1688，CAS[①]号143-33-9）属于剧毒。硝酸铵（序号2286，CAS号6484-52-2）分为两类，一类是含可燃物＞0.2%，包括以碳计算的任何有机物，但不包括任何其他添加剂；一类是含可燃物≤0.2%。硝酸铵属于"具有燃烧、助燃等性质，对人体、设施、环境具有危害的其他化学品"即危险化学品，却并不属于构成要件的危险物质。同样，硝酸铵肥料（序号2287）分为两类，一类是比硝酸铵（含可燃物＞0.2%，包括以碳计算的任何有机物，但不包括任何其他添加剂）更易爆炸的硝酸铵肥料，一类是含可燃物≤0.4%的硝酸铵肥料。前一种硝酸铵肥料具有易燃性，属于危险化学品，但也不属于危险物质。所以，氰化钠本身属于构成要件的毒害性的"危险物质"或者"危险物品"，但是硝酸铵本身不属于爆炸性的"危险物质"或者"危险物品"，更不属于毒害性的"危险物质"或者"危险物品"。于某构成的非法储存危险物质罪应该仅指的是氰化钠的存储。至于行为人对于硝酸铵的存储，能否解释为非法储存危险物质罪，尚需进一步研究。

根据《危险化学品目录（2015版）》，危险化学品是指具有毒害、腐蚀、爆炸、燃烧、助燃等性质，对人体、设施、环境具有危害的剧毒化学品和其他化学品，其危险特性包括物理危险、健康危害和环境危害三种，物理危险主要就是爆炸性、腐蚀性和易燃性。显然，危险化学品没有放射性这一危险特性。《危险化学品目录（2015版）》中有生活中常见的一些化学品，如：一氧化碳（序号2563），亚硝酸钠（序号2492），天然气（富含甲烷的）（序号2123），松节油（序号2098），石油原油（序号1967），漂白粉（序号1621），煤气（序号1570），煤油（序号1571），硫酸（序号1302），甲烷（序号1188），二氧化硫（序号639），等等。

[①] "CAS号"是指美国化学文摘社对化学品的唯一登记号。

四、医疗废物的刑法属性

根据《国家危险废物名录（2016版）》，医疗废物有五种。医疗废物中的感染性废物、损伤性废物、病理性废物三种的危险特性是感染性（Infectivity, In），而医疗废物中的化学性废物、药物性废物两种的危险特性是毒性（Toxicity, T）。因此，医疗废物可能是传染病病原体类别的危险物质，也可能是毒害性的危险物质，可以解释为构成要件的"危险物质"或者"危险物品"。如果行为人使用感染性危险物质制造毒餐具，应该处断为投放危险物质罪。如果行为人任意将医疗废物排放、倾倒、处置，应该处断为投放危险物质罪——向环境中投放传染病病原体类或者毒性的危险物质。虽然在医学上，感染和传染并不是一回事，感染的外延远大于传染病病原体导致的传染，但是在生活中，基本是被视为一个意思。所以在进行刑法评价时，可以把感染性危险废物解释为危险物质。

《国家危险废物名录（2016版）》中的危险特性包括腐蚀性、毒性、易燃性、反应性和感染性五种。表面上看，并无爆炸性这一类，实际上《国家危险废物名录》HW15爆炸性废物中，大多有反应性，有的还有毒性。需要注意的是，使用的不是构成要件的"毒害性"，而是"毒性"。笔者认为，这是很准确的表述。有害性的外延（相当于危险性、毒害性）大于有毒性或者毒性。物质对于环境和人体的危险性就是对他们的有害性，只不过有害性体现为不同的侧面——有的是腐蚀性，有的是反应性，有的是毒性，等等。所以，总的来看，第338条污染环境罪中的"有害物质"是一个上位构成要件，涵摄了危险物质、危险物品、有毒物质、危险废物等构成要件。毒害性、放射性、传染病病原体等危险物质当然是"有害物质"。危险废物当然也是"有害物质"。有毒物质当然也是"有害物质"。

五、有毒有害食品与空心毒胶囊的刑法属性

毒胶囊事件是不法厂商用皮革下脚料制造药用胶囊，最初是在2012年被曝光的，而这类用工业明胶制造药用胶囊的犯罪则可以上溯至2004年前后。药用胶囊属于药用辅料，制造药用胶囊的原料明胶必须达到食用明胶标准。空心毒胶囊案件频发，给刑法解释带来难题。

例如，2016年，行为人无证、无资质生产空心毒胶囊，被浙江省天台县公安机关查获，按照生产、销售有毒、有害食品罪立案。① 笔者认为，这一定性不准确。首先，空心毒胶囊只有一个用途，就是卖给药厂制药，成为劣药或者假药。在卖给药厂之前，行为人就被依法查获的，空心毒胶囊不可能以食品进行流通。消费者也不可能购买空心毒胶囊来食用。其次，不能因为空心毒胶囊有可能被人食用就将其解释为食品。最后，如果生产空心毒胶囊的行为人与下游制药厂存在通谋的，构成生产、销售假药罪或者生产、销售劣药罪的共同犯罪的帮助犯。如果生产空心毒胶囊的行为人与下游制药厂不存在通谋的，销售金额达到追诉标准（5万元）的，构成生产、销售伪劣产品罪（既遂犯）；或者货值金额达到追诉标准的（15万元），构成生产、销售伪劣产品罪（未遂犯）；否则不构成犯罪，进行行政处罚即可。浙江省天台县破获的这起生产销售毒胶囊案件中，犯罪嫌疑人之一石某通过物流公司把这些胶囊发给远在西安的无证制药商王某进行销售，共计144万粒全绿空心胶囊、786万粒紫奶黄空心胶囊，总价值97650元，达到销售金额5万元，构成生产、销售伪劣产品罪（既遂犯），应该在第140条第一档法定刑幅度内（2年以下有期徒刑或者拘役）确立宣告刑。而假如真的最终被判生产、销售有毒、有害食品罪，则在该罪第一档法定刑幅度内（5年以下有期徒刑）确立宣告刑。二者悬殊还是较大的，对于犯罪嫌疑人而言，一旦被确定为生产、销售有毒、有害食品罪，属于轻罪而重刑，违背了罪责刑相适应原则，显得不正义，而这不正义来自错误的刑法解释过程和解释结论。

检索2012年以来的有关判决，几乎全是生产、销售有毒、有害食品罪。例如，2012年11月7日，江西省法院系统首次判决"毒胶囊"案，江西省崇仁县人民法院以生产、销售有毒、有害食品罪，分别判处被告人崇仁恒泰胶囊厂管理人员潘某有期徒刑二年、厂事务执行人乐某（女）有期徒刑一年零六个月、厂技术人员潘某有期徒刑一年，并各处人民币10万元至8万元不等的罚金。恒泰胶囊厂将工业明胶、废旧胶囊及恒泰胶囊厂遗留的胶囊掺入原料，与食用明胶按一定比例配料熔胶、调色，组织生产空心胶囊。经权威机构多次抽样检测，恒泰胶囊厂生产的空心胶囊铬含量严重超标，其含量值最低为百万分之二十六，最高为百万分之二百八十九。而按《中国药典》2010年版的标准规定，

---

① 又是毒胶囊！浙江查获1亿多粒毒胶囊，6人被捕。

铬含量不得超过百万分之二。① 再如，2013 年 2 月 6 日，浙江新昌县人民法院对部分铬超标胶囊犯罪案件作出一审判决：以生产、销售有毒、有害食品罪判处被告人王某有期徒刑十一年；判处被告人赖某、潘某、郑某七年至五年两个月不等有期徒刑；判处被告人章某、王某、王某三年至十个月有期徒刑，缓刑四年至一年不等，并禁止三被告人在缓刑考验期内从事食品生产经营活动。同时，还对上述被告人处以 122 万元至 3 万元不等的罚金。经审理查明，2010 年至 2012 年 4 月，被告人王某、赖某等 7 人分别在参与管理和经营新昌县华星胶丸厂、新昌县卓康胶囊有限公司、新昌县瑞香胶丸有限公司相关胶囊生产期间，多次将工业明胶掺入食用、药用明胶中生产胶囊，并予以销售。经检测，被查封、扣押胶囊铬含量均超过相关标准。②

把刑法的文理解释方法运用到生产空心毒胶囊、销售空心毒胶囊案件中，同样表明此前司法机关的罪名定性都存在不利于行为人的不正义的情形。根据构成要件，生产有毒、有害食品罪包括两种情形，一是在生产的食品中掺入有毒、有害的非食品原料，一是在销售的食品中掺入有毒、有害的非食品原料。而销售有毒、有害食品罪仅仅包括一种情形，就是销售明知掺有有毒、有害的非食品原料的食品。以上一共三种情形。

而生产空心毒胶囊，既不是在生产的"食品"中掺入，也不是在销售的"食品"中掺入，所以不符合生产有毒、有害食品罪的构成要件。销售空心毒胶囊，也不是销售明知掺有有毒、有害的非食品原料的"食品"，所以不符合销售有毒、有害食品罪的构成要件。那么，生产有毒、有害食品罪的构成要件行为本来是"在食品中掺入"，却被空心毒胶囊案件的司法者悄悄置换为"生产可能被人食用的产品"。销售有毒、有害食品罪构成要件行为本来是"销售（掺有有毒、有害的非食品原料的）食品"，却被空心毒胶囊案件的司法者悄悄置换为"销售可能被人食用的产品"。笔者认为，这些都是不合理的文理解释。这一局面的产生肯定与法条本身的表述技术息息相关，该法条适用的前提、预设的前提是"在生产食品或者销售食品中发生的犯罪行为"，而空心毒胶囊案件根本没有这一前提。所以，在严格的罪刑法定原则观照之下，以上案件判决就不符合刑法公平正义。

---

① 江西崇仁"毒胶囊"案五人获刑最高判刑 2 年。
② 浙江法院对问题胶囊案作出判决主犯获刑 11 年。

实际上，笔者以为，明知是问题胶囊而仍然购买并且用于药品生产的药厂工作人员构成了生产、销售劣药罪，药厂的有关工作人员与毒胶囊的有关人员之间可能是共犯关系，可能毫无通谋不是共犯关系。对于不是共犯关系这一情形，只能对生产空心毒胶囊、销售空心毒胶囊案件的行为人论以投放危险物质罪或者以危险方法危害公共安全罪。一般而言，由于销售人员是不知道胶囊存在问题的，所以无罪。药厂的知情者（主要是管理者、决策者、经营者、法人代表、股东、投资人、实际控制人等和知情的工作人员）构成的是生产、销售劣药罪的间接正犯，不会是直接正犯。这个犯罪结构和犯罪模式非常类似于"齐二药"一案。这是初步结论。

司法机关之所以把空心毒胶囊案件处断为生产、销售有毒、有害食品罪，是因为找法艰难——如果定性为生产销售伪劣产品罪，会轻纵行为人；如果定性为生产、销售有毒、有害食品罪，虽属牵强但是也接近于公众的预测。笔者认为，生产、销售有毒、有害食品罪本不能描述和指称这一类犯罪行为，本来应该另外找法，例如以危险方法危害公共安全罪，或者投放危险物质罪。

空心毒胶囊案件解释为投放危险物质罪最为恰当，理由如下：根据《危险废物名录（2016版）》的规定，废物类别中的"HW21含铬废物"其中一个来源就是毛皮鞣制及制品加工，废物名称是"皮革切削工艺产生的含铬皮革废碎料"（废物代码193-002-21），危险特性是毒性（Toxicity, T）。[1]那么，行为人使用皮革下脚料制造空心药用胶囊，是把危险废物投放到胶囊这一特殊的药物辅料的生产之中，投放到药用胶囊的制造之中，是把含铬危险废物作为制造药用胶囊的原料进行投放的犯罪行为，属于投放毒害性物质，也就是投放危险物质的行为。行为人的动作是把含铬危险废物投放到原料罐之中，最终进入药用胶囊之中，从而可能被人吞服，危害公众的健康。"皮革切削工艺产生的含铬皮革废碎料"属于国家明令的危险废物，自然不能任意使用、处置、堆放。

司法机关之所以把空心毒胶囊案件处断为生产、销售有毒、有害食品罪，可能是认为刑法典的所有构成要件中，只有"食品"最符合案情。在确定构成要件符合性环节，也是认定犯罪行为的性质、评价犯罪行为的最初环节，司法机关就错了。

---

[1]《危险废物名录（2016版）》。

顺便提及,"食品"这个构成要件的外延有逐步扩大的趋势。以往归口农业部门管理的农产品和食品用动物,到了流通环节,已经归口食药监督部门管理。各地的街道办事处下设的食品药品监督所,同时还悬挂有"农畜产品质量安全监管站"的牌子。笔者认为,农业生产者种植粮食蔬菜瓜果、养殖各种食品用动物,都应该解释为"生产食品"。如果在种植或者养殖过程中故意添加有毒有害物质,应该按照生产有毒、有害食品罪处断。例如,养鸭户使用添加了苏丹红的饲料来饲喂鸭子,希望产出的鸭蛋蛋黄更红,卖个高价。这个行为虽然不属于直接"在食品中添加有毒有害物质",但应该解释为在饲料中直接添加有毒、有害物质,在食品用动物中间接添加有毒、有害物质,符合"添加",理应构成生产有毒、有害食品罪。如果"在食品中添加有毒、有害物质"的构成要件不改,笔者这样解释似乎有些牵强,那么解释为投放危险物质罪更为合适。

把空心毒胶囊类型化为有毒、有害食品的错误在于,有毒、有害食品无法涵摄空心毒胶囊,食品也无法涵摄胶囊,在这个名词性构成要件环节,这样的涵摄与联系不成立。那么,只能另外找法,只能在刑法中另外寻找名词性构成要件,如"危险物质""有毒物质""有害物质"。或者另外寻找动词性构成要件,如"危害公共安全"。

六、小结

既然危险物品是指易燃易爆物品、危险化学品、放射性物品等能够危及人身安全和财产安全的物品,那么,刑法典构成要件中的危险物品就是危险化学品的上位概念。危险货物与危险物品则是同一关系。第136条危险物品肇事罪中的危险物品,第130条中的危险物品,虽然都没有提及传染病病原体,但是应该把传染病病原体解释为上述罪名中的"毒害性"。刑事司法实践中,把烟花爆竹解释为上述罪名中的危险物品,是合理的。而刑法典构成要件中的危险物质,应该具备放射性、毒害性、传染病病原体等危险特性之一,并不涉及腐蚀、爆炸、燃烧、助燃等物理危险,可见,仅仅具有易燃易爆特性的物质或物品并不属于构成要件中的"危险物质",除非这些易燃易爆物还具有放射性、毒害性、传染病病原体等危险特性之一。基本上可以确定,危险物质的外延小于危险物品。

那么,从涵摄力大小排列,依次为:危险物品(危险货物)、危险物质;或者危险物品（危险货物）、危险化学品；或者危险物品（危险货物）、易燃易爆物品；或者危险物品（危险货物）、放射性物品；或者危险物品（危险货物）、传染病病原体；或者危险物品（危险货物）、危险废物。

第338条污染环境罪已经修改为："违反国家规定，排放、倾倒或者处置有放射性的废物、含传染病病原体的废物、有毒物质或者其他有害物质，严重污染环境的，处……"在这里，有害物质是上位构成要件，而有放射性的废物、含传染病病原体的废物、有毒物质则属于下位构成要件。而自2017年1月1日起施行的《最高人民法院、最高人民检察院关于办理环境污染刑事案件适用法律若干问题的解释》第十五条规定：下列物质应当认定为《刑法》第338条规定的"有毒物质"：（一）危险废物，是指列入国家危险废物名录，或者根据国家规定的危险废物鉴别标准和鉴别方法认定的，具有危险特性的废物；（二）《关于持久性有机污染物的斯德哥尔摩公约》附件所列物质；（三）含重金属的污染物；（四）其他具有毒性，可能污染环境的物质。

该司法解释对"有毒物质"的解释存在严重问题。首先，把各种"危险特性"的废物都解释为"有毒物质"，大大扩张了"有毒物质"的外延，是把一个下位构成要件解释为上位构成要件，是错误的。其次，该解释前后矛盾，其兜底构成要件是"具有毒性可能污染环境的物质"，"有毒物质"的关键当然在于其毒性、有毒性，而不能扩张为有害性、危险性，有害性、危险性等都是涵摄力大于有毒性的概念。前已述及，《国家危险废物名录（2016版）》中的危险特性包括腐蚀性、毒性、易燃性、反应性和感染性5种，而不是只有毒性或者有毒性一种。最后，危险物品肇事罪中也明确指出，爆炸性、易燃性、放射性、毒害性、腐蚀性物品统称为危险物品，也就是具有危险特性的物品，确定第338条的有毒物质的含义，不能脱离刑法内部的其他构成要件。

在投毒罪修改为投放危险物质罪之后，危险物质的外延更大，它包括毒害性、放射性、传染性物质，显然，毒害性物质是危险性物质的下位构成要件，毒性或者有毒性物质是毒害性物质的下位构成要件。决不能笼统认为，危险物质就是毒害性物质。从刑法规范的沿革来看，毒害性物质历来都与病原体等并称，而没有笼统进行称呼，如1951年《中华人民共和国惩治反革命条例》第九条：以反革命为目的，策谋或执行下列破坏、杀害行为之一者，处死刑或无期徒刑；其情节较轻者处五年以上徒刑……投放毒物、散播病菌……

从文字学角度来看，《说文》：毒，厚也。这当然不是现代汉语的意思。现代汉语认为，毒，指的是进入机体后能跟机体起化学变化，破坏体内组织和生理机能的物质。[①] 如果广义去理解这个定义，其实，腐蚀性、爆炸性等也是符合"毒"的。

[①]《现代汉语词典》，商务印书馆2012年版，第319页。

第四章
概念借用与外延泛化

第一节　词汇的概念借用与外延泛化

一、生活词汇的概念借用与外延泛化

概念借用与外延泛化是当前现代汉语的典型语言现象。所谓概念借用，指的是借用某个语言外壳（能指）来指称另外的所指，也就是词汇借用、语词借用、词语借用。词语借用当然会使得该语言外壳（能指）具有了更大的外延，其原有外延逐渐扩张和泛化，而外延逐渐扩张和泛化之后，反过来也必然颠覆该语言外壳（能指）自身的生存，必然消解该语言外壳（能指）。这个过程在一般情况下可能是非常漫长的，是语言与事物之间的拉锯战，但是在信息传播速度极快的特定历史时期，也可能非常迅速就完成了。

（一）概念借用的现象

例如"海关"一词，不仅可以指称有海的关卡，没有海的关卡也是称为"海关"的（内陆海关）。所以，"海关"就是"对出入国境的一切商品和物品进行监督、检查并照章征收关税的国家机关"[①]。从它的词典义丝毫看不到任何与"海"有关的因子，那么，以"海关"指称的事物其实是"关津"或者"关"。普通中国人最常见到的海关不是在沿海城市，而是在机场的国际入口、出境口。这里无意再去追问"海关"一词合不合理或者要不要废除，因为它已经是一个规范的现代汉语语词了。

"老师"一词，不仅可以指称真正的老师、从事教育教学工作的人，现在还广泛运用在没有从事教育教学工作的人身上，诸如电视节目的嘉宾、评审，各行业的先进者，实习单位指导实习生的业务人员，受人尊敬的老艺人，等等。"老

[①] 《现代汉语词典》（汉英双语），外语教学与研究出版社2002年版，第755页。

师"一词已经不再仅仅用于学校和教育,而是进入社会生活中的诸多领域。这是词典就已经明确指出和认可的——"对教师的尊称,泛指传授文化、技术的人或在某方面值得学习的人"①。

"资源"一词,本来指的是自然资源,如野生动植物资源、土地资源、矿产资源等。可是现实中已经广泛使用的"人力资源""劳动力资源"等,把自然资源以外的市场要素也称为资源了,这也是概念借用和外延泛化的结果。

朋友圈中的"朋友",除了原本意义的朋友,已经囊括了亲属、情人、商业伙伴、买家卖家、上级下级、师长、学生、师父徒弟等无所不包的各种人等。严格说来,这不是"朋友圈",而是"人际交往的圈子"。

"丁字裤"一词,因为它没有裤腿,只有裤腰和裤裆,所以严格说来,"丁字裤"不符合裤子的定义——"穿在腰部以下的衣服,有裤腰、裤裆和两条裤腿"②,"丁字裤"实际并不是裤子,"丁字裤"是裤子这个词语外延泛化的结果。除非今后把裤子的定义改了(去掉裤腿这个要素)——只要有裤腰和裤裆的就是裤子——"丁字裤"才属于裤子。

电子警察不是构成要件的警察、不是实质意义上的警察,电子警察是警察这一词语外延泛化的结果,它侵入了"电子执勤设备"的领域。

电子烟(这里指的是没有任何烟雾散发的设备或者电器)这一词语也不是实质意义上的烟草,它侵入了"烟草"或者"烟草制品"的指称范围。

泊车或者泊位(指的是停车位),原本是粤方言的说法,现代汉语把它收入词典后,使得"泊"的外延从船的靠岸发展到还可以指称车辆的停放。

"枷锁"一词,已经不仅指物质上的桎梏、锁链,也已经广泛用于指称精神上的桎梏、锁链、束缚、约束等。

"狩猎"一词,除了用于陆生动物,也已经用于水生动物乃至水生植物,如《舌尖上的中国》第二季"脚步"中的"海洋,人类最后的狩猎场"。

"牧场"一词,本义是放牧牲畜的草地。③现在官方也开始使用"海洋牧场"一词,如《国家级海洋牧场示范区管理工作规范》等。

"产品"一词,"产品"不仅指的是制造业产出的实物物品如手机、饮料、服装、

---

① 《现代汉语词典》,商务印书馆2012年版,第780页。
② 《现代汉语词典》,商务印书馆2012年版,第750页。
③ 《现代汉语词典》,商务印书馆2012年版,第924页。

汽车，也开始用于旅游业、金融业、文化娱乐业等之中的具体营销项目、旅游线路、金融合约，如"上海海昌海洋公园的产品与迪士尼错位竞争并驾齐驱"[1]等。与"产品"密切相关的就是"生产"，生产，原本是一个规范的构成要件，字面意思是确定的，即"人们使用工具来创造各种生产资料和生活资料"[2]。但是现在不再仅仅用于第一产业和第二产业，也开始用于文化、传播、影视、网络服务等第三产业涉及的各种领域，如"内容生产""知识生产""影视生产"。这就是"生产"一词外延泛化所致。显然，"内容生产""知识生产"等行为是不可能引起危害公共安全罪一章所指的公共危险的，那么，"内容生产""知识生产"也就不应该解释为刑法构成要件中的"生产"。

"官方"一词，本义是指政府方面。[3] 但是，目前已经广泛适用于诸如"官方网站"（官网）、"官方宣传"（官宣）等场合，而"官方网站"（官网）未必就是政府的网站，企事业单位甚至个人都在使用。

"竞技"一词，词典的意思是体育竞赛。[4] 所指很明确，并无其他义项。而现在实际使用中，已经出现了电子竞技、游戏竞技、机器人竞技等新词，大大扩张了竞技的外延。

"主播"一词，词典义指的是"担任主要播音任务的人"[5]。众所周知，当前"主播"一词的真实含义已经被现实彻底搞坏了，原有的播音员、主持人塑造出来的严肃、权威、可信的正面形象，变成了各类"主播"娱乐、色情、游乐、金钱交易的负面形象。本来是归口宣传新闻传播行政主管部门管理下的"主播"，现在渐渐成为文化行政主管部门管理下的"主播"。笔者认为，在网络娱乐业中，应该禁止使用"主播"一词，以免玷污、篡改"主播"一词的真实含义，而应该使用"网络娱乐业真人表演者""网络娱乐业真人聊天者""网络直播从业者""网络直播表演者""网络直播聊天者"等正规、准确的用语。

"原味"一词，本来只用于食品，现在已经用在了"原味内衣""原味戏服"等场合，低俗不堪暂且不论，把本来用于营养健康领域、饮食领域的"原味"用在了肮脏不卫生的服装上，这种"通感"和词语的外延泛化本身就是社会堕

---

[1] 2018年8月1日，东方卫视播出的"东方大头条"。
[2]《现代汉语词典》，商务印书馆2012年版，第1160页。
[3]《现代汉语词典》，商务印书馆2012年版，第479页。
[4]《现代汉语词典》，商务印书馆2012年版，第690页。
[5]《现代汉语词典》，商务印书馆2012年版，第1699页。

落的征表。

"流氓"一词。《说文》：氓，民也。流氓，本义是流民的意思。后来成为我国犯罪学、治安学、公安学、刑法学（某个时期）等的术语和概念，原指无业游民，后来指不务正业、为非作歹的人，指调戏妇女等恶劣行为。[1] 流氓的词典义有两个，一个是原指无业游民，后来指不务正业，为非作歹的人。一个是指调戏妇女等恶劣行为。[2] 现在已经用在了计算机和手机等的软件领域，用来指称某类恶意程序、恶意软件等，如流氓APP，流氓软件。以及用于汽车装置上，如流氓钩，流氓灯光，流氓装置，等等。还有，就是专利领域的所谓专利流氓[3]，专利流氓是指那些本身并不制造专利产品或者提供专利服务，而是从其他公司、研究机构或个人发明者手上购买专利的所有权或使用权，然后专门通过专利诉讼赚取巨额利润的专业公司或团体。起源于1993年的美国，最早是用来形容积极发动专利侵权诉讼的公司，这样的专利公司往往具有很强的寄生味道。这些显然这是词汇的借用，借用使得流氓一词的外延扩张到了其他领域。不仅可以指称人，还可以指称人之外的事物。

"内鬼"一词，词典义有两个，一是指暗藏在内部，为敌对势力或竞争对手提供情报的人；一是指自行或勾结外人盗窃本单位财物的人。[4] 而众所周知，当前的扫黑除恶中，使用"内鬼"一词往往指的是为违法犯罪分子通风报信，进行包庇纵容的"保护伞"。这并非符合词典义的第一个义项，而是对这一义项的大大突破。因为违法犯罪分子并不属于敌对势力或竞争对手，借用"内鬼"一词，大大扩张了该词语的外延。其实，可以尝试使用"内奸"一词来指称为违法犯罪分子通风报信，进行包庇纵容的"保护伞"。但需要注意，"内奸"一词的词典义指的是暗藏在内部搞破坏活动的敌对分子[5]，要指称为违法犯罪分子通风报信，进行包庇纵容的"保护伞"，仍然需要改变词典义。

概念借用不仅出现在文学作品、新闻作品、影视台词之中，也已经广泛出现于学术领域，对不同学科产生不同的影响。至少，这对讲究严格的逻辑推理

---

[1] 汉字全息资源应用系统。
[2]《现代汉语词典》，商务印书馆2012年版，第832页。
[3] 其相关名词还有"非执业实体"（Non-PracticingEntities, NPE），"不制造专利权""专利鲨鱼""专利营销""专利许可公司""专利授权公司"等。
[4]《现代汉语词典》，商务印书馆2012年版，第938页。
[5]《现代汉语词典》，商务印书馆2012年版，第939页。

的法学、刑法学来说，未必是好事情。特别是在当前社会和当代中国，话语的主流显然并非是法律语言，而是官方新闻语言（权威发布）、网络语言、生活语言等体系，各种非法律语言体系对法律语言的影响远远大于法律语言对非法律语言的影响，保持法律语言的自身独立、摆脱非法律语言对法律语言的不良影响是很有必要的。即便是法律语言，也仍广泛存在着对上述语言体系的遵从、照搬。① 除了前文列举的那些例子外，像常见的，把坦克说成战车，把扫黑除恶说成人民战争，这样的中国式的话语习惯，难免不会对法律语言产生一定的干扰。习惯成自然，如果人们逐渐习惯于这样使用话语，这样使用汉语，时间一长，还真的可能有越来越多的人以为坦克是一种"车辆"，以为扫黑除恶是一场"战争"，其实，这种中国式的新闻用语的利与弊都是很明显的。车辆、车，是轮式的。战争，是对敌人的，是武装冲突、武装对峙。这两个例子涉及刑法构成要件中的机动车、汽车、战时、战场、敌人、军事行动地区等。

（二）概念借用的效应——外延泛化

概念借用必然导致词汇的外延逐渐泛化和扩张。这对学术推理产生极大麻烦。所以，一个学术术语内涵、外延的厘定是一个伴随学科发展始终的过程。例如"边防"或者"边防学"，就面临军事学和公安学两大学科的共同厘定。即便仅从军事学角度进行内涵、外延的厘定，也不是简单的事情。例如，有研究者认为，"边防"是"在边境地区进行的防卫和管理活动的统称"。有的研究者则扩大其外延，将其定义为"在陆、海、空的边缘地带实施的防卫、管理和建设活动的总称"。②

再如宪法学中的"市"，包括直辖市、地级市、县级市、较大的市等不同外延，于是就出现了"某某省某某市某某市"这种令人不解的表述，而实际上，前一个指的是地级市，后一个指的是县级市。

"学院"一词，分别指的是大学学校层面的学院和大学内部二级单位层面的学院，于是现在也能经常看到某某学院中的某某学院。

"教师"一词，至少有两个外延。教师，指的是担任教学工作的专业人员。③

---

① 刑法中的聚众"打砸抢"、非法聚集、治安管理工作人员、关系密切的人、回扣、手续费等语词即为适例。
② 李星：《边防学》，军事科学出版社 2004 年版，第 5 页。
③ 《现代汉语词典》，商务印书馆 2012 年版，第 656 页。

这是狭义的，也是标准的解释。而《中华人民共和国教师法》中的教师，指的是"履行教育教学职责的专业人员"，其外延已经大于词典义的外延。该法第二条："本法适用于在各级各类学校和其他教育机构中专门从事教育教学工作的教师。"第三条："教师是履行教育教学职责的专业人员，承担教书育人，培养社会主义事业建设者和接班人、提高民族素质的使命。教师应当忠诚于人民的教育事业。"也就是说，狭义的、词典义的教师，指的是教学人员。而广义的、《教师法》中的教师，除了教学人员，还包括行政、后勤、教辅等教育人员，实际上指的是所有的教育工作者。广义的、《教师法》中的教师，是教育工作者的同义语。

"司法"一词，外延也不确定。司法部、司法厅、司法局中的"司法"，其实使用不准确。司法、司法局、司法机关、司法工作人员中的司法，含义不同。众所周知，司法部、司法厅、司法局都不是"司法"的机关。可见，司法一词具有很广泛的外延。

"出租"一词，外延也不确定。据报道，春节期间，有"95后"女生出租自己当别人的女友，每天1000元，允许部分亲昵行为。① 笔者以为，这里的出租是借用了住房的出租、物品的出租，其实质不是出租，不是合法的服务，而是卖淫或者变相卖淫。因为报道中，1000元包括了部分亲昵行为在内，显然是对人身的交易。这样的概念借用，虽然受众都理解，却显然是对"出租"一词的不尊重和滥用，这当然会导致"出租"一词的外延从本来的意义泛化到人身领域，这是超过客观文义的借用，是不妥当的。出租，词典义为收取一定的代价，让别人暂时使用。② 这显然指的是人之外的物品、器械、房屋、车船等。所以，也绝不能认为，这里的出租是广义的或者是最广义的。因为，凡是超过客观文义的使用，不能说是广义或者最广义，因为这已经突破了"文字的边界"，是该文字、词语所无法负载的。对于新闻报道、权威发布、部委发言人发言和答记者问等场合之中对汉语词汇的用法，不能不加鉴别地挪到、照搬到刑事司法推理和刑法解释中。③

国家安全这一概念外延的泛化，是一个各国都有的明显趋势，这是国家安

---

① "95后"女生出租自己陪过年：1天1000元接受亲昵行为。http://news.sina.com.cn/s/2019-02-02/doc-ihrfqzka3141529.shtml
② 《现代汉语词典》，商务印书馆2012年版，第192页。
③ 例如，香港暴乱中，暴徒们使用的激光枪是不是《中华人民共和国枪支管理法》中的枪支？是不是武器？是不是致命性武器？是不是攻击性武器？只能进行法律上严格的规范解释，而不能以国家部委发言人的回答为准。

全观变化的结果，也成为某些国家打压他国的新手法。2018年，我国商务部新闻发言人提道："我们注意到，美国商务部将福建省晋华集成电路有限公司列入美出口管制'实体清单'。中方反对美泛化国家安全概念、滥用出口管制措施，反对美实施单边制裁、干涉企业开展正常的国际贸易与合作。中方敦促美方采取措施，立即停止错误做法，便利和促进双方企业开展正常的贸易与合作，维护双方企业的合法权益。"①2019年5月16日，在商务部召开的例行新闻发布会上，商务部新闻发言人称：美方于本周三签署行政令，禁止美国企业使用对国家安全构成风险的企业所生产的电信设备。中方多次强调，"国家安全"概念不应该被滥用，不应该成为推行贸易保护主义的工具。希望有关国家尊重市场规则，为包括中国企业在内的各国企业创造公平、透明、可预期的营商环境。②2019年9月，我国外交部发言人曾经批评美国"泛化国家安全概念"：一段时间以来，美方在拿不出任何证据的情况下泛化国家安全概念，滥用国家力量无端打压中国企业，这种行为既不光彩，也不道德。我们奉劝美方不要高估自己的造谣能力，也不要低估别人的判断能力。③众所周知，经济安全、文化安全、生态安全、基因安全等新提法已经不是新鲜的事情，这当然是观念变迁的结果，一定程度上是合理的，核心利益和重大原则可以上升为国家安全，这是新的国家安全观出现后的必然。但是，如果在刑法领域泛化这一概念的外延，则需要格外慎重。

外延泛化趋势和现象使得同一概念、术语、范畴出现了广义、中间义、狭义等多个外延，这反过来就改变了该概念、术语、范畴的内涵，缩小了内涵。笔者认为，这当然是完全对汉语秩序和汉语习惯的颠覆，也必将导致学术推理举步维艰。必须予以警惕、甄别、改变、废除，不能任其泛滥下去。概念、术语、范畴的使用变得随意、轻浮、边界难以界定，对于某些学科可能影响还不算大，但是对于刑法学、刑法解释却会带来巨大的冲击。

如果社会公众对于语词产生怀疑，进而对于使用语词的人产生怀疑，对于使用语词的人的任何言语、宣传、解释和论说都全面产生怀疑、不信任，社会的对立就不可避免，这是非常危险的。如果对于刑事判决的文本不信任，对于

---

① 商务部：反对美泛化国家安全概念滥用出口管制措施，新浪网。
② 商务部回应华为相关问题：反对泛化国家安全概念，东方财富网。
③ 美国波兰签署5G安全声明"排除华为"？外交部回应。

法官的言辞不信任，那么怎么可能产生对于法律的信仰，对于刑法的敬畏。怀疑语词，进而怀疑语词营造出的世界，怀疑一切"正常"的事物，这种危险的传递非常迅速。所以，应该斩断这个传播链条，高度重视不同语词导致的混乱现象，从语词本身的可信度、权威性开始，清除、废止、禁止刊登、刊发错误的语词、失当的语词、有害的语词，重建社会公众对语言的信任。

二、生活词汇外延泛化的途径

生活词汇外延泛化的途径多种多样，有的泛化已经得到词典义的认可，被词典所吸收。仔细比较各个版本的《现代汉语词典》等权威词典，就能发现这一趋势。例如，"广场"一词，《现代汉语词典》1979年版中，解释为"面积广阔的场地，特指城市中的广阔的场地"[①]。而《现代汉语词典》2012年版中，则有两个义项，一个是"面积广阔的场地，特指城市中的广阔场地"，一个是"大型商场,商务中心"[②]。指称商场、商务中心,使用了原本不能指称的语言外壳——广场，这对广场的所指而言，其指称范围扩大。

（一）途径之一：借用

第一种途径是语词的借用、概念的借用。由于借用，导致了一个语词不得不承担起指称自己原本并不指称的事物的任务，前述的老师、出租等词语都是实例。这里可以再举例，例如毽球，作为传统体育项目，其实就是踢毽子，也叫翔翎，与"球"[③]这个字可谓风马牛不相及。但是如今，毽球一词已经堂而皇之地出现在中央电视台新闻节目里，出现在体育界。在中国毽球协会网站上，有相关介绍。

毽球从我国古老的民间踢毽子游戏演变而来，是中国民族传统体育宝库中的一颗明珠。它在花毽的趣味性、观赏性、健身性基础上，增加了对抗性，集羽毛球的场地、排球的规则、足球的技术为一体，是一种隔网相争的体育项目，

---

① 《现代汉语词典》，商务印书馆1979年版，第409页。
② 《现代汉语词典》，商务印书馆2012年版，第486页。
③ 《现代汉语词典》，商务印书馆2012年版，第1068页。

深受人民群众的喜爱。1984 年，原国家体委将毽球列为正式比赛项目，并组织了全国毽球邀请赛。在政府和体育部门的倡导下，毽球运动在北京、湖北、山东、广东、上海、陕西、河南、山西及东北各省广泛开展。①据历史文献和出土文物证明，踢毽子起源于我国汉代，盛行于六朝、隋、唐。唐《高僧传》二集卷十九《佛陀禅师传》中记载：有一个叫跋陀的人到洛阳去，在路上遇到了 12 岁的惠光，在天街井栏上反踢毽子，连续踢了 500 次，观众赞叹不已。宋朝高承在《事物记源》一书中，对踢毽子有较详细的记载："今时小儿以铅锡为钱，装以鸡羽，呼为毽子，三四成群走踢，有里外廉、拖抢、耸膝、突肚、佛顶珠等各色。"②

　　语词借用是当前语言运用中的突出现象。之所以频频发生语词的借用、概念的借用，很大程度是因为媒体的示范、有影响的人的示范，这在信息时代和网络时代变得异常容易，即便是错误的示范。相反，有的时候，规范的表达、权威的解释、严谨使用语词，传播力却很差。媒体的示范、有影响的人的示范（即便是错误的或者不妥的），极大地占据着流量、版面、屏幕和话语权，这也使《现代汉语词典》不得不及时推出新版本，及时收录新词，改变义项。③这到底是好事还是坏事，到底是对现实的屈从还是对现实的尊重与适应。当然，语言运用实际总是领先于词典的收录，二者处于动态观照之中，本不存在谁尊谁卑，但是，这不等于对于借用一概予以承认。词汇的借用，使得刑法构成要件逐渐失去应有的明确性，失去原有的内涵和外延，特别值得警惕和防范。

（二）途径之二：扩大解释与删除区别义素

　　第二种途径就是扩大解释。这无需多言，例证比比皆是。特别需要强调的是，任何违反约定俗成的现代汉语语言习惯的扩大解释，都很难称得上是合理的扩大解释。或者说，刑法解释者认为是合理的解释，却未必是公众所认为的合理的解释。像有的学者把男男之间的性交易扩大解释为"卖淫"，公众认同吗？至少在笔者的观念里，就不认同这样的解释。法律工作者特别喜欢使用扩大解释，其实这恰恰是最危险的解释方法。词典义就在那里放着，是绕不过去的。想对

---

① 毽球的诞生，中国毽球协会网。
② 毽球的起源，中国毽球协会网。
③ 例如，《现代汉语词典》（第 7 版）的修订，主要内容为：全面落实 2013 年 6 月由国务院公布的《通用规范汉字表》；增收近几年涌现的新词语 400 多条，增补新义近 100 项，删除少量陈旧的见词明义的词语；根据读者和专家意见对 700 多条词语的释义、举例等做了修订。参见《现代汉语词典》（第 7 版）。

词典义进行外延扩大，无异于挑战整个社会和全体汉语使用者。所以，扩大解释的前提应该是没有词典义的场合，只有没有词典义了，扩大解释才能不受词典义的制约。

前已述及，扩大解释的语义实质就是删除区别义素，仅保留共同义素。像汶川大地震时期，媒体广泛使用的"国殇"一词，也是这样的做法。因为，国殇的词典义是为国家作战而牺牲的人。① 地震中的死难者不是为国家作战而死去的，所以不是国殇。媒体广泛使用"国殇"，是把区别义素"为国家作战"删除了。即便是采取别的词典义，如"为国牺牲的人"②，地震中的死难者也不属于为国牺牲的人，不是牺牲（为了正义的目的舍弃自己的生命）③ 而是遇难，所以仍然不是国殇。因为自然灾害死亡，不能乱用"国殇"，如：根据浙江省防汛防台抗旱指挥部的最新数据，截至 8 月 12 日 10 时，第 9 号"利奇马"已致浙江因灾死亡 38 人，因灾失踪 10 人，具体如下：温州市永嘉县岩坦镇山早村 23 死 9 失联、温州市乐清市 6 死、杭州市临安区岛石镇银坑村 7 死、台州市临海市东塍镇王加山村 2 人死亡 1 人失联。④

顺便提及，这两个词典义的外延明显是不同的，后者比前者小。这是否也表明，随着历史发展，连词典义都在逐渐泛化外延了。

（三）途径之三：使用"其他"

第三种途径是通过"其他"这个抽象的词语。前已述及，"其他"本身其实没有指称任何构成要件，是违背罪刑法定原则的。但是立法者却很喜欢使用这一立法技术，来实现所谓的兜底功能或者堵截功能。这在下面会有详细论述。

（四）途径之四：词义引申与对象扩张

第四种途径是从本义开始的向外引申和扩张，包括动词对象的扩张。具有溯源性质的语文词典，往往首先介绍词汇的本义。而一个现代汉语词汇具有的多个义项（义位）就是在本义基础上的外延扩大的结果。

例如，杀，由长枪刺击咽喉的本义，引申和扩张为使用一切方法或工具剥

---

① 《辞海》（缩印本），上海辞书出版社 1980 年版，第 767 页。
② 《现代汉语词典》，商务印书馆 2012 年版，第 497 页。
③ 《现代汉语词典》，商务印书馆 2012 年版，第 1391 页。
④ "利奇马"已致浙江 38 人死亡 10 人失联。

夺生命的行为。这在下文有比较详细的阐述。

再如，前已述及，发行的意思，从1979年版《现代汉语词典》到2012年版《现代汉语词典》，也扩张了外延。2012年版的《现代汉语词典》的词典义为发出新印制的货币、债券或新出版的书刊、新制作的电影等。① 其外延比几十年前也有所扩张——1979年版的词典义是：发出新印制的货币、公债或新出版的书刊等。②

三、刑法词汇的外延泛化

刑法中的构成要件，也面临外延泛化的困扰。受到汉语语言习惯改变的深刻影响，一个原本边界清晰的构成要件，也出现最广义、广义、中间义、狭义、最狭义等不同外延，并导致刑事司法活动日益复杂的局面，导致各方观点日益激烈的争执，这自然会导致刑法的逻辑推理、刑法形式主义变得困难重重。总的来看，词语外延泛化现象，导致构成要件与社会生活的脱离，需要司法者甄辨刑事法律规范及其构成要件与案件实情的吻合度，尽量做到二者的无缝衔接。外延泛化现象，导致词汇互相"侵入"对方的"势力范围"和"文义射程"，容易导致自由裁量权随意解释构成要件，容易导致侵犯人权。外延泛化现象，导致概念本身固有的清晰边界发生动摇，而因为概念本身就是一种类型，所以，外延泛化使得类型的稳固性、固定性受到削弱与动摇，使得构成要件的类型性受到削弱与动摇。对于事关生杀予夺的刑事司法来说，构成要件的外延泛化现象应该引起我们的高度警惕。

刑法中的外延泛化现象，显然与日益流行的扩大解释息息相关。为了在不修正立法的前提下尽量规制新型犯罪现象，扩大解释成为常见手段，而所谓的扩大，就是做出大于字面意思的刑法解释，此时，对于构成要件的外延进行泛化才能实现，这就是构成要件外延泛化与扩大解释的内在联系。而日益流行的扩大解释的背后，是法律形式主义正在让位于公共政策，是语言不再具有范畴

---

① 《现代汉语词典》，商务印书馆2012年版，第351页。
② 《现代汉语词典》，商务印书馆1979年版，第289页。

的固定性和对世界明确的表现力。①

　　刑法中的外延泛化现象，已经呈现出一个明确的趋势，即把肉体的或者物质的泛化到精神领域、心理领域，如暴力泛化出来的所谓的冷暴力、语言暴力、网络暴力等，虐待泛化出来的所谓的精神虐待、心理虐待、感情虐待等，性侵犯泛化出来的性骚扰，肉刑泛化出来的变相肉刑，驿站泛化出来的红色驿站②，等等。

　　所指确定呈现出外延不断扩大的趋势，具有一定的危害性，应该予以足够的关注。司法实践中呈现出来的日益明显的构成要件外延不断扩大趋势，已经严重背离了刑法罪刑法定主义，那么，堵截性构成要件能否因为外延不断扩大趋势而受到批评呢，笔者认为，扩大解释与堵截性构成要件的实质是一致的，功能也是一致的。

　　例如，枪支的所指确定呈现出外延不断扩大的趋势，导致了众多"枪状物"被定性为枪支，从而入罪或者进入刑事诉讼程序。众多"枪状物"包括仿真枪、打气球的气枪等。1996 年《中华人民共和国枪支管理法》中的"枪支"，指的是以火药或者压缩气体等为动力，利用管状器具发射金属弹丸或者其他物质，足以致人伤亡或者丧失知觉的各种枪支。单位和个人为开展游艺活动，可以配置口径不超过 4.5 毫米的气步枪。制作影视剧使用的道具枪支的管理办法，由国务院公安部门会同国务院广播电影电视行政主管部门制定。博物馆、纪念馆、展览馆保存或者展览枪支的管理办法，由国务院公安部门会同国务院有关行政主管部门制定。可见，"口径不超过 4.5 毫米的气步枪"也属于枪支。

　　2001 年 8 月 17 日，公安部发布的《公安机关涉案枪支弹药性能鉴定工作规定》第三条规定："对于不能发射制式（含军用、民用）枪支子弹的非制式枪支，按下列标准鉴定：将枪口置于距厚度为 25.4 毫米的干燥松木板 1 米处射击，弹头穿透该松木板时，即可认为足以致人死亡；弹头或弹片卡在松木板

---

① ［美］哈罗德·J. 伯尔曼：《法律与革命——西方法律传统的形成》，贺卫方、高鸿钧、张志铭、夏勇译，中国大百科全书出版社 1993 年版，第 47～48 页。
② 红色驿站是基层党员群众服务中心的另一个"头衔"，顾名思义，红色驿站强调的是对红色精神、革命精神的传递和传承，这当然不是本来意义的驿站，只是借用罢了。笔者以为，命名为"红色精神传承中心""红色精神传承点""革命精神传递中心"等，似乎更尊重现代汉语的规范，翻译为"redpost"当然是不合适的。"红色"的义项有二，其中一个是"象征革命或政治觉悟高的"，参见：《现代汉语词典》，商务印书馆 2012 年版，第 537 页。"驿站"的词典义是古代供传递政府文书的人及往来官员中途更换马匹或休息、住宿的地方，参见：《现代汉语词典》，商务印书馆 2012 年版，第 1544 页。可见，红色驿站中，红色不是借用，而是本义的引申义，但是驿站属于借用。

上的，即可认为足以致人伤害。具有以上两种情形之一的，即可认定为枪支。"这一标准在随后几年逐渐变化，到了 2010 年 12 月，公安部对《公安机关涉案枪支弹药性能鉴定工作规定》进行了修订：当所发射弹丸的枪口比动能大于等于 1.8 焦耳/平方厘米时，一律认定为枪支。对于大多数普通人来说，1.8 焦耳/平方厘米是个模糊的数字，也没有任何权威部门对这个标准的致伤力进行过描述。

由于枪口比动能大于等于 1.8 焦耳/平方厘米这一标准的实施，枪支的所指确定呈现出外延不断扩大的趋势，这显然是基于堵截漏洞、扩大规制范围的思路进行的刑法解释。这一解释之所以引起广泛争议，是因为比动能大于等于 1.8 焦耳/平方厘米的"枪状物"与人们观念中或语言惯习中的"枪支"存在较大距离，人们不能忍受的是，"1.8 焦耳/平方厘米的标准远没有致人伤亡的可能性，被认定为枪支是错误和荒谬的。以该标准，近距离打到身上只是个红点，不会伤皮肤，根本无需治疗，威力远小于弹弓"。也就是说，作为构成要件的"枪支"需要限制其外延到一定程度，以符合相关罪名的设立初衷。

（一）杀人

最常见的犯罪类型，例如杀人，也经历了外延扩张与泛化的过程。杀的本义，是以长枪刺喉的死刑。[①] 杀，篆书为"殺"，"杀"是声旁，"殳"是形旁，是手持"殳"刺击他人。而"殳"为五兵之一，《周礼·夏官·司兵》"掌五兵"，戈、戟、殳、酋矛、夷矛。"殳"，无刃。《周礼·秋官·掌戮》"掌斩杀贼谍而搏之"。斩杀，斩以斧钺，杀以刀刃。

随着语义的逐渐发展和外延泛化，以刀刺击咽喉也被汉语评价为杀人，这是不限于犯罪工具而形成的构成要件的外延泛化。以刀割砍咽喉也会被汉语评价为杀人，这是不限于犯罪工具的使用手法而形成的构成要件的外延泛化。以刀刺击咽喉之外的人体要害部位也被汉语评价为杀人，这是不限于具体打击部位而形成的构成要件的外延泛化。而众所周知，现代刑法中的杀人，已经完全不考虑犯罪工具、打击部位、犯罪工具的使用手法等，只要是以杀人故意实施杀人行为并致人死亡，就是杀人罪的既遂犯。可见，杀人这个概念或者犯罪类型，

---

① 蔡枢衡：《中国刑法史》，中国法制出版社 2005 年版，第 74 页。

词语内涵逐渐缩小，外延逐渐扩大。也正是因此，杀人罪这一犯罪类型才逐渐脱离古代刑法的范围，进入了《大清新刑律》开创的近代刑法领域。[①] 众所周知，当代刑法中的杀人，早已成为一个内涵极小而外延极大的犯罪类型。我们不是纠缠于杀使用何种兵器或者刑具，而是说明，从字源来看，今天的杀人实际上是外延大大泛化的结果——只要是结束、剥夺他人生命的行为，都是杀人，不论使用什么工具或手段。

（二）弹药

弹药，"弹药"一词的使用日益泛化,已经出现了"生物弹药""核弹药"等用语,笔者认为，都不是很精确的术语和表达。弹药是"枪弹、炮弹、手榴弹、炸弹、地雷等具有杀伤能力或其他特殊作用的爆炸物的统称"[②]。只有使用"药"（黑火药、炸药等化学物质）制造出来的，才是真正意义上的"弹药"。至于气枪、麻醉枪等射击出来的物质（铅弹、塑料弹等），因为根本没有"药"，所以只能叫做"弹""弹丸"。香港暴徒向警察投掷的汽油弹，也不是弹药，不属于爆炸物，所以香港警方认为是"纵火罪"，是一种特殊的放火犯罪行为，最高可判处终身监禁。[③] 国务院港澳办新闻发言人在 2019 年 8 月 12 日说"香港激进示威者屡屡用极其危险的工具攻击警员，已经构成严重暴力犯罪，并开始出现恐怖主义的苗头，这是对香港法治和社会秩序的粗暴践踏，是对香港市民生命安全的严重威胁，是对香港繁荣稳定的严重挑战"[④]，其中的"极其危险的工具"的表述是正确的，假如使用"武器"就是不妥的。

广受关注的天津大妈赵春华非法持有枪支一案，之所以令人质疑刑事裁判，是因为即便她所持有的是刑法意义上的枪支，但是她填装在枪支里面的塑料子弹或者铅弹也不是构成要件"弹药"，不应该被解释为刑法中的"弹药"。因为刑法文本中枪支、弹药连用，而赵春华所涉不属于"弹药"，所以她的所谓"枪支"就应该更准确地表述为"枪状物"。赵春华使用的不是"弹药"，而是后来的刑事司法解释中的"气枪铅弹"。"气枪铅弹"不能认定为构成要件"弹药"。2018 年，

---

① 蔡枢衡：《中国刑法史》，中国法制出版社 2005 年版，第 149 页。
② 《现代汉语词典》，商务印书馆 2012 年版，第 258 页。
③ 2019 年 8 月 12 日晚 18 点，上海东方电视台新闻内容。
④ 国务院港澳办：香港激进示威开始出现恐怖主义苗头。

最高人民法院、最高人民检察院《关于涉以压缩气体为动力的枪支、气枪铅弹刑事案件定罪量刑问题的批复》规定："对于非法制造、买卖、运输、邮寄、储存、持有、私藏、走私以压缩气体为动力且枪口比动能较低的枪支的行为，在决定是否追究刑事责任以及如何裁量刑罚时，不仅应当考虑涉案枪支的数量，而且应当充分考虑涉案枪支的外观、材质、发射物、购买场所和渠道、价格、用途、致伤力大小、是否易于通过改制提升致伤力，以及行为人的主观认知、动机目的、一贯表现、违法所得、是否规避调查等情节，综合评估社会危害性，坚持主客观相统一，确保罪责刑相适应。对于非法制造、买卖、运输、邮寄、储存、持有、私藏、走私气枪铅弹的行为，在决定是否追究刑事责任以及如何裁量刑罚时，应当综合考虑气枪铅弹的数量、用途以及行为人的动机目的、一贯表现、违法所得、是否规避调查等情节，综合评估社会危害性，确保罪责刑相适应。"笔者认为，这个批复并未触及赵春华等案的关键构成要件的解释，枪支、弹药的认定问题并未彻底解决。

弹药的认定不可能脱离武器。假如把发射的橡皮子弹认定为弹药，就会把发射橡皮子弹的枪形物认定为武器，进而断定，发射橡皮子弹的警察在使用武器，这是不妥的。

（三）疫

疫病，指的是流行性的传染病。[①] 动物疫病，自然指的是流行性的动物传染病。可是，现行《中华人民共和国动物防疫法》中的动物疫病却不是这样的，而是扩大了其外延。该法第 3 条："本法所称动物疫病，是指动物传染病、寄生虫病。本法所称动物防疫，是指动物疫病的预防、控制、扑灭和动物、动物产品的检疫。"可见，本来应该仅仅只包括动物传染病的动物疫病，已经扩大到了包括动物寄生虫病在内，动物疫病这一概念越来越接近动物疾病[②] 这一概念了。该法第 35 条："二、三类动物疫病呈暴发性流行时，按照一类动物疫病处理。"据历史记载，动物疾病中以烈性传染病所引起的经济损失最为严重。如 18 世纪欧洲各国牛瘟流行，仅法国自 1713—1766 年，牛即病

[①]《现代汉语词典》，商务印书馆 2012 年版，第 1544 页。
[②] 动物疾病包括动物传染病、动物寄生虫病和动物普通病三种。《中华人民共和国动物防疫法》认为，动物疫病是指动物传染病、寄生虫病，实际上是不准确的。

死1100万头；19世纪末，南美各国牛瘟大流行，900万头牛死亡90%以上。中国在20世纪三四十年代，每年死于牛瘟的牛达100万～200万头。有些传染病如口蹄疫所引起的直接死亡数字虽然不大，但因乳、肉产量大幅度下降，以及施行交通封锁、隔离、消毒等措施，所造成的经济损失也很惊人。寄生虫病和普通病由于多呈隐袭性或慢性，其后果是造成发育迟缓、生产能力降低、产品质量低劣、使役能力减弱，以及间断而持续的死亡，导致的损失也是严重的。在一些国家，传染病现虽已被消灭或得到控制，但寄生虫病和普通病所致的损失则日益突出。在中国，根据1980年疫病普查的典型材料推算，家畜因病死亡数占存栏数的比例分别为：猪10%，牛2.5%，羊8%，马、骡、驴均3%，禽20%。除经济损失之外，由于家畜传染病和寄生虫病中能传染给人的达160种以上，也严重危害人类健康，并使公共卫生受到严重威胁（即人畜共患疾病）。

　　无论是记述的构成要件还是规范的构成要件，都会出现外延泛化的可能。笔者认为，当今我国刑事立法、刑事司法之中，已经并不存在彻底的记述的构成要件，刑法用语涉及的都是规范的构成要件，都是需要法律评价或者需要经验法则或者需要社会评价的"评价性构成要件"或者"评价性构成要件要素"，也就是说，刑法评价的过程是一个将所谓的记述的、描述性的犯罪现象和犯罪事实纳入规范视野、进行规范性评价的过程。因为，记述的构成要件和规范的构成要件这一分类本身是非逻辑性的。按照形式逻辑的要求，如果是一次分类，需要采用一个标准，这样的分类结果才是周延的。而根据分类的基本规则，记述的构成要件的对称应该是非记述的构成要件，规范的构成要件的对称应该是非规范的构成要件。所以，势必造成记述的构成要件和规范的构成要件存在交叉关系。有学者已经提道，"规范的构成要件要素与记述的构成要件要素的区分不是绝对的，而是相对的"[1]。的确，如果连"人"这个典型的记述的构成要件要素也是一种规范的构成要件要素了[2]，那么，刑法中的构成要件还有什么不是规范的构成要件要素呢？在何为"男性"、何为"女性"都需要进行规范判断的今

---

[1] 杨剑波：《刑法明确性原则研究》，中国人民公安大学出版社2010年版，第110页。
[2] 杨剑波：《刑法明确性原则研究》，中国人民公安大学出版社2010年版，第110～111页。

天①，在新的样本层出不穷、不断挑战概念"文义射程"的今天，还有什么不是规范的构成要件要素呢？记述的构成要件要素都需要进行规范评价，以明确其所指。

第二节　非法经营的外延泛化

刑法语言的外延泛化过程、刑法学者的泛化冲动与泛化努力，很多时候是为了实现堵截功能，以尽可能规制现实发生了的新犯罪，尽可能让构成要件能够涵摄新样本，防卫社会，保护法益。这就是刑法的扩大解释的动机、过程与技术实现。以下以非法经营罪为例进行阐释。

一、非法经营罪的外延泛化过程

非法经营的实行行为经历了多次外延扩张、泛化。从专营、专卖物品扩张到限制买卖物品，这是第一次外延泛化。从物品扩张到服务、金融服务，这是第二次外延泛化。这是刑法典明确规定的。第二次外延泛化，是1999年刑法修

---

① 南非著名田径运动员塞门娅在过去两届奥运会上，均获女子800米金牌。但其男子化特征，使得外界对于她的性别始终充满争议。2019年2月，国际田联裁定，塞门娅必须降低她体内的睾酮素水平，才能继续保有参加女子比赛的资格。塞门娅提起上诉。5月1日，国际体育仲裁法庭裁定塞门娅败诉，这意味着她必须降低体内的睾酮素水平才能重新出现在国际赛场。随后，塞门娅以"捍卫人权"再次上诉，6月13日，瑞士联邦最高法院驳回国际田联针对塞门娅参赛规定的上诉请求，允许其给予塞门娅参赛资格。6月19日，国际田联首次发布声明称，塞门娅为"生物学上的男性"，如果她想继续参加女子比赛，就必须服用睾酮抑制剂。声明特别强调："体育运动是社会上少数几个'生物性别'比'个体自身性别'认定更重要的领域，因为我们需要确保公平。"对此，塞门娅称，国际田联对待她就像"人类的小白鼠"，将其描述成"生物学上的男性"比任何语言伤害都更加严重，"他们告诉我我不是女性，这是对我最大的侮辱。"她还强调，自己不会继续使用激素阻断药物，让国际田联再次伤害自己的身体。塞门娅的律师团队表示，"尽管瑞士联邦最高法院已经明确声明塞门娅的性别为女性，国际田联依然按照他们的想法自行决定谁是男性，谁是女性，并按照他们自己的标准进行歧视。"笔者认为，国际田联对其性别的解释和认定就是一种实质解释，有其合理性，对于新出现的样本（塞门娅），女性一词的边界、边缘必须改变。参见：国际田联认定"生物学男性"塞门娅回应"不做小白鼠"，中新网 http：//www.chinanews.com/ty/2019/06-20/8869698.shtml

正案增加的，2009年对之又进行修改，把非法经营证券、期货、保险业务扩张为证券、期货、保险业务、资金支付结算业务。

而非法经营的实行行为从未经许可经营、未经批准经营物品和服务，又泛化到了买卖经营许可证、批准文件等非法经营的预备行为，这是为刑法典所明定的，可谓是第三次外延泛化。当然，这是1997年刑法就有的，但是立法者的意图令人难以捉摸——毕竟买卖证件、批文等行为不是一种经营行为，而是为经营做准备的行为，二者不能混同。

进而，上述泛化通过刑事司法解释继续泛化到了经营非法出版物等行为，这是典型的经营非法物品而不是一般所认为的非法经营特定合法物品。也就是说，非法经营罪泛化到了经营非法物品，这可谓是第四次外延泛化。不仅如此，有学者经过研究，还把该罪的打击范围泛化到了经营手段的非法如哄抬物价牟取暴利。[①] 该学者从兜底条款的解释入手得出该结论，这可谓是第五次外延泛化。从上述泛化的趋势予以分析和预测的话，笔者认为，更大范围内的外延泛化、更多次的外延泛化还会出现在非法经营罪的实践之中。

之所以外延泛化频频发生在非法经营罪之中，显然与两个因素有关。一个是语言选择的因素，即"非法经营"这个词语本身的暧昧，导致了对之随意解释的可能性很大。一个是非法经营罪犯罪类型的稳定性还没有形成。而这两个因素也具有内在联系。非法经营之所以存在随意解释的可能性，是因为"非法经营"并非一种类型化的犯罪行为，过于抽象，这正如非法驾驶、非法侵犯人身权利、非法侵犯财产权利、非法破坏经济秩序、非法扰乱社会秩序一样，都是犯罪行为极其宽泛的语言表述，与罪刑法定格格不入。

二、非法经营罪的"其他"不能实现堵截功能

笔者认为，堵截也罢，总括性规定也罢，例示性构成要件也罢，总应尊重汉语的底线。其次，立法者以"其他严重扰乱市场秩序的非法经营行为"这个所谓的兜底条款来定义非法经营罪，定义项（"其他严重扰乱市场秩序的非法经

---

① 王安异：《对刑法兜底条款的解释》，《环球法律评论》2016年第5期。

营行为")中含有被定义项(非法经营罪),这没有尊重逻辑底线,显然是不妥的。"其他严重扰乱市场秩序的非法经营行为"并未规定任何构成要件,只会背离罪刑法定主义。

平衡机制认为,兜底条款既要实现堵截功能,也要维护明确性背后的人权保障思想。而这种平衡在对立学者那里,都被打破:倾向于限缩非法经营罪成立范围的学者,致力于维护明确性背后的人权保障思想。而倾向于扩张非法经营罪成立范围、堵截刑法漏洞的学者,则致力于补充法规则的域内实现。而双方的基本材料则是完全一致的,即"其他"。那么,依靠"其他"这个词汇能不能实现堵截功能呢?笔者的回答是否定的,不能实现堵截功能。因为"其他"实际上什么都没有明示,其内容是空的,需要结合其他部门法、文化规范、刑法教义等予以明确和落实。否则,每个罪名的最后都加上一个"其他"岂不是刑事立法就完美了?如其他杀人行为,其他强奸行为,其他帮助犯罪分子逃避处罚行为,其他放火行为,等等。显然,这样做没有任何意义,这样的立法完善是虚幻的。

既然"其他"不能实现堵截功能,那么,实现堵截功能依靠什么?显然,通过刑法文本内部的循环是不可能实现堵截功能的,必须通过刑法文本语篇的外部循环。[①] 外部循环的材料,包括案件事实、引证规范、社会文化、法律体系、公序良俗、域外立法司法成果和法官的个人经验等,包括了文义解释、历史解释、体系解释、目的解释等多种解释方法。而最基本可行的做法,是前瞻性预见非法经营罪可能的类型,并在成熟的时候分别加以立法,例如非法经营专卖物品罪、非法经营金融服务罪、非法经营非法出版物罪(即非法买卖非法出版物罪)、非法经营教育培训(非学历课外培训班、高考复读班等)罪、非法经营证券咨询业务罪,等等。也就是说,必须把"其他"的具体内容予以明确。

三、非法经营罪的"其他"是总括性规定还是补充性规定

从形式逻辑而言,如果强调总括,则"其他"与之前的列举事项属于属种关系。

[①] 王政勋:《刑法解释的语言论研究》,商务印书馆 2016 年版。

如果强调补充，则"其他"与列举事项属于并列关系。二者不可能同时兼有。而有学者时而认为是总括性词语，时而认为是补充法规则①，令人迷惑。笔者认为，非法经营罪的"其他"没有任何实际价值，与列举事项的关系根本不存在。理由如下。

第一，以"其他严重扰乱市场秩序的非法经营行为"来解释什么是非法经营，存在着定义项含有被定义项的逻辑错误。需要解释和证明的是非法经营行为，这是被定义项；而"其他严重扰乱市场秩序的非法经营行为"，是定义项。以"其他严重扰乱市场秩序的非法经营行为"来定义非法经营罪，是非常可笑的刑法语言和刑法解释技术操作，通过这样的解释途径，根本无助于廓清什么是非法经营罪，这条路根本走不通。原则上，所谓的兜底条款中的构成要件，是不应该出现被定义项的。

第二，以"其他严重扰乱市场秩序的非法经营行为"来堵截，实际上是通过司法实践中的具体案件来堵截。司法实践中的具体案件的充分说理过程，加深了司法者对非法经营罪的本质的理解，只含同类就是一种类型化思想的具体化。换句话说，只有符合非法经营罪类型的非法经营行为才能被评价为非法经营罪，反之，不符合非法经营罪类型的非法经营行为就不能被评价为非法经营罪。那么，什么是非法经营罪类型的非法经营行为呢？这显然只能靠新的样本和新的案例来补充，比如，北京市发生的非法居间介绍人体器官买卖案件构成非法经营罪，就是一个新样本。

2009 年 4 月至 5 月间，被告人刘某伙同杨某、刘某甲、刘某乙等人，在北京、河南等地招募出卖人体器官的供体，并于 2009 年 5 月 13 日在海淀区某医院居间介绍供体杨某与患者谢先生进行肝脏移植手术，收取谢先生人民币 15 万元（包括谢先生向医院支付的医疗费用）。各被告人分工如下：被告人刘某某与杨某某经商议后，决定由刘某某在北京联系需要接受人体器官移植的患者，杨某某上网发布有偿捐献人体器官的帖子并负责在河南租房解决供体的饮食起居和带领供体前往医院体检，并将体检合格的供体提供给刘某某，刘某某指使被告人刘某甲在河南协助杨某某进行上述活动，刘某某指使被告人刘某乙负责管理来京供体的饮食起居和带领供体前往医院体检，刘某某负责向接受人体器

---

① 王安异：《对刑法兜底条款的解释》，《环球法律评论》2016 年第 5 期。

官移植手术的患者收取费用。法院审理后认为，被告人刘某某、杨某某、刘某甲、刘某乙违反国家规定，从事严重扰乱市场秩序的买卖人体器官行为，情节严重，其行为均已构成非法经营罪。关于被告人刘某某的辩护人提出本案的非法经营数额应认定为9万元的辩护意见，法院认为，无论是患者为实施肝脏移植手术向医院支付的医疗费用，还是刘某某直接向患者收取的其他费用，都是在刘某某等人进行人体器官买卖的犯罪故意支配下进行，因而涉案费用15万元人民币均应认定为非法经营数额，故对上述辩护意见不予采纳。关于被告人杨某某的辩护人提出杨某某在本案中属于从犯的辩护意见，法院认为，在案证据证明杨某某与刘某某共同商议后，由杨某某负责招募供体和管理供体的饮食起居，而由刘某某寻找患者和收取费用，二人只是分工的不同，却无主次之分，故对杨某某不能认定为从犯，对上述辩护意见不予采纳。最后，法院作出上述判决。

同时，海淀法院对被告人曾某某非法经营案以及被告人蔡某甲、蔡某乙二人非法经营、伪造国家机关印章、伪造事业单位印章案进行了宣判。被告人曾某非法经营案：2009年4月2日，被告人曾某在海淀区某医院居间介绍供体与患者朱先生进行肾脏移植手术，收取朱先生人民币13万元。2009年5月28日，被告人曾某被公安机关抓获归案。被告人蔡某甲、蔡某乙非法经营、伪造国家机关印章、伪造事业单位印章案：2009年3月以来，被告人蔡某甲在本市多次居间介绍供体与患者进行肾脏移植手术并收取费用。其间，被告人蔡某乙协助被告人蔡某甲进行部分上述活动。具体为：2009年3月12日，被告人蔡某甲伙同被告人蔡某乙在海淀区某医院居间介绍供体与患者魏先生进行肾脏移植手术，收取魏先生之母人民币16.8万元。2009年4月2日，被告人蔡某甲在海淀区某医院居间介绍供体与患者闫先生进行肾脏移植手术，收取闫先生之父人民币15.6万元。2009年5月14日，被告人蔡某甲在海淀区某医院居间介绍供体与患者李先生进行肾脏移植手术，收取李先生人民币12.5万元。2009年5月26日，被告人蔡某甲伙同被告人蔡某乙在朝阳区某医院居间介绍供体赵先生与患者王女士进行肾脏移植手术，收取王女士丈夫人民币13.5万元。另查，2009年5月间，已决犯张某（男，已判决）为非法居间介绍他人进行人体器官买卖，在海淀区永定路附近，指使被告人蔡某甲帮其伪造了"海林市公安局新安派出所户口专用""海林市新安朝鲜族镇人民政府""牡丹江市公证处""黑龙江省牡丹江市爱民区铁北办事处桥北居民委员会"和"爱民区公安局铁北派出所户口专用"等 5 枚印章。2009 年 5 月 28 日，张某按照事先与蔡某甲的约定前往海淀区永定路拿取上述印章时，在该处被民警当场抓获，涉案印章亦被起获。经鉴定，上述"海林市公安局新安派出所户口专用"、"海林市新安朝鲜族镇人民政府"和"牡丹江市公证处"3 枚印章均系伪造，其余两枚印章因同原章样差异明显，无法进行鉴定。2009 年 5 月 28 日，被告人蔡某甲、蔡某乙被抓获归案。赃款人民币 23706.03 元现已被冻结。法院审理后认为，上述被告人违反国家规定，从事严重扰乱市场秩序的买卖人体器官行为，其中被告人曾某的行为系情节严重，被告人蔡某甲、蔡某乙的行为系情节特别严重，均已构成非法经营罪。而且被告人蔡某甲伪造国家机关印章和伪造事业单位印章的行为亦分别构成伪造国家机关印章罪、伪造事业单位印章罪，应与其所犯非法经营罪数罪并罚。上述被告人中，被告人蔡某甲系主犯，被告人蔡某乙系从犯。综合考虑各种量刑情节，法院以非法经营罪判处被告人曾某有期徒刑 3 年 6 个月，罚金人民币 7 万元；对被告人蔡某甲所犯非法经营罪、伪造国家机关印章罪、伪造事业单位印章罪数罪并罚，判处其有期徒刑 7 年 8 个月，罚金人民币 20 万元，以非法经营罪判处被告人蔡某乙有期徒刑 3 年，罚金人民币 6 万元。[①]

第三，"其他严重扰乱市场秩序的非法经营行为"缺乏构成要件应有的明确性，而通过司法实践中的具体案件来堵截，就具有明确性。如，无证券咨询业务资格而进行收费的证券咨询业务，因为符合无特别许可的经营行为，因而能够被评价为非法经营罪。相反，因为并不存在一个人体器官的"合法市场"，也不存在人体器官"证照管理与颁发"，所以，为人体器官提供和受供双方牵线搭桥、居间中介的行为，就不能被解释为非法经营罪，而应通过完善行政法律法规来解决和规制。

四、非法经营的所指确定：立法意图、客观知识、语言惯习

正因为什么是非法经营是一个需要确定的任务，而不是一个预设的前提和业已明确的前提，所以，通过刑法解释来完成确定非法经营的所指这一任务才

[①] 北京市首例买卖人体器官案宣判，中国法院网。

是有意义的事情。在这个任务之中，立法者设立非法经营罪的直接目标意图虽然是可以粗略感知的，但是因为市场经济处于发展变动之中，导致了具体到一个新的实际事项上，立法者的直接目标意图则不好确定。而正因为是一个新的实际事项，显然，新问题所涉及的客观知识也不具备。那么，则应该由语言惯习发挥其应有作用。有学者认为，立法意图提供所指识别的标准，客观知识明确了所指的外延，但是将他们结合所形成的结论都受到语言惯习的限制。[①] 泛泛而论的话，这段话当然没什么毛病，但是具体到非法经营罪中，立法意图、客观知识、语言惯习是什么呢？

况且，是不是任何时候都存在着立法意图和客观知识呢？笔者认为，这不是一个简单的问题，大致说来，包括以下基本判断。

（一）立法意图也许是不存在的

所指就是立法原意或者规范目的。从绝对意义而言，刑事立法者的立法原意也许是不存在的，也就是立法者通过刑法语言、刑法文本、刑法规范等形式究竟所指的是什么、想表达什么意思，也许不可能被人们揣摩到，其原因有以下几点。

第一，一般而言，在绝大多数情况下，一个国家的刑事立法者并不会公开宣称自己对于某一具体构成要件或者某一具体法条的意见。只有在司法机关的确无法确定一个构成要件的内涵、外延时，只有在请示到了刑事立法者那里的时候，刑事立法者才会出台各种立法解释，以明确自己的立法原意。但从实际情况看，立法解释数量很少。大多数情况下，我们不能目睹立法者的模样，不能听到立法者的声音，当然也就不能知道立法者的真实意思。

第二，从法理上说，因为国家机关、国家工作人员是国家的代理人，国家机关、国家工作人员的意志代表着国家意志。所以，在刑法规范实际运作中，阐发立法原意实际上变成了司法机关和司法人员的事情。

第三，也许我们都愿意坚信、确信一个命题：刑事立法原意是的的确确存在的。但是当立法者保持缄默的时候，各种能指呈现出来的所指（立法原意）、呈现出的各种解读和解释，极大弥散了立法原意可被把握的可能性，于是，事

---

① 陈坤：《所指确定与法律解释》，《法学研究》2016 年第 5 期。

实上使得立法原意变为零。各种语言所建构的刑法意义的世界是多元的——有无数个学者的意义世界，有无数个司法者的意义世界。如此一来，还怎么可能有所谓的立法原意，也许我们都愿意相信一个命题：刑事立法原意是的的确确存在的。但是当立法原意无法用刑法语言确定下来的时候，这种被我们所相信的东西事实上就是不存在的。

第四，凡是需要进行刑法解释以便明确构成要件真实含义的场合，都足以表明"立法原意"这四个字本身是可疑的文字表述方式。"立法原意"没有那么重要的意义，真正有意义的是以"神圣与正义"的心态和努力去解释刑法，最终实现刑法的秩序、正义、安全等价值。因为法律的生命是适用，所以立法者不断被"嘲笑"、司法解释不断被"嘲笑"的过程，正是威权被"神圣与正义"所解构的过程。尊重和膜拜刑法，应该指的是尊重和膜拜刑法的正义价值和理性精神，而不是简单服从和膜拜立法者、司法者本身。

第五，当立法者使用了近似能指的时候，很难分清楚其原意是什么。例如，贩毒与贩卖毒品这一组构成要件的含义就不完全相同，因为贩毒可能包括贩运毒品和贩卖毒品两种情形。投毒、投放危险物质这一组构成要件含义也不完全相同。生产、销售有毒、有害食品罪中的有毒、有害与投放危险物质罪中的毒害性这一组构成要件的含义也不完全相同。

当立法者使用了与司法实践有较大距离的能指的时候，也很难分清楚其原意是什么，难以忖度其制定规范的目的。例如交通肇事罪中的"逃逸"，到底仅仅指的是逃离现场，还是扩大为"不救助"。司法实践中，既有逃离现场并且不救助的情形，也有逃离现场但是积极救助的情形，还有不逃离现场却也不救助的情形，以及不逃离现场而且救助的情形。这四种情形中，立法原意或者规范目的是什么，学者们的解释都不一致，也就是说，每个"读者"心中都有一个自己以为的那个立法原意或者规范目的。比如，笔者认为，逃逸与因逃逸致人死亡，可能是两个含义不同的逃逸。"交通运输肇事后逃逸"的"逃逸"，应该是逃离现场，是作为行为，是交通肇事罪的情节加重犯。而"因逃逸致人死亡"的"逃逸"，应该是不救助，不救助被害人导致其死亡，是不作为行为导致了危险升高以至于死亡，因为如果仅仅是逃离现场是不会致人死亡的。但是，笔者的这种解读未必就符合立法原意。

第六，刑法文本的客观存在与对刑法文本的解读是两个不同的问题，不应该混淆。刑法文本的客观存在就是所谓的立法原意，是原义或意义的本源。对刑法文本的理解和阐释是"意义的无穷增生过程",这个意义就是"神圣与正义"。在"意义的无穷增生过程"中,意义的本源会迷失,文本所指的终极意义也会不复存在。刑事立法者作为刑法文本的作者,其主体地位在立法后就结束了,此后真正的主体应该是"具有无限权力并可以进行任意解读的读者",也就是法官、学者、律师、司法工作人员等刑法职业共同体,以及所有的普通公民。刑法的"神圣与正义"不是在立法者那里实现的,刑法的正当性、保护性和保障性都只能仰赖于所有的"读者"。①

第七,既然有时候立法原意(所指)也许不存在,那么此时立法原意(所指)就不是司法者秉承的依据,他们应该秉承"神圣与正义"的终极理念去司法、去释法、去适法。"尽信书不如无书",尽信文本不如没有文本,尽信立法者不如没有立法者。所指就是立法原意或者规范目的,能指就是文本客观呈现出的文义,二者之间未必一致。司法者通过能指为思维工具,其目的不是为了抵达所指(立法原意),而是为了抵达"神圣与正义"。这是刑法价值之所在,也是法律制度和法律体系的落脚点与终极追求。

第八,但是有的时候,立法原意(所指)又是很明确的。例如,"法益的界定反映了立法者的取向"②,立法者把某个罪名放置在哪一章哪一节,的确是表明了其所指。也正是因为某个罪名的法益是明确的,才会有罪状语言指称范围大于立法者所指的范围这个命题的存在。

第九,有学者认为,解释者认定的立法原意其实是解释者自己建构起来的,这种解释者建构起来的"原意",是文本众多可能意义中的一种,任何人都不可能认为它就是立法者本来的原意。③

综上所述,立法原意仅仅在某些场合是明确存在着的,在某些场合则需要依据能指的客观文义。单纯依据立法原意和单纯依据客观文义中的任何一种,都不是完全科学的。

具体到非法经营罪中,立法意图是什么?因为本罪属于破坏社会主义市场经济秩序罪一章,会让人联想到立法意图就是维护经济秩序。而事实上,如果是为了维护社会主义市场经济秩序,就不应把非法居间介绍人体器官买卖案件、

---

① 刘成富:《德里达究竟解构了什么?》,《南京大学学报(哲学·人文科学·社会科学)》2001 年第 5 期。
② 周光权:《刑法各论》,中国人民大学出版社 2016 年版,第 7 页。
③ 王政勋:《刑法解释的语言论研究》,商务印书馆 2016 年版,第 123 页。

非法经营非法出版物案件等处断为非法经营罪，因为这些都不是经营行为、经济行为，也不会破坏市场经济秩序。

（二）客观知识也许是不具备的

众所周知，关于杀人的客观知识，已经无需学习了。这是因为杀人罪的历史足够漫长，有关的知识积累足够充分，语言惯习也非常稳定。可是，非法经营罪则完全不同。这是一个公认的行政犯，从 1979 年刑法的投机倒把罪分化而来，迄今为止，非法经营罪这一罪名的历史不过是 20 多年，非法经营罪的客观知识仍在不停生长、累积之中，甚至在爆炸性生长、累积之中。显然，我们的学理和司法并不具备与非法经营罪适合的相关的全部客观知识，所有的人都在不断学习、积累和思考非法经营罪的客观知识，这是毋庸置疑的事情。可以说，没有一个刑法学者不对这个罪名存在困惑。这也同样表明，对该罪名我们的了解还很不够。既然如此，非法经营罪的所指就很难确定，外延与边界何在，就很难厘定。

（三）语言惯习也许是难以把握的

如果仅仅从语言惯习来判断，显然，非法经营罪中的"非法经营"的外延是非常大的，无照经营是非法的经营，无证经营是非法的经营，有证有照但是经营对象是非法的同样也是非法的经营，有证有照但是超范围的经营也是非法的经营。所以，怎么解释一个具体的非法经营刑事案件都不会突破语言惯习的限制。甚至，伪造货币罪也是非法经营，非法买卖枪支弹药也是非法经营，走私贵重金属也是非法经营。可见，非法经营这一表述过于抽象，它只是一个生活语词，不是犯罪类型需要的语词。从罪刑法定主义的角度衡量，也是不合适的构成要件。

综上所述，非法经营罪的外延泛化过程恰恰反映出立法者、司法者和解释者对它的了解很少，认知不足，设立非法经营罪只会危及公民的可预测性，也是不符合罪刑法定主义的。同时，意图以"其他"实现该罪名堵截功能也是徒劳的，因为"其他"实际上什么也不是。非法经营罪必然会被立法者解构或者重构，非法经营罪这一语词也应被替换。笔者甚至认为，非法经营罪这一称谓的明确性还不如以前的投机倒把罪。

第五章
语义场视角下的体系解释

如果从形式逻辑上分的话，对比的方法、比较的方法包括两种，其实质都是体系解释：一种是横向规范、横向构成要件、横向语言、横向案例等的对比，这就是共时性的体系解释，如强令、强制、强迫、胁迫四个词语的对比、比较、解释。一种是纵向规范、纵向构成要件、纵向语言、纵向案例等的对比，这就是历时性的体系解释，也是历史解释、沿革解释，如从语源、语言的历史演变中找寻被解释项的真实含义的过程。无论横向还是纵向，它们都属于归纳的方法，而不是演绎的方法。

如果把横向和纵向的解释结合在一起，就是历时性与共时性的体系解释的结合，这对于揭示、抵近、挖掘构成要件的真实含义，是非常必要的。本书的这部分相当于有学者所言的语境，其中包括言内语境和言外语境。所谓言内语境，即解释法律时应当在法律文本的字、词、句、段、章、篇和篇、章、段、句、词、字之间不断地循环往复，最终达到对法律条文整体意义和具体意义的准确理解。所谓言外语境，是法律文本、刑法文本之外的语境，即"司法者解释法律时所面临的具体情况"，以及"社会心理、时代环境、思维方式、民族习俗、文化传统、认知背景等"。[①] 根据形式逻辑的要求，只应该存在言内语境和言外语境。所以，本书不使用言伴语境这一表述，而将言伴语境归入言外语境之中。

因此，本书的体系解释包括横向的体系解释和纵向的体系解释。或者，包括刑法文本内部的体系解释和刑法文本外部的体系解释。两种分类的关系是：横向的体系解释，既可以是刑法文本内部的，也可以是刑法文本外部的。例如前文探讨武器弹药、枪支弹药等构成要件的时候，不仅涉及刑法文本内部的对比，还经常涉及刑法文本外部（军事国防等领域）的资料和知识。而纵向的体系解释，既可以是刑法文本内部的，也可以是涉及刑法文本外部的。例如，下文中对背叛国家罪或者背叛祖国罪的构成要件的解释，不仅要涉及刑法文本内部的叛逃、叛乱、军人叛逃等构成要件，还应该涉及刑法文本外部的资料和知识，如外国历史上的著名案例等。

在语篇视角下，所谓的体系解释就是以汉语篇章为整体来阐明构成要件真

[①] 王政勋：《刑法解释的语言论研究》，商务印书馆2016年版，第308页。按：如果言外语境根本不涉及具体的刑法构成要件，那么，这种对于言外语境的探讨就没有落实到刑法解释的层面。在王政勋教授这本著作中，以60页的篇幅（第363页以下）探讨"刑法适用的言外语境"，可谓不吝笔墨，但是却徘徊于社会危害性、刑事政策、政治任务、政治领袖、政治术语、宽严相济等领域，几乎不结合具体构成要件进行解释，降低了言外语境的刑法解释学价值和刑法语义学价值。

实语义的过程。汉语篇章包括刑法文本内部的篇章和刑法文本外部的篇章。因此，语言学视角下的体系就是篇章。这本来无所谓"转向"，无所谓刑法研究的语言学转向或者刑法研究的语言论转向。只是由于当前我国刑法学术界尚不能从语言角度、语义角度等展开刑法研究，尚不擅长从语言角度、语义角度等展开刑法研究。这不等于我们从不这样，至少从中国刑法史上看，唐律疏议就呈现出强烈的"说文解字"色彩，呈现出强烈的语篇自觉性。所以，从语篇视角研究刑法的体系解释，至少能够推动刑法体系解释研究的深入，至少走在了刑法研究的正途，也算是对中国刑法史的一点点回归。

第一节 历时性的体系解释

笔者认为，历史解释或者沿革解释是重要的刑法解释方法。而且，应该把历史解释看作是体系解释的有机组成部分。只有在历史长河中，在刑法史观照下，某个构成要件的真实含义才会凸显出来，对其解释的结论才能经得起历史的检验。而历史解释或者沿革解释的实质是在历史的语义场中进行解释。

一、历史解释之一：背叛

1951 年《中华人民共和国惩治反革命条例》第三条规定的背叛祖国罪是——勾结帝国主义背叛祖国者，处死刑或无期徒刑。1979 年《中华人民共和国刑法》第 91 条规定的背叛祖国罪是——勾结外国，阴谋危害祖国的主权、领土完整和安全。而 1997 年《中华人民共和国刑法》第 102 条规定的背叛国家罪是——勾结外国，危害中华人民共和国的主权、领土完整和安全。从背叛祖国罪到背叛国家罪，从以上几十年间的法条变迁之中，我们应该特别注意以下几点。

第一，从背叛祖国罪变迁到背叛国家罪，感情色彩没有了。

第二，从勾结帝国主义变迁到勾结外国，意识形态色彩没有了。

第三，从阴谋危害变迁到危害，实行行为更符合罪刑法定的要求，司法操作也更容易。

第四，也是最重要的一点，祖国和中华人民共和国两个构成要件，其内涵外延是不一样的。外国与国籍国（本国）相对，而祖国的对称则比较复杂。在我国，由于不承认双重国籍，所以，一个人只有一个国籍国，但是这个人可能有几个祖国——其父亲、祖父的祖国是他的祖国，其母亲、外祖母的祖国是他的祖国，等等。所以，祖国既是一个地理概念，也是一个文化概念和法律概念。

犯罪行为人的祖国，可能是中华人民共和国，也可能不是中华人民共和国。因为，祖国是指世代居住并对所在国文化有高度认同感的、自己和自己的祖先国籍共同所在的国家。所以，背叛祖国罪的构成要件"祖国"的设置，有可能无法规制那些祖国不是中华人民共和国的人，例如原有国籍不是中华人民共和国的人，即便其现在的国籍是中华人民共和国，也可能并不构成背叛祖国罪。因此，1997年刑法的背叛国家罪的打击面更大，立法疏漏得到填补，是很合理的。

那么，什么是危害中华人民共和国的主权、领土完整和安全呢？这必须引入历史解释才能得到正确而明确的答案。

以现行刑法中所有的"反罪"和"叛罪"为分析材料，把背叛国家罪置于所有的"反罪"和"叛罪"的体系中。根据古代的刑法观念，"背国投伪""背本朝投蕃国"、"亡命山泽不从追唤"、背叛国家、投降敌国是叛。"危社稷"、"有逆心害君父"是反。[①] 反与叛的区别是："反逆事关宗社，叛则不系安危也。又，反者，来也。叛者，往也。故叛为反之半。观此可以知反叛之轻重矣。"[②]

第一，如果我们以"反罪""叛罪"作为基本类型来解读相关罪名，结论如下：危害国家安全罪一章中，背叛国家罪属于危害社稷的反罪，分裂国家罪属于反罪，煽动分裂国家罪属于反罪，武装叛乱、暴乱罪属于反罪，颠覆国家政权罪属于反罪，煽动颠覆国家政权罪属于反罪，资助危害国家安全犯罪活动罪属于反罪（反罪的共同犯罪），投敌叛变罪属于反罪，叛逃罪属于叛罪，间谍罪属于反罪，为境外窃取、刺探、收买、非法提供国家秘密、情报罪属于反罪，资敌罪属于反罪。军职罪一章中，投降罪第一款（在战场上贪生怕死自动放下武器投降敌人）属于叛罪，投降罪第二款（投降后为敌人效劳的）属于反罪＋叛罪，战时临阵脱

---

① 刘俊文：《唐律疏议笺解》，中华书局1996年版，第1250页。
② （明）杨简之：《明律集解》，转引自（清）薛允升：《唐明律合编》，法律出版社1999年版，第454页。

逃罪属于叛罪，军人叛逃罪属于叛罪，为境外窃取、刺探、收买、非法提供军事秘密罪属于反罪，逃离部队罪属于叛罪，战时自伤罪属于叛罪。

叛罪是"背叛国家，投降敌国"①，叛与降属于一个意思。投降罪的第一款，属于叛罪。投降罪的第二款（投降后为敌人效劳的），属于反罪＋叛罪。

如果以叛逃罪为作为基础犯罪类型的话，投敌叛变罪、背叛国家罪等都是"往也"又"来也"的反罪。抗战时期，汪伪政权之所以不是内敌而是外敌，是因为汪精卫与日寇勾结进行共同犯罪，当然是外敌。电视连续剧《亮剑》中投靠汪伪的国军军官钱伯钧"叛国投敌当汉奸"绝非叛逃罪，而是投敌叛变罪、背叛国家罪，是反罪。

第二，如果我们以"内乱罪""外患罪"作为基本类型来解读相关罪名，结论如下：第一个层次，内乱罪和外患罪。第二个层次，把内乱罪分为反罪与叛罪。第三个层次，把反罪分为一般主体的反罪和特殊主体的反罪。把叛罪分为一般主体的叛罪和特殊主体的叛罪。一般主体的反罪，包括背叛国家罪、颠覆国家政权罪、资敌罪、武装叛乱罪、武装暴乱罪、投敌叛变罪等。特殊主体的反罪（主要是军职罪），包括"投降后为敌人效劳"，为境外窃取、刺探、收买、非法提供军事秘密罪。现行刑法叛罪都是特殊主体构成的，包括叛逃罪、逃离部队罪、军人叛逃罪、战时自伤罪、战时违抗命令罪、战时临阵脱逃罪、投降罪、违令作战消极罪等。②

所以，背叛国家罪属于危害社稷的反罪，是危害社稷江山的犯罪类型，其实质是"造反"，是"反叛"。它不是仅仅"背叛"或"叛逃"或"叛变"，而是要勾结外国、与外国共同联手"来"危害中华人民共和国的社稷江山——即中华人民共和国的主权、领土完整和安全。显然，这是必要的共犯，这就是刑法第一个罪名的实质。正因如此，很多教材认为，本罪犯罪主体"通常为窃据国家党、政、军机关要职，掌握重要权力、具有相当地位的人"③。"多为窃据我国党、政、军机关要职，掌握重要权力或具有相当社会地位和政治影响的人"④。

---

① 刘俊文：《唐律疏议笺解》，中华书局1996年版，第1255页。
② 胡先锋：《解构与重构：刑法分则类型化研究》，中国政法大学出版社2018年版，第103页。
③ 谢望原、赫兴旺：《刑法分论》，中国人民大学出版社2016年版，第12页。
④ 周光权：《刑法各论》，中国人民大学出版社2016年版，第529页。

二、历史解释之二：残害

残害究竟是什么样的犯罪类型？残害是什么行为？应该说，刑法学界对这个似乎简单的问题还没搞清楚。

1979年的《中华人民共和国惩治军人违反职责罪暂行条例》，规定了掠夺、残害战区无辜居民罪："在军事行动地区，掠夺、残害无辜居民的，处七年以下有期徒刑；情节严重的，处七年以上有期徒刑；情节特别严重的，处无期徒刑或者死刑。"1997年《刑法》第446条规定："战时在军事行动地区，残害无辜居民或者掠夺无辜居民财物的，处五年以下有期徒刑；情节严重的，处五年以上十年以下有期徒刑；情节特别严重的，处十年以上有期徒刑、无期徒刑或者死刑。"除了掠夺无辜居民变成掠夺无辜居民财物，立法是基本一致的。

第446条战时残害居民罪的"残害"是什么意思？内涵、外延如何？稍早时期，有学者认为，"残害"仍然无非是"奸淫""殴伤""杀害"[①]等犯罪行为。晚近时期，有学者认为，"残害"是指对军事行动地区的无辜居民进行伤害、杀伤、放火、奸淫、毁坏财物等残暴行为。[②]2013年，最高人民检察院、解放军总政治部《军人违反职责罪案件立案标准的规定》认为，战时残害居民罪是指战时在军事行动地区残害无辜居民的行为。无辜居民，是指对我军无敌对行动的平民。战时涉嫌下列情形之一的，应予立案：（一）故意造成无辜居民死亡、重伤或者轻伤三人以上的；（二）强奸无辜居民的；（三）故意损毁无辜居民财物价值五千元以上，或者不满规定数额，但手段恶劣、后果严重的。

显然，以上三种观点并不一致。对上述三种观点，笔者都表示反对。《现代汉语词典》解释"残害"是"伤害或杀害"[③]，根本不涉及财产犯罪，也不涉及性犯罪，这个外延显然是小于上述三种观点给出的"残害"外延的。

"残害"不是新的犯罪类型，只是特别强调了犯罪的情节、手段而已。现行刑法典建构出来的战时残害居民罪的"残害无辜居民"，是一个反类型化的尝试，不仅得不到类型化，反倒失去了罪刑法定原则要求的明确性。我们不可能知道

[①] 周其华、何苏民等：《刑法补充规定使用》，中国检察出版社1995年版，第161页。
[②] 高铭暄、马克昌：《刑法学》，北京大学出版社、高等教育出版社2010年版，第781页。张明楷：《刑法学》，法律出版社2011年版，第1131页。
[③] 《现代汉语词典》，商务印书馆2012年版，第124页。

当初立法之时，立法者心中的战时残害居民罪的"残害"，是不是并非简单的"奸淫""杀害""伤害"。我们也不可能知道，立法者心中的战时残害居民罪的"残害"，是不是特指《唐律·贼盗·残害死尸》中的"残害"——肢解、焚烧、割绝、弃尸水中。战时残害居民罪的"残害"，是不是必须"残忍""残酷""凶残""残虐""反人道""惨无人道"。犯罪行为人如果只是枪杀、活埋无辜居民是不是属于构成要件的"残害"。

从惩治战争犯罪的历史看，第二次世界大战结束后，远东国际军事法庭审判的日本战犯松井石根因为"没有设法制止残害战俘与和平居民"[1]被判有罪，涉及的无非是杀人、伤害、强奸、虐待等犯罪类型。纽伦堡国际军事法庭审判的德国战犯涉及"杀害和虐待战俘""杀害和虐待平民"[2]，法庭却并未使用"残害"进行评价，如被告人佛兰克曾经担任波兰占领区总督，在波兰实行恐怖主义，对波兰进行经济榨取，把波兰人输送到德国作为奴隶性劳工等，其罪行被表述为：违警罪简易法庭命令"公开枪杀波兰人""普遍枪杀人质""实施犹太人杀害犹太人的计划"[3]等。两个国际军事法庭的用语选择虽然不尽相同，但是指向的罪行应该是相同的。可见，"残害"只是在表达一种犯罪的"量"或者反映裁判者的情感，而其犯罪的"质"或者"犯罪的类型"与"杀害""杀人""伤害"没有什么不同。

在我国古籍当中的"残"，也只有杀、伤的意思。例如《说文》：残，贼也。而贼的意思，除了盗、劫人之外，还有杀人的意思。[4]《史记·樊郦滕灌列传》中"残东垣"，谓多所杀伤也。[5]伤害的伤，意为创、损、戕害。所以，残害居民被解释为杀人和伤害，是符合各个语词之间语义的一致性的。战时残害无辜居民罪中的残害，只能限制解释为杀人和伤害，不能包括强奸罪、强制猥亵罪等行为方式。如果把残害解释为包括性犯罪和财产犯罪，显然，不符合各个语词之间语义的内在一致性。

所以，如果进行刑法解释的时候，违背"残害"的基本语义、词典义，不

---

[1] 米·尤·拉金斯基、斯·雅·罗森布立特：《日本首要战犯的国际审判》，萨大为、李世楷、方蔼如、王庶译，世界知识社1955年版，第233页。
[2]《国际军事法庭审判德国首要战犯判决书》，汤宗舜、江左译，世界知识社1955年版，第74、79页。
[3]《国际军事法庭审判德国首要战犯判决书》，汤宗舜、江左译，世界知识社1955年版，第164～167页。
[4]《康熙字典》，上海辞书出版社2008年版，第1185页。
[5]《康熙字典》，上海辞书出版社2008年版，第531页。

顾中华刑法历史和其他法域的成果，随意扩张其外延，随意解释，弊端就很多。根据上述有限的历史文献的用语，提出以下几点想法。

第一，"残害"只能包括伤害、杀人和虐待等侵犯人身权利的犯罪，特指损害身体、肉体的犯罪，而不能包括放火、强奸、毁坏财物等犯罪行为，否则，"残害"是什么就是模糊的，是不可能被把握和被描述的，当然也就不可能被规范地进行评价，不可能成为一个刑法所能够解决的问题。

第二，本罪应该予以废除，否则就成了另一个"口袋罪"。既然刑法中放火、强奸、毁坏财物等犯罪都已经有了，何必再搞一个"残害罪"，这不仅无必要，也会制造新的混乱。

第三，残害以及下文的掠夺，作为新闻语言和文学语言均可，但是作为刑法语言则不可。即使是作为军事词汇，也不应用于军法、军事刑法领域，只能用于军纪领域。

第四，需要指出的是，也许是翻译的原因，也许是不同民族文化观念或者历史传统的原因，有的刑法文本中的"残害"具有极宽泛的外延，需要鉴别。例如，西班牙刑法典规定的残害动植物罪，内容非常宽泛，包括对动植物的砍伐、焚烧、采集、狩猎、释放等[①]，其实就相当于我国刑法的破坏资源的犯罪。因而，这里的残害只能帮助我们理解其刑法规范的特色，是不能严格加以解释的。

三、历史解释之三：掠夺

普通用语需要进行规范的解释，规范用语同样需要进行规范的解释。统而言之，刑法典中，绝对的普通用语是没有的，都是需要通过认真解释来明确构成要件的内涵、外延的。解释者应该穷尽所有的解释方法，以得出构成要件的真实语义。

第 446 条战时掠夺居民财物罪中的"掠夺"，是一个普通用语，刑法中只出现了一次。但是，"掠夺"是构成抢夺罪还是抢劫罪，或者是别的类型化犯罪行为？加之并无中国人民解放军军人构成本罪的实际案例的披露（或者根本就没

[①]《西班牙刑法典》，潘灯译，中国政法大学出版社 2004 年版，第 125～126 页。

有），怎么解释"掠夺"就失去了案例依托和生活经验的支持。但是从历史经验上看，军人的"掠夺"行为应该构成抢劫罪。例如，我国古代曾经有刑法规定"军人恐胁侵掠皆以劫论"[①]，无论平时、战时，曾经一律处断为抢劫罪。明律称为"掳掠"——掳人、掠财，"掠"就是掠夺。刑法学界普遍认为，所谓掠夺，是指以暴力、胁迫手段抢劫军事行动地区无辜居民的财物。[②]掠夺"是指使用暴力或暴力相威胁，抢劫战区无辜居民的财物"[③]。

外国也有这样的观念，法国大文豪雨果在1861年所写《就英法联军远征中国给巴特勒上尉的信》[④]中说，"一天，两个来自欧洲的强盗闯进圆明园，一个掠夺，一个纵火"。还有的版本翻译成为"一个洗劫财物，一个放火"。英法联军的"掠夺"当然是抢劫，而不是抢夺，也不可能是刑法的抢夺。大文豪雨果的观念里面，军人持杖行劫或者不持杖行劫，都是抢劫罪。此外，还有《瑞士联邦军事刑法》规定的"士兵抢劫""劫掠""战争抢劫"[⑤]，都绕不开抢劫罪这个规范性用语。这也与"烧杀抢掠""烧杀掳掠""战争劫掠"等现代汉语词汇的使用完全相符。

掠夺的词典义是"抢劫；夺取"[⑥]，掠夺婚就是抢劫婚。[⑦]那么，抢劫和夺取的差别在哪，刑法视角下的夺取的规范意义是什么，有学者认为，掠夺是对包括抢劫、抢夺、敲诈勒索等在内的各种夺取财物行为的总称[⑧]，这与2013年最高人民检察院、解放军总政治部《军人违反职责罪案件立案标准的规定》并不一致："战时掠夺居民财物罪是指战时在军事行动地区抢劫、抢夺无辜居民财物的行为。战时涉嫌下列情形之一的，应予立案：（一）抢劫无辜居民财物的；（二）抢夺无辜居民财物价值二千元以上，或者不满规定数额，但手段恶劣、后果严重的。"

笔者认为，本罪中的掠夺不应解释为包括夺取，也不应解释为包括抢夺，更不应包括敲诈勒索，而只能是抢劫。理由如下。

第一，战时、在军事行动地区，意味着通常情形下军人是持有武器的，此时夺取，要么是携带凶器抢夺，构成抢劫罪。要么是携带凶器抢劫，当然构成

[①] 程树德：《九朝律考》，商务印书馆1955年版，第337页。
[②] 高铭暄、马克昌：《刑法学》，北京大学出版社、高等教育出版社2016年版，第676页。
[③] 周其华、何苏民等：《刑法补充规定适用》，中国检察出版社1995年版，第161页。
[④] 或者译为《致巴特勒上尉的信》。
[⑤] 《瑞士联邦刑法典》，徐久生、庄敬华译，中国方正出版社2004年版，第179页。
[⑥] 《现代汉语词典》，商务印书馆2012年版，第852页。
[⑦] 《辞海》（缩印本），上海辞书出版社1980年版，第702页。
[⑧] 黎宏：《刑法学各论》，法律出版社2016年版，第594页。

抢劫罪。此时，把武器认定为凶器，是入罪举轻以明重的方法，而不是把武器解释为凶器，本书的观点是，武器不是凶器，凶器也不是武器。但是，既然携带凶器抢夺都构成抢劫罪了，那么，携带武器抢夺当然也应该处断为抢劫罪。

第二，战时、在军事行动地区，即便军人是不持有武器的，此时实施夺取，实施趁人不备、公然夺取的行为，自然是抢夺罪。但是，立法者所说的掠夺无辜居民财物，根本不会是这种情形。

第三，敲诈勒索行为不可能被评价为"夺取"。"夺取"只能是实施暴力的行为，敲诈勒索罪既没有对人的暴力，也没有对物的暴力。掠夺不等于巧取豪夺，巧取豪夺包括巧取、豪夺两类行为，掠夺只包括一类行为。况且，难以想象，战时在军事行动地区，军人会实施敲诈勒索行为。很难想象，如果把敲诈勒索罪评价为"掠夺"，社会公众会接受。

第四，残害和掠夺共处一个法条，立法者的感情色彩很明显，当然会指称性质较严重的犯罪，试想：假如军人是抢夺行为，立法者会如此愤怒地以"掠夺"一词进行指称吗？

第五，从汉字演变来看，掠夺的掠，与略不能完全分开。解释掠的时候，应该结合略。例如，掠，《说文》：夺取也。《广韵》：抄掠，劫人财物也。《战国策》：掠于郊野，以足军食。通作略。亦作剠。或作擽。① 略，《方言》：强取也。② 剠，《唐韵》《集韵》《正韵》渠京切，音擎。同黥剿。又《集韵》力让切，音亮。钞取也。又《集韵》《正韵》力灼切，音略。夺取也。③ 劫掠、掠夺、抢掠、略诱等词语的出现，足见掠、略的本质就是抢劫。沈家本在《汉律摭遗》中说，劫略即强盗。④ 元代也有禁止"强将平民略卖"⑤的律令。"略卖"就是以暴力拐卖的意思，即现行刑法的暴力方式的拐卖行为。

第六，从汉语习语"烧杀抢掠""奸淫掳掠"等角度来进行侧面考察。"烧杀抢掠"中的"掠"不可能是敲诈勒索。"奸淫掳掠"中的"掳掠"指的是抢劫人和财物⑥，掠就是抢劫财物。

---

①②③ 汉字全息资源应用系统 http：//qxk.bnu.edu.cn/font-base/gjqxknew/jump/detail？ zifuji=42c2d834-fa1d-47e9-9f90-972a687183f7&cont=%E6%8E%A0&condition=22d3af76-1ffe-46da-8c28-40e7dfe6b8d2

④ 沈家本：《历代刑法考》（下册），商务印书馆 2011 年版，第 379 页。

⑤ 沈家本：《历代刑法考》（下册），商务印书馆 2011 年版，第 325 页。

⑥ 《现代汉语词典》，商务印书馆 1979 年版，第 729 页。《现代汉语词典》，商务印书馆 2012 年版，第 843 页。

最后，从中国刑法史来看，掠，往往与掠囚、拷掠、考囚等形成语义场。[①]掠的意思是捶治人[②]，是用威大暴如豺狼[③]。也可见出，掠是典型的对人的暴力行为。所以，战时掠夺居民财产罪是对居民使用了暴力的犯罪类型。抢夺罪、敲诈勒索罪显然都不是对人使用暴力的犯罪，只有抢劫罪才符合。所以，笔者认为，战时掠夺居民财产罪就是抢劫罪的特别法条。

根据以上论述，说明战时掠夺居民财产罪不是一个类型化的犯罪行为，没必要成为一个独立的罪名。战时掠夺居民财产罪仍然没有超出抢劫罪的范围，"掠夺"这个词语的刑法本质是改变不了的，1981年《军职罪条例》名义上的立法者（全国人大常委会）寻找、使用的"掠夺"这个很普通的词语，完全是非刑法视野的立法行为，刑法文本的专业性质远不如军事管理、军人管理的专门性质，其背后真正的立法者（如中央军委、国防部等）出于什么动机选择、使用这样一个刑法构成要件"掠夺"，其深层的文化意识值得深究：是为了凸显立法者对军人"掠夺"犯罪强烈的道德谴责和否定评价，还是为了刻意规避"掠夺"的"抢劫"性质，由于立法行为的不透明，难以做出判断。从法定刑来看，本罪的基本犯是5年以下有期徒刑，明显低于抢劫罪基本犯三年以上十年以下有期徒刑，显然是不妥当的。换句话说，军人实施抢劫犯罪比普通抢劫罪的法定刑低，是非常不合理的。

军人劫掠行为，自古就有。前述"掠于郊野，以足军食"就是最好的文献注解。在我国，人民军队是威武之师、正义之师、文明之师，但是，这不等于军人个体或者群体不会实施本罪行为，因此，正确认识本罪的实行行为，正确认识本罪是抢劫罪的特别法条，很有必要。

四、语词继受之一：虚伪与虚假

当我们还不能找到一个准确的词语来描述某个事物时，我们就还没有真正认识这个事物。立法者应该心态谦虚一点，视野开阔一点，禁锢减少一点，广泛继承中国刑法史的规范化、类型化成果，尤其是刑法史上关于构成要件的语言表述的优秀遗产，为完善现行刑法做准备，为制定一部垂范久远的刑法典积

---

①② 沈家本：《历代刑法考》（上册），商务印书馆2011年版，第456页。
③ 沈家本：《历代刑法考》（上册），商务印书馆2011年版，第458页。

累素材，以实现"为天地立心，为生民立命，为往圣继绝学，为万世开太平"的宏远目标。而这一宏远目标可以落脚到刑法语言这个细节上。从语词继受角度来看，欲明了现时代语词的真实含义，可以从其发端之处找线索，将一头一尾联系起来形成历时性的线性的体系，从而进行有根基的、有出处的刑法解释，以确定现时代构成要件的真实含义和真实语义。

例如，清末民初时期妨害信用罪的立法历程和语料选择。1907年《大清刑律草案》第341条：凡流布虚伪之风说，或用其余伪计，而损害他人或其业务之信用者，处四等以下有期徒刑、拘留或三百元以下罚金。1910年《修正刑律草案》第359条：凡散布虚伪之风说，或用其余伪计，而损害他人或其业务之信用者，处五等有期徒刑、拘役或一百元以下罚金。1911年《钦定大清刑律》第359条：散布流言或诈术损害他人或其业务之信用者，处五等有期徒刑、拘役或一百元以下罚金。1915年《修正刑法草案》第373条：意图损害他人或其业务之信用而散布流言或施诈术者，处五等有期徒刑，并科或易科一百元以下罚金。我国台湾地区现行刑法第313条：散布流言或以诈术损害他人之信用者，处二年以下有期徒刑、拘役或科或并科一千元以下罚金。我国1979年《刑法》第145条是"捏造事实诽谤他人"。我国1997《刑法》第246条是"捏造事实诽谤他人"，第221条是"捏造并散布虚伪事实，损害他人的商业信誉、商品声誉"。第162条是"公司、企业进行清算时，隐匿财产，对资产负债表或者财产清单作虚伪记载或者在未清偿债务前分配公司、企业财产"。可以说，一百多年来，指称损害他人名誉、信誉、信用的犯罪，"散布""流言""虚伪""虚假"等词几乎未改。1907年的"虚伪之风说"与1997年的"虚伪事实""虚伪记载"，隔了90年，居然都使用了"虚伪"一词，而众所周知，现代汉语使用"虚伪"一词的时候往往指的是人的品德方面，会使用"虚假事实"而不是"虚伪事实"。这一比较反常的"虚伪"与"事实"的词语搭配，以及"虚伪"与"记载"的词语搭配，说明了1907年的"虚伪之风说"与1997年的"虚伪事实"之间一定存在着继受关系。这就是中国刑法史上的构成要件类型化的成果。

有学者认为，刑法典20次使用虚假，2次使用虚伪，"体现了立法用语的随意性"[①]。笔者认为，问题可能不是这么简单。刑法典只有2次使用了虚伪，2

---

① 王政勋：《刑法解释的语言论研究》，商务印书馆2016年版，第252页。

次都有问题和毛病。一次使用是错误的（虚伪记载）。从现代汉语角度看，"虚伪记载"明显是生造的搭配，是完全不符合词法的，因为虚伪是形容词，根本不能修饰"记载"这个动词。虽然"作虚伪记载"之中，"作"是动词，"虚伪记载"是宾语，"作虚伪记载"也能说得通，但是毕竟是反常规的搭配，非常别扭。虚伪的词典义是不真实，不实在，作假。① 一次可能是某个具体的人（著名法学家等）查阅刑法历史文献后继承和沿用的（虚伪事实）结果，但是这一继承又明显不符合现代汉语的语言习惯，却"侥幸"厕身刑法典 22 年（1997—2019）之久。严格说来，2 次使用虚伪，都是不妥当的。

必须指出，第 162 条罪状是"公司、企业进行清算时，隐匿财产，对资产负债表或者财产清单作虚伪记载或者在未清偿债务前分配公司、企业财产，严重损害债权人或者其他人利益"，确定罪名是妨害清算罪，二者存在着罪状与罪名的不吻合。笔者认为，第 162 条的实质是逃废债务，一部分手段行为是伪造重要的清算文书，一部分手段行为是瓜分、私分、私吞清算财产，目的行为都是逃废债务，所以，"分配"一词的使用也过于暧昧、不妥。有学者认为，罪名表述成"清算损害他人利益罪"或"清算欺诈罪"较为妥当。② 笔者认为，"清算欺诈罪"较为妥当，本罪就是诈骗罪或者侵占罪或者职务侵占罪的特别法条而已。

五、语词继受之二：机务与国家秘密

机务，国家的重要事情，多指机密的军国大事。③ 但是，现代汉语中，已经不会使用指称国家的重要事情了。现代汉语中，机务的词典义是指机器或机车的使用、维修、保养等方面的事务。④ 目前，我国台湾地区刑法还在使用机务，用来指称机密的军国大事。

1907 年《大清刑律草案》第五章关于漏泄机务罪，1910 年《修正刑律草案》

---

① 《现代汉语词典》，商务印书馆 2012 年版，第 1469 页。
② 刘镇强：《妨害清算罪疑难问题探讨》，《法律科学》2001 年第 1 期。
③ 《辞海》（缩印本），上海辞书出版社 1980 年版，第 1250 页。
④ 《现代汉语词典》，商务印书馆 2012 年版，第 597 页。

第五章关于漏泄机务之罪，1911年《钦定大清刑律》第五章漏泄机务罪，都是规定泄露国家秘密、军事秘密的犯罪，包括职务上的知悉而泄露和偶然的知悉而泄露（也就是非职务上的知悉而泄露）。现行刑法只是把昔日"漏泄"变成了"泄露"而已。但是，现行刑法把泄露国家秘密的犯罪分散规定在各处的做法，不利于公众形成对此类犯罪的整体感知，从类型化视角，现行刑法的为境外非法提供国家、秘密罪，当然是泄露国家秘密的情节加重犯，成了危害国家安全罪名；国家工作人员构成的故意泄露国家秘密罪同样是泄露；非法出售、提供试题、答案罪完全可以解释为泄露国家秘密。这些具体罪名整体观之，都属于泄露国家秘密的犯罪类型。不仅如此，昔日的"漏泄机务"，是"泄露机要事务"的意思，在现行刑法语境之中加以使用，也无太大障碍。不是说非要把"国家秘密"改回去、改成"机务"，而是认为"机务""机要事务"比起"国家秘密"来，涵摄力更强一些，至少可以包容"不应公开的案件信息"。当然，现代汉语已经不大使用"机务"了，这是必须要注意的。所以，最佳做法还是保留"国家秘密"，然后对上述罪名进行整合。

六、语词继受之三：背信、违背忠实义务、违背受托义务

为亲友非法牟利罪、背信损害上市公司利益罪、背信运用受托财产罪等背信犯罪各个罪名中，仅有为亲友非法牟利罪的表述方式与众不同。但是也并非背信损害上市公司利益罪、背信运用受托财产罪等的表述方式就更好。因为，目前，"背信"并非现代汉语的常用词汇，仅存在于"背信弃义"等极少的场合。作为一个罪名，"背信"显然是我国现行刑法从大陆法系刑法中移植过来的，在我国的生存并不具备成熟的条件。所以，从另一个角度说，为亲友非法牟利罪这一表述方式更便于公众理解与守法。但是无论如何，背信犯罪各个罪名的前后不一应该得到统一和整合，这是刑法类型化的必然要求。笔者认为，有两种方案。一种是把这三个罪名分别表述为背信损害国有单位利益罪、背信损害上市公司利益罪、背信损害客户利益罪，很明显三者之间存在交叉竞合关系。一种是把这三个罪名分别表述为违背对国有单位的忠实义务背信罪、违背对上市公司的忠实义务背信罪、违背对客户的忠实义务背信罪。

违背忠实义务与违背受托义务，应该进行同一解释。而"背信"的背，是

违背的意思。违背信任，是指违背了委托人、国有单位或者上市公司的信任，反过来说，就是违背了行为人所负有的忠实义务。所以，将"背信"一词，换一个表达方式，等于就是违背忠实义务。

第二节　共时性的体系解释

共时性的体系解释，其实就是刑法内部规范的比较。刑法内部构成要件的比较，是颇具意义、特别重要的。刑法总则与分则是一个整体、一个体系，同样，刑法分则也是一个整体、一个体系，很有必要把刑法分则规范的用语、用词进行系统整理，以明其优劣得失，为法典的延续、传承、总纂做基础性工作。在这方面，有学者已经开始从词频角度开展研究了。[1] 刑法内部构成要件及其语词，不仅包括刑法典中的语词，也包括最高人民法院确定罪名中的语词。共时性的体系解释需要解决和注意两个问题，一个是同义词的体系问题，包括同义词是不是"同义"，用语替代的可行性，等等。一个是语言场域与共时性的体系解释。

一、语义场中的同义词体系

如果不那么严格地来看，同义词的体系，也可以称为近义词的体系，或者类义词的体系。一般来说，一组同义词之间不可能是完全相等的，完全一样的。由于文字本身的不完全一致，就决定了同义词之间总会在语义、语彩、语境等方面或多或少有些差异。如果不顾及语彩、语境等，同义词之间在语义这一点

---

[1] 陈兴良：《目的犯的法理探究》，《法学研究》2004 年第 3 期。王政勋：《刑法解释的语言论研究》，商务印书馆 2016 年版，第 228、229、231、258、271 页等。胡先锋：《解构与重构：刑法分则类型化研究》，中国政法大学出版社 2018 年版，第 167 页。

上可能是完全一样的。古代汉语的互训，现代汉语的相互解释，等等，就从某个角度证实了同义词之间的相同语义。例如，旅社，旅馆。旅舍，旅馆。既然语义都是旅馆，那么旅舍和旅社就是语义上相等的同义词。至于二者在其他方面可能的不同，如旅舍是书面语，旅馆是非书面语，则可能是存在的。①

以不同语词（能指）来指称一个事物（所指）的时候，由于表述方式的差异、能指的不同、词汇的不同、指称的角度不同、指称的语境不同等，也会造成理解的偏差，而实际上这些不同的语词（能指）所指称的对象（所指）是完全一样的。例如，中国银行的动态密码，又称为动态口令、动态验证码、E令，而且这四个不同称谓同时存在于、印刷在给银行客户使用的同一个硬件（令牌）之上。②E令是商品名，容易记忆和推广，辨识度高。动态密码、动态验证码等是业界的通用称呼。动态口令显然是借用了军事词语产生的一个词汇。这四个同义词，"同义"吗？

在刑法领域之外，广泛存在着用语与原意的内在冲突与张力，不同角度产生的同义词甚至是反义的意思。例如，"加速折旧"表达的是"浪费"的意思吗？当然不是。因为"加速折旧"的使用者显然是从正面角度来评价这一经济行为的，而"浪费"的使用者是从负面来评价这一经济行为的。但是，无论语言学上使用的是"加速折旧"还是"浪费"，在所指层面，恐怕都不能回避一个事实——没有做到物尽其用，不应该这么早折旧或者报废。从这个意义说，所谓的"加速折旧"实质上是"提前折旧""提前报废"的幌子。那么，"加速折旧"与"浪费"是同义词还是反义词，下面分析、辨别几组学界公认的同义词。

（一）出售、出卖、贩卖、倒卖、销售、发行

刑法典何时使用出售，何时使用出卖，何时使用贩卖，没有什么规律。例如，贩卖淫秽物品牟利罪，当然可以替换为出售淫秽物品牟利罪。贩卖毒品罪，也可以替换为出售毒品罪。出售假币罪，可以替换为贩卖假币罪。第329条擅自出卖国有档案罪，可以替换为擅自出售国有档案罪。第442条擅自出卖军队

---

① 《现代汉语词典》，商务印书馆2012年版，第848页。
② 中银E令（E-Token）是一种内置电源、密码生成芯片和显示屏，根据专门的算法每隔一定时间（60秒）自动更新动态口令的专用硬件。基于该动态密码技术的系统又称一次一密（OTP）系统，即用户的身份验证密码是变化的，密码在使用过一次后就失效，下次使用时的密码是完全不同的新密码。随着手机支付的快速发展，现在类似的硬件已经几乎无人使用。

房地产罪，就是擅自出售军队房地产罪。第 439 条非法出卖武器装备罪，实际上是军人非法出卖武器装备罪（俗称"买卖军火"），以便与一般主体构成的非法买卖、枪支、弹药、爆炸物罪相区别。售楼处就是卖房子、销售房子的场所。出卖、出售、贩卖、销售就是卖掉，除了词语使用习惯的区别外，出卖与出售也没什么不同。笔者认为，出售、出卖与贩卖是同一关系。

相对而言，"贩卖"和"倒卖"带有强烈的贬低和否定色彩。尤其是"倒卖"，是计划经济时期最为常见的违法行为，延续至今天，虽然已经是社会主义市场经济，但是部分领域里计划经济无实质改变，也就是各种资源的配置是依靠政府垄断而不是依靠市场。倒卖伪造的有价票证罪，实际就是出售、出卖伪造的有价票证罪，行为人明知是伪造的有价票证而出售给别人，既然如此，应属诈骗罪类型。还有部分领域里面，短缺经济无实质改变，例如年节时期的车票紧张、部分城市的学位紧张、有些地区的病床床位紧张、部分地区的车辆号牌紧张，等等。倒卖车票、船票罪，如今在抢票软件、新的黄牛党参与下，面临一定问题：行为人收取并不算多的手续费，将抢到的车票转手给实际的购票人，应该是合法的。所以，"倒卖车票、船票罪"中的"倒卖"，实际上打击的是一种扰乱正常购票秩序的犯罪行为，应该属于扰乱正常交通秩序的犯罪行为。倒卖土地使用权罪，也是由于土地市场的高度垄断、高度管制，土地使用权根本无法自由流转背景下而产生的一个罪名，倒卖土地使用权罪，实际上是违规（或者称为"违法"）出售土地使用权的行为。需要注意的是，第 228 条非法转让、倒卖土地使用权罪的罪状很有问题，既使用了违规（"违反土地管理法规"），同时也使用了非法（"非法转让、倒卖"），违规、非法同时出现在一个法条里面，这是整个刑法典中极为罕见的现象。倒卖文物罪略有不同，指的是禁止性质的物品，与市场经济无关，是以牟利为目的，倒卖国家禁止经营的文物，情节严重的行为，倒手、贩卖的对象是"禁止经营的文物"，属于违禁品、违禁物品。

总而言之，出售、出卖、贩卖、倒卖，基本意思都是"卖"，卖的东西不一样罢了。卖的东西不一样，使用的动词有所区别，这当然与语言习惯息息相关，也可能是立法者的误用、错用、乱用或者滥用。除了出售、出卖、贩卖、倒卖，还会极为稀少地使用别的词语如"发行""提供"等表示"卖"这个意思。例如，卖毒品，刑法称为贩卖毒品罪。卖淫秽物品，刑法称为贩卖淫秽物品牟利罪。非法卖土地，刑法称为（非法）倒卖土地使用权罪。非法卖真车票、船票，刑法称为倒卖车票、船票罪。卖假车票、船票，刑法称为倒卖伪造的有价票证罪。

卖假币，刑法称为出售假币罪。

发行，则是比较特殊的一个能够表达"卖""公开卖"意思的词语和构成要件。发行，词典义为：发出，使流通传布；发售。[①]用于：发行货币，发行书报，发行证券股票，发行电影，发行邮票，发行电视剧等场合。普通商品的发售一般不使用"发行"。擅自卖股票、债券，刑法称为擅自"发行"股票、公司、企业债券罪，应该注意，这里的"发行"指的是证券一级市场的"卖"，如果是证券二级市场的"卖"一般称为"交易"或者"流通"而不会称为"发行"。公司法和证券法使用的相关词语有募集股份、股票承销等，无论是发行还是募集，还是承销，本质是一致的。尤其是承销一词，无疑能够帮助我们理解发行证券的本质——销售。所以，发行，是公开卖并且市值进入流通的意思。

非法卖间谍器材，刑法称为非法销售间谍专用器材罪。以牟利为目的向吸食、注射毒品的人提供国家管制的麻醉药品、精神药品的，刑法称为非法提供麻醉药品、精神药品罪，笔者认为这是错误的，应该称为非法出卖（或者出售）麻醉药品、精神药品罪。卖人口的，刑法称为拐卖。卖出入境证件的，刑法称为出售出入境证件罪。卖侵权复制品的，刑法称为销售侵权复制品罪。卖假药、劣药的，刑法称为销售假药罪、销售劣药罪，等等。卖国家禁止经营的文物的，刑法称为倒卖文物罪。

（二）生产、经营、制造、制作

生产、制造、制作这一组词语，一般认为是同义词或者近义词。前面已经分析过制造、伪造、变造之间的关系，这里不再赘述。

1. 食品生产与食品经营

同样是从事食品生产、食品加工，餐饮业通常叫作餐饮服务，养猪通常叫作生猪养殖，养羊的叫作牧羊，种菜的通常叫作蔬菜种植。屠宰行业的通常叫作屠宰或者分割，以前的肉联厂就是干这个的。其实，无论是种植还是养殖，无论是分割还是加工，都可以解释为食品生产、食品加工，可以解释为刑法构成要件的生产，如生产有毒、有害食品罪，生产不符合安全标准的食品罪。

在食品监管方面，目前的语境为食品生产与食品经营是严格分开的，在《中

---

① 《辞海》（缩印本），上海辞书出版社1980年版，第490页。

华人民共和国食品安全法》中，第四章为食品生产经营。目前，《食品生产许可管理办法》与《食品经营许可管理办法》是分立的两部规范性文件。《中华人民共和国食品安全法》第 35 条："国家对食品生产经营实行许可制度。从事食品生产、食品销售、餐饮服务，应当依法取得许可。但是，销售食用农产品，不需要取得许可。"不仅销售食用农产品不需要取得许可，生产食用农产品也不需要取得许可。而生产食用农产品，语言习惯是称为种植、养殖、捕捞等。[①]

通常称为餐饮服务业的行业，其实质是什么，管理者的观念也在不断转变、更新。有启示性意义的是，目前餐饮业者已经办理、悬挂《食品经营许可证》，表明行政主管部门已经认识到餐饮业的核心就是食品生产或经营——包括食品生产、加工、出售，包括热食、冷食、预包装食品等各种丰富的形态。养殖林蛙后开办农家乐，林蛙供游客食用，既是餐饮业、服务业，也是食品的加工、经营和生产。

根据 2015 年《食品经营许可管理办法》第 10 条："申请食品经营许可，应当按照食品经营主体业态和经营项目分类提出。食品经营主体业态分为食品销售经营者、餐饮服务经营者、单位食堂。食品经营者申请通过网络经营、建立中央厨房或者从事集体用餐配送的，应当在主体业态后以括号标注。食品经营项目分为预包装食品销售（含冷藏冷冻食品、不含冷藏冷冻食品）、散装食品销售（含冷藏冷冻食品、不含冷藏冷冻食品）、特殊食品销售（保健食品、特殊医学用途配方食品、婴幼儿配方乳粉、其他婴幼儿配方食品）、其他类食品销售；热食类食品制售、冷食类食品制售、生食类食品制售、糕点类食品制售、自制饮品制售、其他类食品制售等。列入其他类食品销售和其他类食品制售的具体品种应当报国家食品药品监督管理总局批准后执行，并明确标注。具有热、冷、生、固态、液态等多种情形，难以明确归类的食品，可以按照食品安全风险等级最高的情形进行归类。"可见，食品经营可以分为销售和制售两大类，销售是四小类，制售是六小类。单纯的销售应该解释为经营，无法解释为生产或制造。

我国的食品经营许可经历了《食品卫生许可证》《食品流通许可证》《食品

[①] 根据 2016 年实施的《食用农产品市场销售质量安全监督管理办法》的规定：食用农产品，指在农业活动中获得的供人食用的植物、动物、微生物及其产品。农业活动，指传统的种植、养殖、采摘、捕捞等农业活动，以及设施农业、生物工程等现代农业活动。植物、动物、微生物及其产品，指在农业活动中直接获得的，以及经过分拣、去皮、剥壳、干燥、粉碎、清洗、切割、冷冻、打蜡、分级、包装等加工，但未改变其基本自然性状和化学性质的产品。

经营许可证》三个阶段。最早是《食品卫生许可证》。2009年6月1日到2015年之间是《食品流通许可证》，从2015年起开始启用《食品经营许可证》。由于有的旧证期限未到，所以，我们可以同时看到三种许可证并存。无论是单位食堂《餐饮服务许可证》，还是面包店《食品流通许可证》《食品经营许可证》，本质上都是在生产、加工、销售食品。无论是中央厨房还是集体用餐配送单位，无论是使用"加工""制作"，还是使用"销售""制售"，无非还是食品的"生产""销售"。工厂化的食品生产采取《食品生产许可证》进行管理的，不办理《食品经营许可证》。①

根据《中华人民共和国食品安全法》第11条："申请食品生产许可，应当按照以下食品类别提出：粮食加工品，食用油、油脂及其制品，调味品，肉制品，乳制品，饮料，方便食品，饼干，罐头，冷冻饮品，速冻食品，薯类和膨化食品，糖果制品，茶叶及相关制品，酒类，蔬菜制品，水果制品，炒货食品及坚果制品，蛋制品，可可及焙烤咖啡产品，食糖，水产制品，淀粉及淀粉制品，糕点，豆制品，蜂产品，保健食品，特殊医学用途配方食品，婴幼儿配方食品，特殊膳食食品，其他食品等。国家食品药品监督管理总局可以根据监督管理工作需要对食品类别进行调整。"一共是32类。目前，食品生产许可证编号以SC开头，2015年以前则是以QS开头。所以，刑法中的"生产""销售"应该是上位构成要件，可以涵摄相当大的社会生活范围。根据《食品生产许可管理办法》第29条："食品生产许可证编号由SC（"生产"的汉语拼音字母缩写）和14位阿拉伯数字组成。数字从左至右依次为：3位食品类别编码、2位省（自治区、直辖市）代码、2位市（地）代码、2位县（区）代码、4位顺序码、1位校验码。"

国家市场监管总局下设机构有：食品生产安全监督管理司、食品经营安全监督管理司等。食品生产安全监督管理司，职能为：分析掌握生产领域食品安全形势，拟订食品生产监督管理和食品生产者落实主体责任的制度措施并组织

---

① 根据2005年12月卫生部印发的《食品卫生许可证管理办法》，任何单位和个人从事食品生产经营活动，应当向卫生行政部门申报，并按照规定办理卫生许可证申请手续；经卫生行政部门审查批准后方可从事食品生产经营活动，并承担食品生产经营的食品卫生责任。地方人民政府卫生行政部门遵守本办法，对食品生产经营者发放卫生许可证。食品添加剂、保健食品和新资源食品生产企业生产活动的卫生许可，由省级卫生行政部门发放卫生许可证。2009年《中华人民共和国食品安全法》实施，食品卫生许可证被食品生产许可证、食品流通许可证、餐饮服务许可证所代替。2015年，修订的《中华人民共和国食品安全法》进行了进一步改革，食品生产企业需要取得食品生产许可证，食品销售和餐饮服务企业需要取得食品经营许可证。

实施。组织食盐生产质量安全监督管理工作。组织开展食品生产企业监督检查，组织查处相关重大违法行为。指导企业建立健全食品安全可追溯体系。食品经营安全监督管理司，职能为：分析掌握流通和餐饮服务领域食品安全形势，拟订食品流通、餐饮服务、市场销售食用农产品监督管理和食品经营者落实主体责任的制度措施，组织实施并指导开展监督检查工作。组织食盐经营质量安全监督管理工作。组织实施餐饮质量安全提升行动。指导重大活动食品安全保障工作。组织查处相关重大违法行为。

农产品加工业当然是食品生产，例如吉林的玫瑰红苹果经过切片、晒干后，加工成苹果酒，既是农产品加工，也是食品生产。牲畜屠宰、肉类加工既是食品生产，也是食品加工。不同的食品"加工"，有的属于第一产业如苹果种植户晾晒苹果干，有的属于第二产业如工厂酿造苹果酒，有的属于第三产业例如肯德基等餐饮企业制作苹果馅饼，不论在什么阶段介入食品产业链、不论在什么环节进行食品加工、制作，以上这些都可以表述为"食品生产、食品经营"或者"食品制造、食品销售"。生猪饲养虽然归口农业农村主管部门，但是也当然属于食品生产。生猪屠宰也是食品生产。单纯卖猪肉的属于食品经营、食品销售，但是如果他在过年过节时期还制作肉丸子、肉糕、香肠等进行销售，就还有食品生产行为。所以，食品加工、制作叫作食品生产、食品制造，而食品销售、食品流通、餐饮服务、食堂等叫作食品经营。

2. 制造与生产

制造与生产，在语言习惯上有着比较明显的不同。到底是什么样的语言习惯呢？首先是行业背景和行业用语的习惯。其次是管理者观念转变导致在用语选择时更多关注实质性的部分和要素，逐渐超越行业背景和行业用语。这在上述餐饮业中表现得尤为明显，食品一般称为加工或者生产，而不称为制造。但是，总的来看，生产与制造语义上是一致的。例如，我国刑法中的生产、销售有毒有害食品罪，我国台湾地区有对应的制造、贩卖、陈列妨害卫生物品罪，词汇选择不同，制造的涵摄力大于生产无疑。

"制药厂"这个词语，是制造药品的工厂的简称。可是，生产假药罪，使用的却不是制造假药而是生产假药。笔者认为，生产假药罪就是制造假药罪。非法制造枪支罪就是非法生产枪支罪，违规制造枪支罪就是违规生产枪支罪，非法生产警用装备罪就是非法制造警用装备罪。笔者认为，"制造"与"生产"基本是可以互相替代的，上述罪名中的生产与制造是同一关系。

刑法的修改，可以在细节上关注语言词汇等的修改，例如，从"非法生产武装部队车辆号牌等专用标志"到"伪造武装部队车辆号牌等专用标志"的修改也表明立法者的语言意识里面"生产"与"造"（"制造"）的同一性以及观念的变化。第 375 条第二款，原为"非法生产、买卖军用标志罪"：非法生产、买卖武装部队制式服装、车辆号牌等专用标志，情节严重的，处三年以下有期徒刑、拘役或者管制，并处或者单处罚金。2009 年刑法修正案（七）修改为："非法生产、买卖武装部队制式服装，情节严重的，处三年以下有期徒刑、拘役或者管制，并处或者单处罚金。"取消了非法生产、买卖军用标志罪罪名，改为非法生产、买卖武装部队制式服装罪。而把原来的非法生产、买卖武装部队车辆号牌等专用标志的行为，作为第 375 条第三款："伪造、盗窃、买卖或者非法提供、使用武装部队车辆号牌等专用标志，情节严重的……"，即伪造、盗窃、买卖、非法提供、非法使用武装部队专用标志罪。笔者认为，把旧的"非法生产武装部队车辆号牌等专用标志"改成"伪造武装部队车辆号牌等专用标志"，是非常合理的。因为原条文的所谓"非法生产武装部队车辆号牌等专用标志"，其实就是"伪造武装部队车辆号牌等专用标志"。从"非法生产"到"伪造"，直击该种犯罪行为的要害，揭示了犯罪行为的实质，刑法文本词语的选择是科学的、贴切的。但是另一方面，不得不承认，修改前，立法者的语言意识里面"生产"与"造"（"制造"）具备内涵外延的同一性，"非法生产"与"伪造"具备内涵外延的同一性。"伪造武装部队车辆号牌等专用标志"的使用，也表明"伪造"一词不限于文书、证件、印章、货币等领域，各种徽章、标志、Logo、商标标识等也能以"伪造"名之。刑法典中，"非法生产""非法制造"囊括了"伪造"和"擅自制造"两种情形的例证很多，如第 215 条非法制造注册商标标识罪（伪造、擅自制造他人注册商标标识），第 209 条非法制造用于骗取出口退税、抵扣税款发票罪的"非法制造"包括伪造和擅自制造，第 209 条非法制造发票罪的"非法制造"包括伪造和擅自制造，这 3 个罪名中的"非法制造"囊括了有形伪造（即伪造）和无形伪造（即擅自制造）。

可见，伪造的含义，有时仅仅指的是有形伪造，如伪造货币罪中的"伪造"，非法制造注册商标标识罪中的"伪造"，非法制造用于骗取出口退税、抵扣税款发票罪中的"伪造"，非法制造发票罪中的"伪造"。有时仅仅指的是无形伪造，如商检徇私舞弊罪中的"伪造检验结果"、动植物检疫徇私舞弊罪中的"伪造检疫结果"。①

3. 制作

制作，使用的场合相对较少，有三个法条。第一个是制作淫秽物品牟利罪。第二个是第287条之一：利用信息网络，设立用于实施诈骗、传授犯罪方法、制作或者销售违禁物品、管制物品等违法犯罪活动的网站、通讯群组的；利用信息网络，发布有关制作或者销售毒品、枪支、淫秽物品等违禁物品、管制物品或者其他违法犯罪信息的。其中，"制作或者销售毒品、枪支、淫秽物品等违禁物品、管制物品"存在词汇使用问题。"制作或者销售违禁物品、管制物品"是可以的。"制作或者销售淫秽物品等违禁物品、管制物品"也是可以的。而"制作或者销售毒品、枪支"就不符合语言习惯，也与刑法典中其余法条不一致，其余法条是表述为"制造毒品""制造枪支"。这个错误或者说不妥的根源在于，本罪中，"制作"这个动词支配的宾语过于复杂，既有下位的宾语，也有上位的宾语，并且下位的三个宾语（毒品、枪支、淫秽物品）之间难以使用统一的"制作"。这个地方虽然是个小瑕疵，但是也可以看到刑法规范的出台比较仓促，刑法文本的通过并未经过足够严格审慎的审查，把刑法文本或者法律文本类同于一般文本，缺乏敬畏怵惕之心。如果以"萝卜快了不洗泥"来为刑法规范文字的错漏进行辩解，只能表明其浮躁、粗疏、草率，表明当下轻慢、冒犯、亵渎文字文本的社会现实。在我国历史上，出现过大臣由于上疏之中出现了"讹字"而被皇帝廷杖②的史实，虽然是封建皇权无视人权的征表，但也可以看到封建统治者对于文字和文本的极端重视。

日常用语中，生产食品经常也使用"制作""加工"等词，例如，"我们来到生产车间，看看捆馍是如何制作的""这些食品的加工过程并不复杂"③。食品行业一般很少使用"制造"一词，但是"制"这个字用的却很多，例如蛋制品、肉制品、奶制品、蔬果制品，等等。

第三个是第334条的非法制作血液制品罪、制作血液制品事故罪中的"制作"。本罪的制作与其他法条的"生产""制造""加工"应该是等价关系，只是约定俗成的原因和行业的习惯而使用了"制作"一语而已。也就是说，非法制

---

① 胡先锋：《刑法教学的宏旨与技术》，中国政法大学出版社2016年版，第207页。
② 《明史·刑法志》。"南京行杖，始于成化十八年"。
③ 中央电视台"远方的家·长城内外"第94集《长城古道中卫风情》。

作血液制品罪就是非法生产血液制品罪、非法加工血液制品罪，制作血液制品事故罪就是生产血液制品事故罪、加工血液制品事故罪。

我国血液制品生产企业大概有三十多家，大多是制药企业。第334条构成要件的"部门""检测""操作"，指向的是不是这些制药企业？还是说仅仅指的是血站、采血中心这些非营利性单位？制药企业在制作血液制品过程中产生的事故，构成制作血液制品事故罪还是危害公共安全罪一章的其他罪名？还是法条竞合？也值得分析研究。

4. 生产、作业与经营

"生产"一词存在广义与狭义。破坏生产经营罪中的"生产"应该指的是农业生产、矿业生产、加工制造业生产等第一、第二产业的生产，是狭义的生产。广义的生产，还包括交通运输业、服务业、旅游业等第三产业的所谓生产，或者作业。有学者认为，在网站与电商平台上批量恶意注册账号，是诈骗等违法犯罪行为的预备行为，但因互联网时空的阻隔，难以认定意思联络，无法按照共同犯罪处理。批量恶意注册，妨害了网站和电商的业务，但我国刑法没有规定妨害业务罪。在信息时代，应当对破坏生产经营罪进行客观和扩张解释：破坏不等于毁坏，妨害也是一种破坏；生产经营不仅包括生产活动，还包括组织管理活动，生产经营可以包括业务。因此，破坏生产经营罪可以包容妨害业务罪，进而打击恶意注册行为。① 该论断有其合理之处，但是，由于破坏生产经营罪属于财产犯罪，批量恶意注册账号显然不是直接侵害财产法益的行为，而是更接近妨害和扰乱正常生产经营秩序的行为。事实上，随着软件的升级和实名制的推行，批量恶意注册账号的行为已经很难发生了，已经不值得运用刑法来评价和规制了。

重大责任事故罪构成要件中的"生产"，则包括所有产业的业务过失行为，属于广义的生产。所以，破坏学校的教学科研秩序，一般不应该解释为破坏生产经营罪。但是，学校里面发生事故（如植树、烹饪、装卸、运输、人员踩踏、危险品存储等）可以解释为重大责任事故罪的"生产"或者"作业"。第134条的强令违章冒险作业罪和重大责任事故罪中的"生产作业"，应该包括公立机构的科学研究活动和公立学校的教学活动，这是一种合理的扩大解释。

---

① 高艳东：《破坏生产经营罪包括妨害业务行为——批量恶意注册账号的处理》，《预防青少年犯罪研究》2016年第2期。

刑法中"生产作业"的外延比较含糊，这里试着厘清。涉及的法条大致有：第134条重大责任事故罪的生产、作业，第136条危险物品肇事罪的生产、储存、运输、使用，第276条破坏生产经营罪的生产经营。

第一，"生产"与"作业"的使用，应该尊重我国的传统和习惯。在我国，第一产业和第二产业，使用"生产"较多，包括农业种植、养殖，工业企业产品加工、产出，矿山采掘，等等。第三产业，使用"作业"较多，有时使用"施工"，例如运输、装卸、采伐、建筑，园林绿化的浇水、植树、剪草，公路段的道路养护等。

第二，有时，"生产"与"作业"并不进行严格区分。例如，交通运输业和旅游业涉及的运输、索道、滑道、天梯、旅游景区内部车辆、游乐设施、攀岩、拓展、穿越、徒步、卡丁车、探险、蹦极等，也往往会使用"安全生产"字眼。安全生产大检查、春运期间的旅客运输，道路、桥梁、房屋建设施工等往往也统称"生产"。此时，"生产"是一个上位概念，取其广义，其外延覆盖了下位概念的"作业"。有时，往往也统称"生产作业"。

第三，教学、科研、文体、体育和机关等，一般不使用"生产"与"作业"。但是有时，科研院所的危险实验室、文体机关的竞赛、训练特别是体育设施，也会涉及"生产"与"作业"，例如，大型体育器材的装卸、调试，杂技、拳击、摔跤、滑雪、马拉松等危险体育项目、极限项目等的运动、训练和比赛。大学的水电维修、食堂加工、澡堂、开水房、班车开行、门禁开关、教学楼人流疏散控制等事关安全的各种事项。学校的实验室安全事故，也会处断为重大责任事故罪。①

在竞技体育领域，我国的人才培养模式也是计划经济的生产模式，运动员的伤病率非常高，淘汰率也非常高。第134条的强令违章冒险作业罪中的"作业"，和重大责任事故罪中的"生产作业"，也应该包括体育领域的各项活动尤其是体操、足球、篮球等涉及人身安全的各种项目。

在科学研究领域，我国如今的科研模式是：递交申请书申请课题、获得批准、获得经费、研究实验或写作、出版著作成果或者成果转化。科学研究现在日益变成生产模式——在各种研究指南主导下的一种生产模式。

---

① 2018年北京交通大学"12·26"较大爆炸案。

新的《中华人民共和国安全生产法》(2014年)的"生产"外延很广泛,包括生产、经营、储存、装卸、运输、加工、寄递、建筑、安装等单位的各种"生产"与"作业"。第2条:在中华人民共和国领域内从事生产经营活动的单位(以下统称生产经营单位)的安全生产,适用本法;有关法律、行政法规对消防安全和道路交通安全、铁路交通安全、水上交通安全、民用航空安全以及核与辐射安全、特种设备安全另有规定的,适用其规定。第21条:矿山、金属冶炼、建筑施工、道路运输单位和危险物品的生产、经营、储存单位,应当设置安全生产管理机构或者配备专职安全生产管理人员。与旧的《中华人民共和国安全生产法》(2002年)比较,增加了金属冶炼、道路交通运输领域的"生产"和"装卸"单位的"生产"等,但是仍未涉及教育、科研、文化、体育等领域。但是在新闻报道中和实际的用语中,教科文卫等领域使用"生产"的频次在加大,例如某高校《关于召开教育部学校安全生产大检查督查组检查我校安全生产大检查专项工作协调会的通知》。学校组织学生进行实习、实践、实训,教学活动、课外活动之间界限的模糊,使得"生产"或者"安全生产"适用的领域日益扩大,这是语言的发展,刑法应该接纳这种变化,并进行应有的因应。而不能一概否定这种泛化了的刑法用语的合理性。

第四,法律法规方面,使用的词语也不尽相同。例如,《中华人民共和国建筑法》(1997年通过、2011年修正)第五章名为"建筑安全生产管理",这一章中的两条所使用的词语既有"生产",也有"作业"。第47条:建筑施工企业和作业人员在施工过程中,应当遵守有关安全生产的法律、法规和建筑行业安全规章、规程,不得违章指挥或者违章作业。作业人员有权对影响人身健康的作业程序和作业条件提出改进意见,有权获得安全生产所需的防护用品。作业人员对危及生命安全和人身健康的行为有权提出批评、检举和控告。第48条:建筑施工企业必须为从事危险作业的职工办理意外伤害保险,支付保险费。2007年3月28日通过的《生产安全事故报告和调查处理条例》《化学品生产单位吊装作业安全规范》《建筑施工高处作业安全技术规范》《煤矿作业场所职业危害防治规定》《特种作业人员安全技术培训考核管理办法》《使用有毒物品作业场所劳动保护条例》、浙江省安全生产监督管理局提出并归口的《有限空间作业安全技术规程》,等等。

新闻报道方面,生产、作业都在使用。例如,2016年11月24日江西丰城电厂倒塌,40人遇难,事故现场仍有人员被困。据悉,该坍塌事故发生在江西省宜春市丰城电厂三期的在建工地，事故发生时，作业面约有 68 人。[1]

5. 营业

非法经营同类营业罪中的"营业"，是个名词。而社会生活中和语言习惯中的"营业"，往往是作为动词使用。所以，经济法中的"竞业禁止"的表述方式更好一些。把非法经营同类营业罪改为非法经营同类业务罪，要更符合约定俗成的语言习惯，指的是竞争性业务的禁止，禁止相关人员从事竞争性业务。本罪的"营业"，既可能是生产性质的业务，也可能是贸易、商业、服务性质的业务，还可能是研发、设计、咨询、验资验证、法律服务性质的业务，营业的范围和产业属性都不应该加以限制，第一、第二、第三产业都属于构成要件的"营业"，种植、采掘、生产、加工、贸易、服务、研究设计、医疗等事项都属于构成要件的"营业"。"营业"的外延大于生产作业、经营管理、生产销售，几乎等于生产、经营，是相关构成要件用语中外延最大的一个。

综上所述，制假、造假的用法表明，制、造等词语使用范围极大，生产、经营等词语使用范围同样极大，生产、经营适用于有资格的市场主体，而制、造等词语则无此限制，所以，既能用于制假、制毒、制枪等场合，也能用于制馔、制作美食、制药、制品、肉制品、蛋制品、奶制品等诸多场合。生产、制造、制作，可以"制造""制"一词进行统摄。推而言之，2015 年实施的《食品经营许可管理办法》中频频使用的"制售"一词就具有更大的涵摄力，包括"制造"（"制"）和"销售"（"售"）。

在不同部门法中，则由于使用习惯的沿袭，使用了固定的词汇。如药品管理法中的药品生产（包括配制）[2]、药品经营。

（三）自动性与主动性

第一，自动，有多个义项。一个是自己主动，是副词。一个是不凭借人为的力量，也是副词，如自动燃烧。一个是属性词，不用人力而用机械装置直接操作的，如自动化，自动控制。[3] 可见，刑法中的自动，应该选择第一个义项。

---

[1] 江西电厂倒塌，40 人遇难，事发时作业面约有 68 人。
[2] 2019 年 8 月 26 日通过的《中华人民共和国药品管理法》第 98 条。
[3] 《现代汉语词典》，商务印书馆 2012 年版，第 1725 页。

所以，犯罪中止中的自动性，就是主动的意思，即不待外力推动而行动。[①]

第二，自首，是自动投案，如实供述自己的罪行。也就是，行为人主动投案。1998年最高人民法院《关于处理自首和立功具体应用法律若干问题的解释》对于自动投案进行了扩大解释，把一些不自动、不主动的行为解释为"也应当视为自动投案"，这显然是基于刑事政策的考虑。

自动投案，是指犯罪事实或者犯罪嫌疑人未被司法机关发觉，或者虽被发觉，但犯罪嫌疑人尚未受到讯问、未被采取强制措施时，主动、直接向公安机关、人民检察院或者人民法院投案。犯罪嫌疑人向其所在单位、城乡基层组织或者其他有关负责人员投案的；犯罪嫌疑人因病、伤或者为了减轻犯罪后果，委托他人先代为投案，或者先以信电投案的；罪行尚未被司法机关发觉，仅因形迹可疑，被有关组织或者司法机关盘问、教育后，主动交代自己的罪行的；犯罪后逃跑，在被通缉、追捕过程中，主动投案的；经查实确已准备去投案，或者正在投案途中，被公安机关捕获的，应当视为自动投案。并非出于犯罪嫌疑人主动，而是经亲友规劝、陪同投案的；公安机关通知犯罪嫌疑人的亲友，或者亲友主动报案后，将犯罪嫌疑人送去投案的，也应当视为自动投案。犯罪嫌疑人自动投案后又逃跑的，不能认定为自首。

可见，最高人民法院在解释、定义自动投案的时候，其实是以"主动"为解释项、定义项的。

那么，能不能把不是出于己意的投案自首行为视为自动投案呢？当然是不能的。因为这完全违背了现代汉语的语义。既然刑法以汉语表达、书面语是法律存在的寓所[②]，那么，刑法解释也必须以汉语表达，刑事司法解释同样也必须以汉语表达，就必须遵守汉语、尊重汉语、遵从汉语。否则，刑法赖以存在和发展的语言基石就会荡然无存。

2009年最高人民法院、最高人民检察院《关于办理职务犯罪案件认定自首、立功等量刑情节若干问题的意见》：根据刑法第六十七条第一款的规定，成立自首需同时具备自动投案和如实供述自己的罪行两个要件。犯罪事实或者犯罪分子未被办案机关掌握，或者虽被掌握，但犯罪分子尚未受到调查谈话、讯问，或者未被宣布采取调查措施或者强制措施时，向办案机关投案的，是自动

[①] 《现代汉语词典》，商务印书馆2012年版，第1699页。
[②] 王政勋：《刑法解释的语言论研究》，商务印书馆2016年版，第88页。

投案。在此期间如实交代自己的主要犯罪事实的，应当认定为自首。没有自动投案，在办案机关调查谈话、讯问、采取调查措施或者强制措施期间，犯罪分子如实交代办案机关掌握的线索所针对的事实的，不能认定为自首。没有自动投案，但具有以下情形之一的，以自首论：（1）犯罪分子如实交代办案机关未掌握的罪行，与办案机关已掌握的罪行属不同种罪行的；（2）办案机关所掌握线索针对的犯罪事实不成立，在此范围外犯罪分子交代同种罪行的。

《关于办理职务犯罪案件认定自首、立功等量刑情节若干问题的意见》中最难理解的是下面这段话："单位犯罪案件中，单位集体决定或者单位负责人决定而自动投案，如实交代单位犯罪事实的，或者单位直接负责的主管人员自动投案，如实交代单位犯罪事实的，应当认定为单位自首。单位自首的，直接负责的主管人员和直接责任人员未自动投案，但如实交代自己知道的犯罪事实的，可以视为自首；拒不交代自己知道的犯罪事实或者逃避法律追究的，不应当认定为自首。单位没有自首，直接责任人员自动投案并如实交代自己知道的犯罪事实的，对该直接责任人员应当认定为自首。"这段话简直就是考智商的题目，笔者翻来覆去看了无数遍，也不懂什么意思，只能说了解一个大意：从现代汉语语法来看，单位自首和个人自首是分开的，标准各不相同。单位自首的，个人未必就一定是自首。个人自首的，单位也未必就是自首。个人自首还有三种情形，一个是单位负责人，一个是直接负责的主管人员，一个是直接责任人员。其实，一个常识是，有的时候，单位负责人就是直接负责的主管人员。甚至，有可能单位负责人、直接负责的主管人员、直接责任人员是同一个人。

第三，英语中，自动与主动同样也是有语义交叉或者重叠部分的。主动，do sth. of one's own accord。① 自动，of one's own accord。②

第四，有的法域把自动性解释为"出于己意而放弃犯罪"，这一表述更符合汉语的表达习惯，也符合自动性的真实意思，也不会引起不必要的误解，因为在词典里面，自动一词毕竟还有其他的义项。

第五，案例中也往往是使用主动一词而不是自动一词的。例如，武汉某大学教师涉及的新型毒品案。2019 年 6 月 20 日，武汉中院对该案重审一审宣判，法院的判决如下。

---

① 北京外国语大学英语系《汉英词典》组编：《汉英词典》，外语教学与研究出版社 1997 年版，第 1650 页。
② 北京外国语大学英语系《汉英词典》组编：《汉英词典》，外语教学与研究出版社 1997 年版，第 1677 页。

被告人杨某、张某、冯某、鲍某违反国家已列入管制的一类精神药品的管理规定，非法制造并向境外个人销售，其行为构成走私、贩卖、运输、制造毒品罪。法院指出，被告人杨某主动投案，如实供述主要犯罪事实，系自首，依法可以从轻处罚。张某经电话通知后主动投案并如实供述犯罪事实，构成自首，依法可以从轻处罚，且当庭认罪、悔罪，可酌情从轻处罚。冯某协助公安机关抓获同案犯，构成重大立功，具有坦白、当庭认罪、悔罪情节，依法可以减轻处罚。鲍某具有坦白情节，可以从轻处罚。综上理由，武汉中院对4名被告人进行从轻改判。认定被告人杨某犯走私、贩卖、运输、制造毒品罪，判处无期徒刑，被告人张某因本罪被判处有期徒刑15年，被告人鲍某因本罪被判处有期徒刑13年，被告人冯某因本罪被判处有期徒刑10年。①

使用替代用语的方法来解释构成要件，其实质仍然是体系解释。这是把构成要件置身的汉语语料库作为一个大的体系，在这个体系中，选择最恰当的用语来替代构成要件，这种替代的实质就是解释，是以其他语言来阐明构成要件。正如笔者所言，一个语词的内涵和外延，不可能由其自身得到解释。而由自身之外的语言进行的解释，无非是在汉语语料库中进行选择、替代，运用良好的语法、词汇、标点和修辞手法等各种语言学要素，使得被解释项的含义得以被挖掘、被抵近、被显现，从而发现构成要件的真义。但是，替代用语与被替代用语能否成为同义词，显然是在一定背景下进行判断的。换句话说，即便是同义词，也是在某种意义上的同义词或者是某个背景下的同义词。绝对的同义词、无任何条件的同义词，事实上是不存在的。

（四）诈骗、套取、骗取与诓骗

套取一词，出现频次越来越高，尤其是在纪委监察系统发布的文稿之中。而究其实质，就是取得意图的财产犯罪，就是诈骗行为。"套取公款""套取补助""套取扶贫款""套取征地补偿款""套取补贴"等表述，其犯罪类型是完全一致的。

例如，中央纪委监察部公开通报各级纪检监察机关近期查处的71起侵害群众利益的不正之风和腐败问题。其中，浙江省共两起，涉及利用职务便利，套取公款、骗取补偿款问题：宁波市江东区园林中心原主任刘某套取公款问题。

---

① "绝命毒师"案重审：涉案副教授无期被改判为15年。

刘某利用职务便利，伙同他人以虚开苗木发票套现方式，骗取公款 108 万余元，用于挥霍。刘某受到开除党籍、开除公职处分，被追究刑事责任。诸暨市直埠镇赵源村党支部原委员赵某骗取补偿款问题。赵某利用协助政府处理和发放该村青苗补偿款便利，以虚报土地面积等方式骗取补偿款 3.7 万余元。赵某受到开除党籍处分，被追究刑事责任。①

根据此报道可以发现，刘某套取公款就是骗取公款、是诈骗。赵某骗取补偿款就是诈骗的意思，完全可以表述为"套取补偿款"。例如：违规抢建房屋，"空挂户"造假，变更用地性质……在大规模农村土地征收拆迁过程中，一些基层领导干部、公职人员与拆迁户联手造假，非法套取国家巨额资金。辽宁省多家法院近日审理的沈阳拆迁腐败窝案、串案揭开了套取国家征地补偿款黑幕。近 3 年来沈阳已有逾百名公职人员、领导干部被司法机关追究刑责，涉及在征地拆迁过程中，国家征地补偿款 3 亿余元被非法套取。②再如，湖南省湘潭教育学院时任领导 5 名班子成员违反国家法律法规规定，通过各种手段套取公款，中饱私囊。李某等人采取虚开购书发票方式套取教材款归个人使用，采取虚列支出、虚开发票、口头变更书面合同约定等方式将公款占为己有，滥用职权审批同意以发放"助学金"名义套取公款发放招生费用。③

现代汉语中的"套取"，意思是"用不正当的手段取得"。④"套购"，意思是"用不正当的手段购买国家计划控制的商品并从中牟利"。⑤现行刑法的骗购外汇罪，在金融领域，一般表述为"套汇"。1979 年刑法没有专门外汇犯罪的罪名，把外汇犯罪，包括逃汇、套汇、骗购外汇等犯罪都列入走私或投机倒把罪中。1982 年《关于严惩严重破坏经济犯罪的规定》将逃汇与走私、投机倒把罪并列规定，首次提到了此项罪名。1988 年《关于惩治走私罪的补充规定》正式出现了逃汇、套汇罪。1997 年新刑法修订后只保留了逃汇罪罪名，而没有进一步将"套汇"规定为犯罪。直至 1998 年《关于惩治骗购外汇、逃汇和非法买卖外汇犯罪的决定》，对刑法进行了修改和补充，诞生了这个新罪名"骗购外汇罪"。

所以，对于"套取"等犯罪现象的刑法类型化的结果就是——贪污罪、诈骗罪、

---

① 套取公款骗取补偿款，我省两起腐败问题被中纪委通报。http://zj.ifeng.com/a/20170511/5648194_0.shtml
② 三亿征地补偿款如何被套取？http://news.sina.com.cn/o/2015-02-17/031931529093.shtml
③ 将"惯例"凌驾纪律之上，高校书记院长被断崖式降级。http://news.ifeng.com/a/20170611/51226935_0.shtml
④ 《现代汉语词典》，商务印书馆 2012 年版，第 1273 页。
⑤ 《现代汉语词典》，商务印书馆 2012 年版，第 1272 页。

盗窃罪。而使用"套取"一词，无疑会"节外生枝""混淆视听"——明明就是骗国家的钱为什么不直接说成骗取或者诈骗呢？

此外，诈骗、诓骗、诓财、挟诈得财、诓赚局骗、诳骗、招摇撞骗等不同时期的语词表述方式，形成一致的语义场，指向的都是诈骗罪。例如，《明史·刑法志》中的挟诈得财、诓赚局骗、诳骗、指名诓财、冒认①等词语，如今仍在使用。例如，澳洲三省现"祈福党"设局诓财警方吁华人防范。②伪造房产证诈骗亲友，男子诓财309万获刑13年。③再如，"女子以介绍对象为名诓财领刑八个月"的案例：

2009年7月，云南籍男子卫某与捌某谎称表兄妹，商议以结婚为名骗取钱财。8月15日，二人乘火车到达甘肃张掖并于次日到民乐县农民刘某家请求其为捌某介绍对象。为赚取介绍费，刘某通过他人将捌某介绍给了被害人王某。商量妥彩礼后，捌某住进了王某家。后王某付给卫某礼金2.4万元。9月11日晚，捌某乘机逃离王某家。案发后，卫某随即被抓获并依法判刑，而捌某在逃。2013年7月15日，捌某被抓获归案。2014年5月，民乐县法院以诈骗罪判处以介绍对象为名骗取他人彩礼的捌某有期徒刑八个月，并处罚金2500元。④

在刑法的招摇撞骗罪中，如果犯罪目的是财物，这样的招摇撞骗罪实际上是属于诈骗罪类型。所以，有必要把现行刑法的招摇撞骗罪一分为二，一类是侵犯财产法益的诈骗罪，一类是侵犯财产之外法益的犯罪。

现实的犯罪中，作局设局、碰瓷、设托、冒充，都是伪、诈犯罪进行"合作"产生的结构。电信诈骗中，假冒公安机关、国安机关、检察院、法院工作人员要求被害人转账，触犯的是冒充国家工作人员招摇撞骗，定的是诈骗罪。行为人伪造伤情，要求被害人赔偿的交通事故碰瓷，以及红酒诈骗犯罪，也都是同一犯罪结构。

---

① 王伟凯：《明史·刑法志考注》，天津古籍出版社2005年版，第44页。
② 澳洲三省现"祈福党"设局诓财警方吁华人防范。http://news.sohu.com/20121007/n354381533.shtml
③ 伪造房产证诈骗亲友，男子诓财309万获刑13年。http://gansu.gansudaily.com.cn/system/2015/10/29/015750187.shtml
④ 女子以介绍对象为名诓财领刑八个月。http://www.chinanews.com/fz/2014/05-06/6136881.shtml

二、语义场中关系密切词语构成的体系

在语言场域、语义场中寻求一个构成要件的真实含义,也属于体系解释方法。即将刑法文本语言形成的场域作为一个整体和一个体系,在整体和体系中接近、探求和找寻某个构成要件的真实含义。尤其是找寻和发掘语义场中与被解释项关系密切的词语和材料,通过这些关系密切的词语和材料,抵近构成要件的真实含义。

前已述及,对一个构成要件的解释,实际上是使用别的语言完成的,是依靠该构成要件之外的语料才能实现的,这实际上就是在一个巨大的语言体系里面,找寻和发现能够阐释被阐释项的语言外壳和语言材料。在生活语言中,这样的例证比比皆是。如母亲一词,词典义是有子女的女子。[①] 母亲一词的真实含义,离不开子女和女子两个词语。子女,词典义是儿子和女儿。[②] 母亲、子女、儿子、女儿,构成一个亲属语义场,能够互相解释对方。[③] 同样,刑法语言和法律语言也是如此。有时候,一个刑法构成要件的最佳注脚位于刑法文本或者刑法语言场域的别处,而不在此处。所以,以语言场域为整体,使用用语替代等方法进行的解释仍然属于体系解释的范围。或者,欲证明一个构成要件的真实含义,需要证明与其相关的或者关系密切的其他构成要件的含义,而这实际上也是对此构成要件的证明。如道路与交通工具,国家工作人员与从事公务[④],徇私舞弊与造假,抢劫罪、强奸罪与对人使用暴力[⑤],等等,它们是同一个语义场关系密切、同时出现、相互解释、不可分割的两个构成要件。这颇类似于古代汉语的互训方法。其逻辑就是:在道路上行驶的就是交通工具中的机动车(因为危险驾驶罪不涉及非机动车),交通工具中的机动车只能在道路上行驶。[⑥] 国

---

① 《现代汉语词典》,商务印书馆2012年版,第920页。
② 《现代汉语词典》,商务印书馆2012年版,第1723页。
③ 由于人工辅助生殖技术和代孕行为的出现,母亲一词的外延也在变迁之中,有生物学母亲、孕育母亲和抚养母亲等多个类型,相应地,儿子、女儿的外延也在变迁之中,如继子女、养子女。可以参看:上海法院审结全国首例代孕引发的监护权纠纷案及其判决书。
④ 国家工作人员之所以又被称为公务人员、公职人员,就是因为其从事公务。从语言一致性的要求来看,把刑法中的国家工作人员改为公务人员、公职人员更好。
⑤ 强制、强暴、暴力、抑制等词语形成语义场,这一语义场表明,暴力的本质是强制力、强力。黑格尔也认为,"人是可以被强制的,即他的身体和他的外在方面都可置于他人暴力之下"。参见[德]黑格尔:《法哲学原理》,范扬、张企泰译,商务印书馆1961年版,第96页。
⑥ 这当然指的是在第133条之一的语境下。

家工作人员的本质特征是从事公务，而从事公务的人（即便是无身份的临时工）应该被认定为国家工作人员，包括本来的国家工作人员和以国家工作人员论的，本来的国家工作人员是有身份的常时监临主守者，以国家工作人员论的是没有身份的临时监临主守者，[①] 等等。

（一）道路与交通工具

危险驾驶罪中的"道路"，是否包括地下停车场、酒店饭店门前停车位、乡村小道、小区等没有交警管理的特定空间问题。笔者以为，道路与行驶其上的车辆是密不可分的，道路上有车辆行驶，有驾驶人的驾驶；反之，驾驶人驾驶车辆也必然在道路上进行，驾驶车辆的平面就是道路，而不用理会是否存在交通标线，也不用理会是否有交警的管理，甚至也完全不用理会道路的简陋程度、破烂程度。有路就有车，有车就有路，这难道不是基本的常识吗？所以，即便行为人在地下停车场、小区、田野、晾晒场、车间空地等处所追逐竞驶，也应被解释为"在道路上追逐竞驶"。换言之，不在道路上追逐竞驶的行为是不存在的，追逐竞驶只能在道路上进行。立法语言使用"在道路上追逐竞驶"不是对于"追逐竞驶"的空间上的限定，而仅仅是语言习惯罢了。当然，这是指陆路交通、水路交通两种，并不适用于天空交通。也就是说，在江河水道追逐竞驶，理应被解释为"在道路上追逐竞驶"，是在水道之上实施的危险驾驶行为。笔者认为，"在道路上追逐竞驶"完全可以改为"追逐竞驶"，无需加上"在道路上"，这既能增大构成要件的涵摄范围，也精练了、抽象了刑法语言。

所以，"在道路上追逐竞驶"中的"在道路上"不是所谓的犯罪地点，行为人不可能不在道路上实施危险驾驶犯罪，行为人危险驾驶罪只能在道路上实施，相关语言之间构建起来的特定语言场域足以否定部分解释者天马行空般的随意想象和强行解释般的"惊人智慧"。

为了印证上述观点和直觉，翻开了词典：车辆，各种车的总称。[②] 车，有轮子的陆上运输工具。[③] 道路，地面上供人或车马通行的部分；两地之间的通道，

[①] 董康：《刑法比较学》，何勤华、魏琼：《董康法学文集》，中国政法大学出版社2005年版，第529页。
[②] 《现代汉语词典》，商务印书馆2012年版，第156页。
[③] 《现代汉语词典》，商务印书馆2012年版，第155页。

包括陆地的和水上的。① 机动车，利用机器开动的车。② 所以，"在道路上驾驶机动车"，就是"驾驶机动车"，"驾驶机动车"必须在道路上，在水面上驾驶的不是机动车，而是船只。

而且，词典的解释与法规范并无不合。《中华人民共和国道路交通安全法》第119条规定："道路"，是指公路、城市道路和虽在单位管辖范围但允许社会机动车通行的地方，包括广场、公共停车场等用于公众通行的场所。"车辆"，是指机动车和非机动车。"机动车"，是指以动力装置驱动或者牵引，上道路行驶的供人员乘用或者用于运送物品以及进行工程专项作业的轮式车辆。"非机动车"，是指以人力或者畜力驱动，上道路行驶的交通工具，以及虽有动力装置驱动但设计最高时速、空车质量、外形尺寸符合有关国家标准的残疾人机动轮椅车、电动自行车等交通工具。"交通事故"，是指车辆在道路上因过错或者意外造成的人身伤亡或者财产损失的事件。《道路交通安全法实施条例》第67条："在单位院内、居民居住区内，机动车应当低速行驶，避让行人；有限速标志的，按照限速标志行驶。"在这里行驶的机动车是不是在道路上行驶？难道不是在道路上行驶，而是在非道路上行驶？

而且，《现代汉语词典》的解释与我国其他法域的法规范也并无不合。我国台湾地区《道路交通管理处罚条例》第三条规定的道路是：指公路、街道、巷道、广场、骑楼③、走廊或其他供公众通行之地方。这些解释无疑使得道路的外延宽泛到了足以打击形形色色的道路危险驾驶行为。我们可以试想一下，如果两个毛头小伙子骑着摩托车在闽南地区有顶盖的人行道走廊上竞速飙车，当然应被处断为"在道路上驾驶机动车""追逐竞驶"。骑楼的公共走廊当然是一种特殊的"道路"。

从刑法语言学角度来考察，这属于同义反复的立法语言。从解释学角度来

---

① 《现代汉语词典》，商务印书馆2012年版，第269页。按：虽然有"水道"等词语，"道路"的词典义中也有义项指称水上的通道，但是，道交法等体系中的道路指的是地面上的通行场所，是狭义的道路。在选择义项的时候，刑法解释者应该选择"道路"词典义的前一个义项，即地面上供人或车马通行的部分。至于水道安全，实际上是通过《内河交通安全管理条例》《中华人民共和国海上交通安全法》等进行管理的。国务院交通主管部门主管全国内河交通安全管理工作，国家海事管理机构在国务院交通主管部门的领导下，负责全国内河交通安全监督管理工作。港务监督机构是海上交通安全的主管机关。
② 《现代汉语词典》，商务印书馆2012年版，第596页。
③ "骑楼"是"舶来品"。18世纪后半期，英国人进入南亚，首先在印度，然后在新加坡开埠，英国人不适应当地炎热的气候，建筑设计时就规定所有建筑物前，都必须有一道宽约5英尺、有顶盖的人行道走廊，以营造相对凉爽的环境。这种连续廊柱形成的走廊，在新加坡称为"店铺公共走廊"，或叫"五脚气""五脚基"。进入我国南方后，被称为"骑楼"，分为闽南地区的闽派骑楼和广东粤派骑楼。

考察，这属于在语义场中的解释循环，即语义场中的材料就那么多，一般不可能使用语义场之外的材料对构成要件进行解释。

在危险驾驶罪中，驾驶、行驶、运输、驾驶的驶等动词性语言，实际是同义反复。即使是作为状语的"在道路上"，在道路上驾驶就等于驾驶，因为根本不存在"不在道路上驾驶"的驾驶。立法者"在道路上驾驶"，不是对于驾驶的限制，而是同义反复。因此，在停车场、封闭小区、农村道路、酒店门前、车库车位等处所的驾驶，应该解释为"在道路上驾驶"。质言之，任何驾驶行为都是"在道路上驾驶"，无需对于"道路"这个构成要件进行解释。同理，运输、行驶等都是在道路上才能发生的行为。在天上驾驶航空器、在铁道上驾驶列车、在城市轨道驾驶列车均不属于"在道路上驾驶"。

另外，人的驾驶行为与车辆的行驶也是一体的，出现驾驶，当然就会出现车辆的行驶，反之亦然。所以，道路、驾驶的人、行驶的车辆（交通工具）是融合为一体的三个构成要件，不可能分离。例如，行为人驾驶报废车行驶，其行驶的地点就一定是"道路"。再如，无证驾驶者在村道上开车，其行为一定是"驾驶行为"。再如，行为人的某个机器在路上靠动力进行移动，这个能移动的机器一定是"车辆（交通工具）"，至于这个机器有无上路资格、有无行驶资格，则是另外一回事，例如驾驶无牌照的铲车到工地去，行为人即便有驾驶资格，其行为也属于违章行为，属于"在道路上驾驶机动车"。

前已述及，构成要件"道路"究竟是什么？究竟有多大的外延？部门法中的"道路"距离生活中的"道路"真的有天渊之别吗？笔者以为，道路的词典义和法规范的意义是完全一致的，外延也是一样大的，仅仅是定义方式具备各自领域的特点罢了。

（二）武器、枪支和弹药

武器弹药、枪支弹药、公务用枪、爆炸物等构成要件，还可以从语言场域角度进行解释，这会很好解决争议案件中的枪支和弹药的认定问题，例如重庆戴永光案、天津赵春华案等。

我国并未像俄罗斯那样制定一部《武器法》。我国虽然有《中华人民共和国枪支管理法》，但是其中并未解释"武器""武器装备"，所以，什么是武器，什么不是武器，表面上似乎是个简单的问题，其实不然。随着社会的发展和武器装备的快速更新换代，随着未来战争的升级，武器的内涵与外延都在迅速改变。

刑法中的"武器""武器装备"等构成要件是以社会生活为基础的，在进行刑法解释的时候必须紧密结合社会生活的实际状况和普通公民的法感觉，绝不能先入为主，也绝不能仅仅根据解释者个体的知识背景和教育经历等进行解释。

一般来说，"武器"并不能等价于"枪支"。在不同外延情形下，二者可能是交叉关系，也可能是属种关系。《唐律》"私有禁兵器"中的"兵器"指的是甲、弩、矛、矟、具装，不包括封建王朝允许私人可以拥有的弓、箭、刀、盾、短矛。刘俊文先生认为，甲、弩、矛、矟是"重型武器"，具装（包括旌旗、幡帜、仪仗）是"重要军事装备"，弓、箭、刀、盾、短矛是"轻型武器"。[①]而按照今天的标准和笔者的观念，具装（包括旌旗、幡帜、仪仗）是"军用物资"，不是"军事装备"。而甲、弩、矛、矟、弓、箭、刀、盾、短矛，则都是兵器、武器、武器装备。

武器与枪支。"武器"并不能等价于"枪支"，原因在于有的"枪支"由于其唯一用途或者主要用途并非是杀伤有生力量，不能解释为"武器"。所以，笔者认为，对于"枪支"也应该进行限制解释，把使用高压气体作动力的枪支（气枪、玩具枪、仿真枪等）排除出去。"武器"与"枪支"属于交叉关系，有的武器是枪支，有的枪支是武器，但是有的枪支就不是武器，是不是武器还得符合武器的概念——唯一用途或者主要用途是杀伤有生力量的才是武器。这样，应该把使用高压气体作动力的枪支从武器之中排除出去，进一步，应该把铅弹、钢珠等没有使用火药的子弹从"弹药"之中排除出去。当枪支、弹药连用的时候，应该注意区分，哪些枪支、弹药是武器类的（火器或者热兵器），哪些枪支、弹药是非武器类的（非火器或者冷兵器）。毕竟"弹药"一词的使用日益泛化，比如有"生物弹药""核弹药"等用语，都不是很精确的术语，笔者认为，只有"药"——黑火药、炸药等化学物质制造出来的才是真正意义上的"弹药"。至于气枪、麻醉枪等射击出来的物质，因为根本没有"药"，所以只能叫作"弹"。

公务用枪。枪支分为公务用枪和私人用枪。或者分为以高压气体作动力的枪支和以火药作动力的枪支。射击比赛的枪支有两种，既有以高压气体作动力的枪支，如气步枪、气手枪。也有以火药作动力的枪支，如射击飞碟所用的双管猎枪。以高压气体作动力的枪支，其使用的子弹不能被称为"弹药"。而以火

---

① 刘俊文：《唐律疏议笺解》，中华书局1996年版，第1220页。

药作动力的枪支，其使用的子弹就是典型的"弹药"。公务用枪既有以高压气体作动力的枪支，也有以火药作动力的枪支。例如，狩猎场、野生动物保护等单位配置猎枪、麻醉枪须经枪支管理部门（公安机关）审批，麻醉枪原理与气枪一样，都是利用高压气体作动力将麻醉药和针头射出，射程不远。有学者认为，配备指的就是公务用枪，配置指的就是非公务用枪，那么，公务用枪基本就只限于以火药作动力的枪支了，这恐怕与实际不符。

弹药。弹药是含有火药、炸药或其他装填物，爆炸后能对目标起毁伤作用或完成其他战术任务的军械物品。它包括枪弹、炮弹、手榴弹、枪榴弹、航空炸弹、火箭弹、导弹、鱼雷、水雷、地雷、爆破筒、爆破药包等，以及用于非军事目的的礼炮弹、警用弹和狩猎、射击运动的用弹。弹药是武器系统中的核心部分，是借助武器或其他运载工具发射或运送至目标区域，完成既定战斗任务的最终手段。弹药的词典义：枪弹、炮弹、手榴弹、炸弹、地雷等具有杀伤能力或其他特殊作用的爆炸物的总称。[①] 两种解释的共同点，都认定弹药是爆炸物。武器与弹药不可分割，是一个整体。

弹药与子弹有区别，弹药是上位概念，枪弹、炮弹、手榴弹、炸弹等则是其下位概念，子弹指的是枪弹。虽然弹药的本质就是爆炸物，但是刑法中的爆炸物，实际上是与弹药存在交叉关系的概念。根据形式逻辑，刑法中的爆炸物，可以分为民用爆炸物和军用爆炸物，而军用爆炸物，又可以分为具有杀伤能力的军用爆炸物和其他特殊作用的军用爆炸物（如信号弹），具有杀伤能力的军用爆炸物又可以分为利用武器等发射的具有杀伤能力的军用爆炸物（如飞弹、枪弹等）和不利用武器等发射的具有杀伤能力的军用爆炸物（如手榴弹、地雷等）。

民用爆炸物，或者称为民用爆炸物品，在 2006 年起施行的《民用爆炸物品安全管理条例》第二条规定："本条例所称民用爆炸物品，是指用于非军事目的、列入民用爆炸物品品名表的各类火药、炸药及其制品和雷管、导火索等点火、起爆器材。"2006 年起施行的《烟花爆竹安全管理条例》第二条："本条例所称烟花爆竹，是指烟花爆竹制品和用于生产烟花爆竹的民用黑火药、烟火药、引火线等物品。运输烟花爆竹应该办理《烟花爆竹道路运输许可证》。"可见，民用爆炸物品与烟花爆竹有交叉部分。

[①]《现代汉语词典》，商务印书馆 2012 年版，第 258 页。

需要指出的是，武器与弹药不可分割，所以，解释为弹药的气枪铅弹必须是能用在武器上的，而事实上，气枪铅弹是不能用在武器上的，这就意味着，气枪铅弹不应被解释为弹药。最高人民法院于2000年出台的《关于审理走私刑事案件具体应用法律若干问题的解释》（以下称《走私解释（一）》），将弹药分为军用子弹和非军用子弹两类。走私军用子弹100发以上、非军用子弹1000发以上即可认定"情节特别严重"。这一解释显然不符合形式逻辑：弹药分为军用子弹和非军用子弹？弹药只能分为军用弹药和非军用弹药才对。这里明显把弹药偷换为子弹了。子弹未必是爆炸物，而弹药必须是爆炸物，决不能偷换概念。

最高人民法院于2009年出台的《关于审理非法制造、买卖、运输枪支、弹药、爆炸物等刑事案件具体应用法律若干问题的解释》（以下简称《枪弹解释》）明确将气枪铅弹作为非军用子弹的一种作出了列举式规定。这是符合形式逻辑的。但是，气枪铅弹是非军用子弹，却不等于气枪铅弹是非军用弹药。最高人民法院、最高人民检察院于2014年出台的《关于办理走私刑事案件适用法律若干问题的解释》（以下简称《走私解释》）第一条取消了军用枪支和非军用枪支的区分，因此《走私解释》对弹药也未区分军用弹药和非军用弹药。有意思的是，《走私解释》第一条中解释弹药的时候，偏偏回避了弹药、药，而是用了枪弹、子弹、铅弹等词语：走私武器、弹药，具有下列情形之一的，可以认定为《刑法》第151条第一款规定的"情节较轻"：走私以压缩气体等非火药为动力发射枪弹的枪支二支以上不满五支的；走私气枪铅弹五百发以上不满二千五百发，或者其他子弹十发以上不满五十发的……

枪支未必使用弹药，但是枪支必须使用弹丸或者子弹。子弹不是弹药，子弹不等于弹药。弹药也并非弹丸和药（火药）的合称，并非弹与药的合称。所以，对于戴某走私弹药、非法持有枪支案，有观点认为：气枪铅弹属于走私弹药罪（非法买卖弹药罪）中的"弹药"，但行为人出于兴趣爱好走私或者非法持有的，量刑时应当有别于一般非军用子弹。[①] 这一裁判是不妥的，它混淆了子弹和弹药。气枪子弹包括气枪铅弹、气枪塑料弹、气枪钢弹等，这都是没有"药"的，有的也没有装填物，是直接做成弹丸发射的，例如天津大妈赵某一案中的那种气枪塑料弹。

[①] 最高人民法院刑事审判第一、二、三、四、五庭主办：《刑事审判参考》2014年第1集，法律出版社2014年版，指导案例第940号。

重庆市第一中级人民法院一审认为，被告人戴某通过海外代购的方式，使用虚假的收货人身份证明，告知代买人在报关时使用虚假的商品信息以逃避海关监管等行为，从境外网站购买气枪子弹1625发，其行为构成走私弹药罪，但情节较轻；戴某非法持有以压缩气体为动力的非军用枪支2支，其行为又构成非法持有枪支罪。所犯数罪，依法应予并罚。一审宣判后，被告人戴某上诉提出：原判认定其从境外代购气枪铅弹的事实不清；涉案气枪铅弹并非走私弹药罪中规定的弹药；其购买铅弹系出于个人爱好，社会危害性小，没有造成危害后果；原判量刑过重。重庆市高级人民法院经审理认为，原判认定的事实清楚，适用法律准确。对上诉人戴某购买气枪铅弹系出于个人爱好，行为社会危害性小，没有造成危害后果等情节，原判已予考虑，量刑并无不当。故裁定驳回上诉，维持原判。①

军械用品、战斗任务等语词，足以表明，弹药必须是依附于军火、武器的。否则只能叫弹丸、子弹，而不能叫作弹药。第151条中，走私武器、弹药，武器和弹药连用是准确的，武器和子弹从未同时出现。那么，第125条中，枪支和弹药连用，就值得反思和质疑了：这里的枪支是仅仅指使用弹药的枪支，还是使用子弹、弹丸的枪支。

对于天津赵某案，学者们从各个角度进行解释，得出的结论大致是一样的。例如，在刘艳红看来，"摆摊打气球案"中将气枪认定为"非法持有枪支罪"中的枪支并进而定罪的做法，违背了实质刑法观一贯所主张的"入罪合法，出罪合理"的基本立场。此案在定性上既没有做到入罪的合法，也没有做到出罪的合理，因而是一起错误的判决。② 在江溯看来，一般认为，采用社会一般人标准作为"外行人领域的平行评价"更具有合理性。按照社会一般人的理解，其所持有的枪形物会不会被认为是法律明文禁止的"枪支"呢？回答显然是否定的。第一，根据社会一般常识，中国是一个禁止私人携带枪支的国家，而玩具枪射击类游戏摊位在中国长期存在，是一种司空见惯、全民参与的娱乐活动。赵某对其所持有的枪形物的理解与我们一般老百姓的理解完全一致，而这种理解与法律意义上作为非法持有枪支罪之规范性构成要件要素的"枪支"的含义之间

---

① 最高人民法院刑事审判第一、二、三、四、五庭主办：《刑事审判参考》2014年第1集，法律出版社2014年版，指导案例第940号。
② 刘艳红：《"司法无良知"抑或"刑法无底线"？——以"摆摊打气球案"入刑为视角的分析》，《东南大学学报》2017年第1期。

存在明显区别，因而不能认定赵某对该规范性构成要件要素存在明知。第二，按照社会一般观念，只要不是从事非法交易，以合理价格转手摊位是再正常不过的事情，人们也不会认为射击摊位转手是在买卖枪支。赵某对于所转让的枪形物的理解与社会一般观念完全一致，而这种理解与法律意义上的"枪支"含义显然不同，因此也不能认定其具有明知。第三，根据赵某的供述，从来没有执法部门告知其这种枪形物是"枪支"，也没有任何过往群众提醒她摆设射击游戏摊位是持有"枪支"的行为。[①]

（三）徇私舞弊与造假

徇私舞弊与造假也是不能割裂的，这从舞弊、造假的文字形式就能够大概知道。舞弊，词典义是用欺骗的方式做违法乱纪的事情。[②]造假的词典义是制造假冒伪劣产品。[③]由于刑法中的造假，已经不限于指称产品的造假，还包括非常广泛的外延，例如证件的造假，学历学位的造假，身份的造假，等等，因此，徇私舞弊与造假就具有了不可割裂的内在一致性。

"徇私舞弊"是一个跨法条的上位构成要件，统领着诸多具体罪名中的各种徇私舞弊行为。在破坏社会主义市场经济秩序罪一章、危害国防利益罪一章、渎职罪一章中都出现了"徇私舞弊"，涉及的罪名较多，应该深入研究。除了按照现行刑法的分类，其余的分类大致有：财产上的徇私舞弊，非财产上的徇私舞弊；职务上的徇私舞弊，非职务上的徇私舞弊，等等。

渎职罪一章中的徇私舞弊。在渎职罪一章的各个法条中，"徇私舞弊"的内涵、外延都是不相同的。这是一个典型的以相同用语来表述不同事物的跨法条的构成要件。在如此多的法条中出现"徇私舞弊"这么一个相同的构成要件，的确是刑事立法史上的奇观。1997年刑法制定时，"宜细不宜粗"的指导思想，导致了这个奇观的出现。问题的实质是：既然每个罪名中"徇私舞弊"的内容都不一致，以"徇私舞弊"这个构成要件来作为每个罪名中都有的构成要件，这样的"细"不仅毫无意义，也导致每个罪名的构成要件并未实现罪刑法定原则所要求的明确性，或者说，如此细的每一个渎职罪的罪名其实都不具备明确性。

[①] 江溯：《规范性构成要件要素——以赵春华非法持有枪支案为例》，《华东政法大学学报》2017年第6期。
[②]《现代汉语词典》，商务印书馆2012年版，第1383页。
[③]《现代汉语词典》，商务印书馆2012年版，第1625页。

以《刑法》第 412 条商检徇私舞弊罪、商检失职罪为例：国家商检部门、商检机构的工作人员徇私舞弊，伪造检验结果的，处五年以下有期徒刑或者拘役；造成严重后果的，处五年以上十年以下有期徒刑。前款所列人员严重不负责任，对应当检验的物品不检验，或者延误检验出证、错误出证，致使国家利益遭受重大损失的，处三年以下有期徒刑或者拘役。

"国家商检部门、商检机构的工作人员徇私舞弊，伪造检验结果"其实只是国家商检部门、商检机构的工作人员徇私舞弊行为中的一种而已。从本条两款关系看，本款罪名是故意犯罪，故意徇私舞弊实施的行为难以尽述。"徇私"一般是指的犯罪动机，是由于这一动机实施的"伪造检验结果"这一行为。"舞弊"指的是"用欺骗的方式做违法乱纪的事情"。结合本罪，指的是造假行为也就是"伪造检验结果"。至于是否要求利用职务便利，法条并未言明。所以，本罪的"国家商检部门、商检机构的工作人员徇私舞弊，伪造检验结果"的构成要件应该重新表述为——"国家商检部门、商检机构的工作人员伪造检验结果"。"徇私舞弊"这个所谓的构成要件是没有必要存在于法条中的。也根本不存在所谓"徇公"的"伪造检验结果"的行为，也根本不存在所谓"没有舞弊"的"伪造检验结果"的行为。既然如此，本罪的"徇私舞弊"仅仅是一种语意的重复和立法者的重申，完全可以删除。进一步地，由于本罪的主体包括两大类——国家商检部门的工作人员和商检机构的工作人员，前者是国家工作人员，后者就未必是国家工作人员，如果是中介性质的商检组织、商检机构工作人员实施了伪造检验结果的行为，理应构成第 229 条提供虚假证明文件罪（也就是一种无形伪造文书的犯罪）。目前，国家质量监督检验检疫总局下设检验监管司、卫生检疫监管司和动植物检疫监管司三个部门，其中，检验监管司的主要职能是：拟订进出口商品检验和监督管理的工作制度并组织实施；对进出口商品质量安全风险进行分析评估；承担国家实行许可制度的进出口商品验证工作；组织协调出入境集装箱检验检疫工作；监督管理法定检验商品的数量、重量鉴定；监督管理从事进出口商品检验鉴定业务检验机构的资质资格。[①] 而检验监管司下设处室包括：综合业务处、机电产品检验监管处、资源与化学品检验监管处、消费品安全检验监管处、检验鉴定机构及业务管理处、检验监管调查处。[②] 检验监管司直属的出

---

①② 国家质量监督检验检疫总局检验监管司。

入境检验检疫局有35个之多。"从事进出口商品检验鉴定业务检验机构",既包括公共性质的检验机构,也包括独立的市场经济经营主体,例如2016年国家质检总局第123号公告:"根据《中华人民共和国进出口商品检验法》及其实施条例和《进出口商品检验鉴定机构管理办法》的规定,经质检总局和有关直属检验检疫局审核,批准中国出口商品包装研究所等49家机构从事进出口商品检验鉴定业务,批准上海古岛时装有限公司等8家机构注销进出口商品检验鉴定业务许可。"[①] 其中,大连诚泽检测有限公司、江苏出入境检验检疫局纺织工业产品检测中心等是49家机构之列,而上海古岛时装有限公司、南通南野服装整理有限公司等是8家机构之列。可见,"国家商检部门、商检机构的工作人员徇私舞弊,伪造检验结果"的犯罪主体的范围的确定,必须结合本章(渎职罪)犯罪主体的特点进行严格界定,笔者认为,凡是非国家工作人员实施的商检"伪造检验结果"的行为,不能根据本法条进行处断。

当然,对"国家商检部门、商检机构的工作人员"的解读包括两种,一种是国家商检部门的工作人员、商检机构的工作人员,一种是国家商检部门的工作人员、国家商检机构的工作人员。如果仅仅解读为后者,把主体限定为国家商检机构的工作人员,笔者前面的担心就是多余的了。

再以《刑法》第413条动植物检疫徇私舞弊罪、动植物检疫失职罪为例:动植物检疫机关的检疫人员徇私舞弊,伪造检疫结果的,处五年以下有期徒刑或者拘役;造成严重后果的,处五年以上十年以下有期徒刑。前款所列人员严重不负责任,对应当检疫的检疫物不检疫,或者延误检疫出证、错误出证,致使国家利益遭受重大损失的,处三年以下有期徒刑或者拘役。

需要注意的是,渎职罪一章中的"徇私舞弊"和其他章中的"徇私舞弊"的关系。由于在经济犯罪一章、危害国防利益罪一章、渎职罪一章中都出现了"徇私舞弊",理应进行一样的解释,必须把徇私舞弊行为与行为人的职务相结合,来确定刑法规范打击的范围,而不能任意夸大打击范围。

例如,危害国防利益罪一章中的接送不合格兵员罪是:"在征兵工作中徇私舞弊,接送不合格兵员,情节严重的……"而渎职罪一章中的招收公务员、学生徇私舞弊罪是:"国家机关工作人员在招收公务员、学生工作中徇私舞弊,情

---

① 国家质量监督检验检疫总局检验监管司。

节严重的……"不仅二罪名的表述几乎一样，而且都使用了"徇私舞弊"，所以，理应进行一样的解释，也就是，危害国防利益罪一章中的接送不合格兵员罪的主体也是负有征兵职责的特定主体，而不能是包括体检医生、家长、兵员本人、学校老师等并不具有特定职责的人。是"在征兵工作中"而不是"在征兵过程中"，既然是"在征兵工作中"，表明行为人的职务范围是征兵，或者其工作就是征兵，这势必就有效地限定了本罪的成立范围。所以，一个公安局长不能构成接送不合格兵员罪，案例如下：云南省文山县公安局原局长李某因为徇私情，指示下属派出所所长、副所长违反事实开具陈某的政审合格证明，导致有犯罪事实的陈某入伍，后被退回，李某被判接送不合格兵员罪。[①] 而事实上，李某并没有接送兵员的职务、职权和职责，他渎的职，只是公安局长的职，这个职与接送兵员本身毫无关系。李某既没有接兵员，也没有送兵员。与接送兵员有联系的，是送兵的人武部、征兵办和接兵的军队等。所以，本案的判决存在瑕疵。笔者认为，本案只能定性为接送不合格兵员罪的间接正犯的共同犯罪，或者处断为伪造文书罪的共同犯罪，李某、下属的派出所所长、副所长共同构成犯罪。如果是医院等单位的国家工作人员（院长等）在征兵工作中故意出具虚假体检报告，也不能处断为接送不合格兵员罪，这样会不恰当地扩大本罪的犯罪主体。接送不合格兵员罪的渎职人员的范围应该加以限定。

危害国防利益罪一章中的接送不合格兵员罪，其实应该放在渎职罪一章中。但是，由于征兵工作涉及军、地两方面，一方是接兵、一方是送兵，犯罪行为涉及军地两方的渎职，这与现行刑法渎职罪并不涉及军人犯罪主体、仅限于地方犯罪主体的性质有悖。所以，笔者认为，在征兵工作中，军队犯罪主体的渎职属于军人违反职责罪，地方犯罪主体的渎职属于渎职罪，他们的渎职行为都危害了国防利益。进一步地，军人违反职责罪的所有罪名其实都是危害国防利益的行为。军人违反职责罪、危害国防利益罪的法益存在明显的交叉关系。

还需要注意的是，渎职罪一章中的"徇私舞弊"与"徇私枉法""徇情枉法"的关系。笔者认为，三者是等价关系、同一关系，只是用词略有不同罢了。所以，徇私枉法罪，民事、行政枉法裁判罪，也是徇私舞弊的犯罪行为，都具备徇私舞弊这一构成要件。用于替代的话，所谓的徇私枉法罪，就是司法工作人员的

[①] 《刑事审判参考》2003年第2辑，法律出版社2003年版，第65页。

徇私舞弊罪。同样，第 307 条之一第四款规定的司法工作人员利用职权与他人共犯虚假诉讼行为的，也具有徇私舞弊性质。

徇私与舞弊的关系问题，学界见解纷纭。较为精当的一种解释是张明楷教授作出的，他认为徇私是犯罪动机，而舞弊分为两种，一种是渎职行为的同位语（当分则条文规定了渎职行为的具体内容），一种是具有特定含义的具体渎职行为（分则条文没有规定具体的渎职行为）。① 笔者认为，"徇私"既然是犯罪动机，而众所周知，在刑法学领域，犯罪动机是成立任何罪名都不要求的一种要素或者事实，那么，"徇私"就已然不具有刑法学的意义，不具有构成要件的意义，在刑法学上，讨论或者规定"徇私"其实是没有意义和价值的，解释"徇私"的结果必然是解构它的地位。换句话说，刑法典不规定"徇私"也是完全可以的。渎职罪一章的 12 个条文使用的"徇私舞弊"，其实就是"舞弊"。因为徇公、出于公心而舞弊，根本不是这些条文所涉及、规制的行为。凡是舞弊行为，必然同时徇私。正因如此，有学者认为，徇私舞弊作为一个术语使用，多多少少出于习惯用法与语感要求。②

第一，既然是习惯用法与语感要求，"徇私舞弊"就不是刑法的构成要件。国家工作人员的"舞弊"，就是各种形式的造假，就是各种形式的背职，就是各种形式的玩弄权力，这是历代吏治皆有的，也是历代统治者一直规制、打击与防范的。从现行刑法上溯至不同时期的封建刑法，或者视野扩展到不同法域的刑事立法，都可见到大致相同的"舞弊"。这是"舞弊"犯罪类型化的历史基础和跨民族跨文化的基础。从这个意义上说，现行刑法的渎职罪名，并不是新鲜的罪名，而是历史传承下来的基本犯罪类型。

第二，"徇私舞弊"之所以是"私"，原因在于犯罪主体的特殊身份是国家工作人员，正是因为国家工作人员、公职人员才使用"徇私舞弊"这一表述，这是历史延续下来的犯罪类型以及与其配套的描述用语。假如不是犯罪主体的这个特殊身份，一般不会使用"徇私舞弊"的。前述所谓的"习惯用法与语感要求"，这是基于此。当然，不顾这一习惯用法与语感要求，也完全是可以的，那就需要立法者另起炉灶，换一套表述方式，以创造出新的语言和新的类型。徇私舞弊，之所以表述为"私"，表明是只有公职人员才能触犯的罪名，这是理

---

① 张明楷：《刑法学》，法律出版社 2011 年版，第 1089 页。
② 张明楷：《刑法学》，法律出版社 2011 年版，第 1091 页。

解徇私舞弊的第一关键点。也就是说，徇私舞弊的各个罪名的犯罪主体，必须是公职人员、军人。涉及的章节是渎职罪、军人违反职责罪，以及经济犯罪一章中的若干罪名（徇私舞弊低价折股、低价出售国有资产罪等）。

第三，不同章节出现的"徇私舞弊"，如果从侵害法益而言，其言说角度的确是有差异。但不把法益作为构成要件的话，从犯罪类型、行为类型而言，不同章节出现的"徇私舞弊"具有内在的一致性，即都是各种各样的造假行为。

第四，为亲友非法牟利罪、非法经营同类营业罪等，与徇私舞弊低价折股低价出售国有资产罪，既是背信罪，也是职务犯罪，所以可以合称为职务上的背信罪。尤其是与"明显低于市场价格""低价折股低价出售"结合起来看，是典型的利益输送行为，侵害的是国有资产，自然是财产犯罪，所以解释为背信罪（财产犯罪）更合适。

第五，2018 年华南理工大学计算机学院在研究生招生时，领导集体篡改复试成绩案，性质严重，情节恶劣，影响极坏，理应构成第 418 条招收学生徇私舞弊罪。现在的行政处理方式是错误的。

（四）违反规定、违背规定、严重不负责任、失职

刑法典中多次出现的违反国家规定、违反安全管理规定、不符合国家规定、违反管理规定、违反管理法规、违章、违反规章制度等用语之间的异同。这些不同的语言，当然应该是作为一个体系、一个整体来看待，是一个共时的语言场域体系，需要互相观照，才能解释清楚。

一般的责任事故类犯罪，使用的是"违反规定"。但是也有例外使用"违背规定"的，例如第 334 条中的"不依照规定进行检测或者违背其他操作规定"。笔者认为，"违反规定"与"违背规定"是完全一样的，都是行为人客观上的违规事实。但是主观上既有疏忽大意的过失，也有过于自信的过失，也就是说，主观上行为人可能认识到了自己的违规事实，也可能没有认识到自己的违规事实，这需要根据不同案情事实来进行具体的判断。

而"严重不负责任"，在刑法典中出现频次很高，包括：医疗事故罪，失职造成珍贵文物损毁、流失罪，商检失职罪，动植物检疫失职罪，传染病防治失职罪，环境监管失职罪，国家机关工作人员签订、履行合同失职被骗罪，签订、履行合同失职被骗罪，失职致使在押人员脱逃罪，执行判决、裁定失职罪，出具证明文件重大失实罪，等等。很明显，在这些罪名之中，最高法院的确定罪

名采取了不同的罪名表述方式，例如医疗事故罪没有使用"失职"，笔者认为可以考虑重新表述成"医疗失职罪"。出具证明文件重大失实罪也没有使用"失职"，笔者认为可以考虑重新表述成"出具证明文件失职罪"。"严重不负责任"与"失职"是不能割裂的，是同一个语言场域、同一个语义场下紧密联系、同时出现、不可分割的两个构成要件。

"严重不负责任"强调的是行为人主观上的可谴责性，但是客观上的表现仍然是"违反规定"与"违背规定"。也可以说，正是由于行为人履行岗位职责（包括职务的和业务的职责）时的"违反规定"与"违背规定"（都可称为"违章"），才能确认其是"失职"（古代刑法有时称为"旷废职务""废职"），也才可见出其主观方面的"严重不负责任"，所以，"失职""严重不负责任""违反规定"或"违背规定"具有刑法意义上的等价性。

至于"违反规定"与"违反国家规定"是不是具有等价性的问题，已经有学者进行了比较深入的研究。① 笔者初步认为，单纯考察"违反规定"与"违反国家规定"文字上的差异是远远不够的，在有的场合中，"违反规定"与"违反国家规定"是具有等价性的；而在有的场合中，"违反规定"与"违反国家规定"理应严格区分。应该结合具体罪名和具体案件来确定，恐怕不能一概而论。就像刑法中的国家考试是不是国家级考试一样，"违反规定"与"违反国家规定"是不是一个意思，需要具体问题具体分析。

严重不负责任与失职。失职的词典义是"没有尽到职责"②，"严重不负责任"当然是"对职责严重不负责任"，严重不负责任与失职，二者没有任何实质上的差别，仅仅是表述形式的差异。失职的"失"，义项选择应该是违背；背弃。③而与此紧密联系的是渎职，词典义是不尽职，在执行任务时犯严重过失。④ 所以，失职就是本来意义的渎职。而现行刑法中的渎职罪一章，含有大量的故意犯罪，如徇私枉法罪、违法提供出口退税凭证罪等，已经偏离了渎职的真实含义，是不妥当的编排方式。刑法学界多数教材中，对此也往往没有交代和解释，令人

---

① 李莹：《法定犯研究》，法律出版社 2015 年版，第 122 页。
② 《现代汉语词典》，商务印书馆 2012 年版，第 1171 页。
③ 《现代汉语词典》，商务印书馆 2012 年版，第 1169 页。
④ 《现代汉语词典》，商务印书馆 2012 年版，第 321 页。

遗憾。① 有的教材虽然把渎职罪一章进行了分类，分为滥用职权犯罪、玩忽职守犯罪和徇私舞弊犯罪，但是显然对于三者的关系没有深刻的理解，如把违法发放林木采伐许可证罪归入滥用职权犯罪，同时又把违法提供出口退税凭证罪归入徇私舞弊犯罪。② 实际上，这两个罪名本质上都属于故意背其职务的犯罪，不是真正的渎职罪。渎职的"渎"，意思是轻慢、不敬③，这与玩忽职守的意思完全一致——玩忽职守就是不严肃认真地对待职务、职责④。所以，玩忽职守是所有严重不负责任的渎职犯罪的题中应有之义和本质特征。

第三节 言内语境与刑法语篇词汇体系

一、言内语境的含义

有学者认为，刑法总则与刑法分则构成的体系，是刑法的内部体系，需要达到体系协调的效果。⑤ 也有学者认为，这属于刑法的言内语境，并进一步把言内语境分为言语近境和言语远境。而言语远境指的是其他部门法文本。⑥ 显然，该论者曾经认为刑法文本所表现出来的语境是言内语境，后来把外延扩张，言内语境的外延扩张到整个法律文本了。不仅如此，该学者同时又把语篇定位为刑法文本，刑法文本内部被称为语篇内。⑦ 这似乎是前后矛盾的表述：语篇内到底是不是言内语境的言内，这一分类实际上并无太大的必要。该论者现在所坚持的是广义的言内语境，而之前所主张的是狭义的言内语境罢了。无论如何，

---

① 周光权：《刑法各论》，中国人民大学出版社2016年版，第494页。谢望原、赫兴旺：《刑法分论》，中国人民大学出版社2016年版，第511页。
② 周光权：《刑法各论》，中国人民大学出版社2016年版，第494页。
③ 《现代汉语词典》，商务印书馆2012年版，第321页。
④ 《现代汉语词典》，商务印书馆2012年版，第1339页。
⑤ 王海桥：《经济刑法解释原理的建构及其适用》，中国政法大学出版社2015年版，第179页。
⑥ 王政勋：《刑法解释的语言论研究》，商务印书馆2016年版，第311页。
⑦ 王政勋：《刑法解释的语言论研究》，商务印书馆2016年版，内容简介。

整个刑法文本是一个内部体系，是言内语境，也是语篇（刑法用语的篇章、刑法语言的篇章），这一点应该是可以达成共识的。

现在的问题在于，刑法语篇的内部体系、内部词汇体系到底该如何协调？是不是广泛存在不协调的瑕疵？例如，第17条的贩卖毒品与第347条的国际贩毒活动如何协调，第17条的投毒与第114条、第115条的投放毒害性物质如何协调，第20条的行凶与第247条的刑讯逼供、暴力取证如何协调，等等。主要问题就是，刑法总则中的分则性概念与刑法分则中的概念的协调问题，以及刑法总则中的分则性概念与刑法分则中拟制的犯罪的协调问题。而究其实质，仍然是一个特定刑法概念的广义、狭义的差距，本来意义与拟制意义的差距，上位意义与下位意义的差距，等等。

二、刑法语篇的副词体系

副词构成的体系，包括刑法总则与刑法分则中的副词。这里，我们以"明显"为例，尝试着来挖掘"明显"的真实含义。刑法总则中的正当防卫部分，使用了明显超过必要限度这一用语。刑法分则中，则有明显高于市场价格、低价、明显低于市场的价格、明显不公平的条件等语言，下面来考察总则与分则中的"明显"构成了一个什么样的整体和体系，该如何运用体系解释来解释"明显"。

"明显"，词典义为清楚地显露出来,容易让人看出或感觉到。[①]在刑法文本中，"明显"是作为副词来使用的。类似的副词还有：第13条中的但是情节显著轻微危害不大，副词是显著和不大。第48条中的死刑只适用于罪行极其严重的犯罪分子，副词是极其。第296条中的严重破坏社会秩序，副词是严重。第286条之一中的致使违法信息大量传播，副词是大量。第290条中的多次扰乱国家机关工作秩序，副词是多次。第291条之一中的严重扰乱社会秩序,副词是严重。还有多次出现的严重不负责任中的严重。

副词可分为：时间副词、频率副词、地点副词、方式副词、程度副词、疑问副词、连接副词、关系副词、表顺序或者表完成的副词等。副词常用来修饰动词（词组）、

[①]《现代汉语词典》，商务印书馆2012年版，第910页。

限制动词或形容词，以表示时间、频率、范围、语气、程度等。上述几个副词——显著、不大、严重、多次①、明显、大量、极其，主要是表示程度的，即刑法学认为的表示罪量的，这显然需要立法者出台规范性文件来明确规定罪量，什么才是严重、多次、明显、大量、极其，多少才是严重、多次、明显、大量、极其，而决不能任由法院、法官根据自由裁量权处理。换句话说，由于刑法文本中的副词是虚词，最难解释，无法解释，所以，是不应该由各个解释者来解释的，也不能由法官来解释，而是应该由立法者通过立法、通过立法解释、通过司法解释（广义的立法）予以明确的。

第 166 条为亲友非法牟利罪中的"明显低于市场的价格"，第 169 条徇私舞弊低价折股、低价出售国有资产罪中的"低价"，第 169 条之一背信损害上市公司利益罪中的"明显不公平的条件"，三者之中，"明显不公平的条件"就是涵摄力最强的构成要件。第 169 条之一是 2006 年制定的法条，比起 1997 年刑法典中的第 166 条、第 169 条在立法技术上明显成熟了。

明显不公平的条件包括了低价出售（包括无偿出售这一极端罕见的犯罪现象）和高价购买两个方向的犯罪，所以，仅从这一点来看，第 169 条徇私舞弊低价折股、低价出售国有资产罪的设置就存在着极大的不周延：以不合理的高价购进资产的行为如何处断？例如，土地收购储备中心工作人员徇私舞弊，高价储备、收购利益相关方的土地，进行利益输送的行为无法打击。低价出让土地使用权与高价收购土地使用权，在形式逻辑上共同组成周延的打击范围。

进一步地，第 404 条徇私舞弊不征、少征税款罪的本质也是背信行为，大概是可以解释为"明显不公平的条件"的，本罪中的"致使国家税收遭受重大损失"，与第 166 条为亲友非法牟利罪中的"使国家利益遭受重大损失"，第 169 条徇私舞弊低价折股、低价出售国有资产罪中的"致使国家利益遭受重大损失"，第 169 条之一背信损害上市公司利益罪中的"致使上市公司利益遭受重大损失"，也表明犯罪类型上的一致性。无论犯罪主体有什么差别，无论侵害的是哪种具体单位的"利益"，其犯罪行为都是徇私舞弊、背信，其犯罪手法都是以"明显不公平的条件"玩弄价格差，其犯罪目的都是利益输送、化公为私、损公肥私。立法者不同时期的纷纭立法有必要在犯罪行为类型层面进行整合了，只有这样，

---

① 多次到底是几次，这个问题当然需要立法者来明确规定，而不能仅仅根据语言习惯认为 3 次以上（包括 3 次）就是多次。

在形式逻辑上才可能周延起来。

  刑法总则中的明显超过必要限度，是在防卫过当部分所涉及的。其实，"明显"具有很强的涵摄力，它强调的是行为人的行为量度改变所导致的质变，换句话说，如果没有明显超过必要限度，就是合法行为。众所周知，作为刑法学难点的"明显超过必要限度"，仅仅靠理论演绎是远远不够的，必须累积大量的案例，通过归纳的方法来阐释什么是"明显超过必要限度"。

  在刑法分则层面，"明显低于市场的价格"，意味着行为人的行为只要没有明显低于市场价格，就不是犯罪。问题的关键是，"明显"不容易定量。笔者认为，超过市场价格10%就属于明显高于或者明显低于，就进入犯罪领域。

  对于上述副词，有学者是从罪量角度展开研究的，也有学者是从出罪角度展开研究的。也有司法机关不顾立法明定的罪量、独立运用但书来进行危险驾驶罪出罪的。相关文献有：王尚新《关于刑法情节显著轻微规定的思考》，《法学研究》2001年第5期。储槐植《我国刑法中犯罪概念的定量因素》，《法学研究》1988年第2期。樊文《罪刑法定与社会危害性的冲突——兼析新刑法第13条关于犯罪的概念》，《法律科学》1998年第1期。陈兴良《社会危害性理论：一个反思性检讨》，《法学研究》2000年第1期。储槐植、张永红《善待社会危害性观念——从我国刑法第13条但书说起》，《法学研究》2002年第3期。陈兴良《社会危害性理论：进一步的批判性清理》，《中国法学》2006年第4期。梁根林《但书、罪量与扒窃入罪》，《法学研究》2013年第2期。梁根林《醉驾型危险驾驶罪的若干理论与实践问题——"醉驾"入刑后的定罪困扰与省思》，《法学》2013年第3期。

  从2011年醉酒型危险驾驶罪立法之后，学界的焦点就开始集中于罪量与但书之间的博弈，两派观点针锋相对。2011年，时任最高人民法院副院长在全国法院刑事审判工作座谈会上指出，要正确把握危险驾驶罪的构成条件，防止可依据《道路交通安全法》处罚的行为，直接诉至法院追究刑责。这在当时就引起很大争议。2017年，最高人民法院《关于常见犯罪的量刑指导意见（二）》（试行）规定："对于醉酒驾驶机动车的被告人，应当综合考虑被告人的醉酒程度、机动车类型、车辆行驶道路、行车速度、是否造成实际损害以及认罪悔罪等情况，准确定罪量刑。对于情节显著轻微危害不大的，不予定罪处罚；犯罪情节轻微不需要判处刑罚的，可以免予刑事处罚。"这同样是不考虑血液中酒精浓度大于等于80毫克/100毫升，单独使用但书为醉驾行为人出罪的做法。

在形式逻辑上来看，这个问题应该很简单。既然已经有了明确的追诉标准，就没有适用但书进行出罪的余地了。在一个具体罪名中，明确的追诉标准是入罪标准、入罪依据，而但书是出罪依据，二者不可能兼顾的。

所以，上述副词中已经具有了明确法律规定的，已经有明确解释和明确标准的，就已经是罪刑法定的情形了，不能再任意解释，或者任意"应当综合考虑"了。出罪的情形，要么是出现了阻却违法性的情形，要么是出现了阻却责任性的情形，除此之外的所谓"应当综合考虑"，都不是合适的。

综上所述，如何解释"明显"，不是一个孤立的问题，而是如何运用体系解释来解释"明显""显著""严重""大量"等副词的真实含义的问题，是罪刑法定主义的落实问题，说白了，这是立法者决定的事项，而不是司法机关决定的事项。只有立法者尚未决定的时候，司法机关可以试着来解释、来决定。而当立法者已经决定了该事项后，司法机关和司法者就不应该再做决定了。

三、刑法语篇的形容词体系

刑法语篇中的定语至少存在三种分型。每一种定语都可以被称为一个体系。定语都是形容词来承担的。

（一）限定性定语

定语中数量最多的是限定性定语。这也是定语的"定"的本义。如未公开的信息中的未公开，他人人身自由中的他人，尸体器官中的尸体，不公开审理的案件中的不公开审理，自己的亲友中的自己，爆炸性物品中的爆炸性，依法承担仲裁职责的人员中的依法承担仲裁职责，明显不公平的条件中的明显不公平。飞行中的航空器上的人员中的飞行中和航空器上，大型群众性活动中的大型和群众性，等等。不过，这些限定性定语能否实现立法者预定的限定功能，尚未可知。例如，大型、群众性、明显不公平，等等。于是，有学者认为，大型群众性活动可以改为"大型活动"。[①] 如果限定性定语无法达到预设的目的，

---

① 马亚雄：《世界警察导论》，中国人民公安大学出版社2003年版，第207页。按：笔者认为，"大型"作为形容词，实际上无法起到限定作用，这与前述副词是类似的，需要立法者明确"大型"的真实含义。

应该考虑更换。

（二）描述性定语

描述性定语所起的作用不是限定，不是对中心词的限定，而是描述、强调，或者叫作同义反复。例如，劳动者的劳动报酬，劳动报酬的定语是劳动者。再如，依法被指定、确定的枪支制造企业、销售企业，定语是依法被指定、确定。例如，依法被指定、确定的枪支制造企业、销售企业，改为枪支制造企业、销售企业，也无碍刑法规范意思的表达与传达——枪支制造企业、销售企业肯定是、当然是依法被指定、确定的。

（三）反对性定语

反对性定语是最特殊的一类。从表面上看，它属于限定性定语中的一种，因为往往有定语的标志——的。其实不然，所以这里单独进行探讨。

如退役军人中的退役、离职的国家工作人员中的离职，这是最少见的。其共同点是，定语都是动宾结构的词语，退役、离职还有一个共同点，退出、离开等词语本身，就表达了与中心词再没有任何联系的意思。现代汉语中，这样的词语或短语还有：非人、拒绝扶养、拒不救治、无辜、退出投标、退出拍卖、退出收购、伪造、伪善、虚情假意、失实、退租、退订、脱贫、解困、解难、纾困，等等。甚至一些名词，如前妻、旧爱、旧部，也是这个特点。这些词语都属于合成词中的复合式合成词，有的是偏正型的复合式合成词，有的是动宾型的复合式合成词。[①] 退役、离职，都是动宾型。伪造、伪善、无辜、前妻等，都是偏正型。

退役军人，即退役的军人，当然已经不是刑法意义的军人了。[②] 所以，实际上是军人退役的意思，但是语法则是不同的。军人退役是主谓结构，而退役军人是偏正结构。同样，离职的国家工作人员，因为其不再拥有、行使国家权力，所以也不再是国家工作人员。离职的国家工作人员，就是国家工作人员离职的

[①] 一般认为，复合式合成词分为五种：联合型（并列型）、偏正型、补充型、动宾型（支配型）、主谓型（陈述型）。
[②] 根据《刑法》第450条，刑法意义上的军人指的是现役军人以及执行军事任务的预备役人员，即履行军事职能的人。而一般所言的退役军人，没有履行军事职能，既不是现役军人，也不是执行军事任务的预备役人员，只是一般的预备役人员。所以，退役军人只有军人身份，并没有军人的从事公务的实质。也就是说，退役与刑法意义上的军人正是反对关系——退役是无军事职能，而军人是有军事职能。军事职能包括作战、训练、演习、维和、勤务等。

意思。但是语法则是不同的。国家工作人员离职是主谓结构，而离职的国家工作人员则是定语＋中心词的偏正结构。在利用影响力受贿罪的解释中，原职权形成的便利条件当然是中国特色的表述，本来不可能是受贿罪，因为受贿罪的本质是权钱交换，便利条件不是职权。立法者的刑事政策考虑远大于刑法考虑，今后会不会面临解释难题，真是难以预料。

离职的国家工作人员，离职这个定语中的义素与国家工作人员中的从事公务这一义素是矛盾的，离职了当然不再从事公务，从事公务的人也不会是离职的人。所以，如果认可"离职的国家工作人员"这个概念，就必须清楚，"离职的国家工作人员"中的国家工作人员不是国家工作人员了。这是两个国家工作人员的概念。立法者规定的"离职的国家工作人员"中的国家工作人员，与第93条中的国家工作人员，是两个不同的概念。

退役军人（无论是军官还是士兵）也是一种特殊的离职的国家工作人员，这是无需进行复杂解释的。那么，离职的国家工作人员就可以分型为普通的和特殊的，前者是一般的国家工作人员离职后，后者是军人离职后。根据《退役士兵安置条例》第二条的规定："本条例所称退役士兵，是指依照《中国人民解放军现役士兵服役条例》的规定退出现役的义务兵和士官。"根据《中华人民共和国兵役法》的规定，退出现役的士兵不全是进入士兵预备役，只有满足士兵预备役条件的才能进入士兵预备役或者军官预备役。同样，军官退出现役时，符合服预备役条件的，才转入军官预备役，也就是说，退出现役的军官也不全是进入军官预备役。

根据《中华人民共和国预备役军官法》第二条：本法所称预备役军官是被确定为人民解放军预备役排级以上职务等级或者初级以上专业技术职务等级，被授予相应的预备役军官军衔，并经兵役机关登记的预备役人员。第三条：预备役军官按照职务性质分为军事军官、政治军官、后勤军官和专业技术军官。军官预备役按照平时管理和战时动员的需要，分为两类：在预备役部队任职的和预编到现役部队的预备役军官为第一类军官预备役；其他预备役军官为第二类军官预备役。第三十条：预备役军官退出预备役后，其预备役军官军衔予以保留，在其军衔前冠以"退役"。

退役、离职的本质是，原有的身份一直都被保留，但是没有之前的职务或者职能，是身份与职务的分离。与此相反的是，有的人是有职能与职责，却没有正式的身份。在犯罪主体中，退役、离职的人是无身份者，是一般主体。

反对性定语的使用似有扩张的趋势，如经济恐怖主义、文化侵略、商业间谍，等等。从语义学来分析，是中心词中的某个义素与定语的义素存在矛盾和冲突，该中心词的某个义素被删除后，矛盾和冲突随之消失，形成新的术语和概念。由于中心词的某个义素被删除，所以尽管中心词还在使用，但是实际上已经不是原来的内涵了。例如，恐怖主义。根据《中华人民共和国反恐怖主义法》第三条的规定，恐怖主义，是指通过暴力、破坏、恐吓等手段，制造社会恐慌、危害公共安全、侵犯人身财产，或者胁迫国家机关、国际组织，以实现其政治、意识形态等目的的主张和行为。这个概念中的"暴力、破坏、恐吓等手段"，是一个关键义素，而经济恐怖主义中的"经济"作为定语，与这个义素存在冲突，所以，如果认可"经济恐怖主义"这个概念，就必须清楚，"经济恐怖主义"中的"恐怖主义"已经不是上述的恐怖主义。换句话说，如果认可"经济恐怖主义"这个概念，试图把恐怖主义这个概念的外延进行扩张，使其能够涵摄经济恐怖主义[①]，就必须删除其一个或几个义素，也就是缩小其内涵。中心词中的某个义素与定语存在矛盾和冲突，是目前常见的语言现象。

再如文化侵略。侵略，词典义为侵犯别国的领土、主权，掠夺财富并奴役别国的人民。侵略的主要形式是武装入侵，有时也采用政治干涉、经济和文化渗透等方式。[②]这个解释的问题在于，当使用文化渗透方式来侵略的时候，还存在"掠夺财富并奴役别国的人民"的可能性吗？侵略，简单地说，是侵入（或者侵犯）+掠夺（略）。如果仅有文化渗透，虽然勉强可以解释为侵入（或者侵犯），但掠夺（略）是绝对不可能的。所以，文化侵略，文化中的义素与侵略中的义素是冲突的，于是文化侵略就可能是一个强行扩张侵略外延的"有问题"的词汇，文化侵略中的侵略不是一般所言的侵略。

前已述及，扩大解释的语义实质就是删除区别义素，仅保留共同义素。此处的反对性定语，使得中心词外延扩张，也是基于中心词中的区别义素被删除，内涵就缩小。

[①] 也许今后还可能衍生出更多的恐怖主义，如思想恐怖主义、教育恐怖主义、文化恐怖主义、宗教恐怖主义、商业恐怖主义、贸易恐怖主义、法律恐怖主义、政治恐怖主义、道德恐怖主义，等等。这当然会有消解"恐怖主义"自身的危险。根据表达者的主观需要而无限扩张"恐怖主义"的外延，会颠覆"恐怖主义"词语本身。就像"武器"的外延也不能任意加以扩张一样，否则，什么是武器也就不可能被定义、被认知了。同样的，还有国家工作人员，从事公务，等等。
[②]《现代汉语词典》，商务印书馆 2012 年版，第 1050 页。

第四节　历时性体系解释和共时性体系解释的统一

历时性体系解释和共时性体系解释方法需要统一运用，不可偏废。历史解释和语篇解释需要统一运用。一个是侧重于纵向的，一个是侧重于横向的，其目的则是一致的——得出最佳的解释结论，找到刑法构成要件的真实语义和最佳语义。

一、暴力

（一）刑讯逼供罪与暴力取证罪

在历时性体系解释和共时性体系解释的共同观照下，暴力的解释可能会有新的结论。暴力一词，涉及的罪名大致有：刑讯逼供罪、暴力取证罪、暴力干涉婚姻自由罪、暴力危及飞行安全罪、抢劫罪、强奸罪等。

暴力的外延多种多样，很多罪名都无法回避暴力的解释。但是，无论怎样，在解释一个具体罪名的时候，应该明确其涉及的暴力是哪一种外延的暴力，而不能含糊其辞，否则可能会导致刑法解释无法进行下去。例如，在解释刑讯逼供罪的肉刑、变相肉刑的时候，有学者早期认为："所谓肉刑，是指对被害人的肉体施行暴力……""所谓变相肉刑，一般是指对被害人使用非暴力的摧残和折磨，如冻、饿、烤、晒等。"[①] 试问：冻、饿、烤、晒是不是对被害人的肉体施行暴力？于是，该学者在后期就改变了变相肉刑的定义，重新定义为"一般是指对被害人使用类似于暴力的摧残和折磨，如冻、饿、烤、晒，不准睡觉等。"[②] 从"非暴力"到"类似于暴力"，这种变化是非常巨大的，实际上是相反的解释。

[①] 张明楷：《刑法学》，法律出版社 2003 年版，第 736 页。
[②] 张明楷：《刑法学》，法律出版社 2011 年版，第 813 页。

肉刑和变相肉刑难以区分，对肉体和精神的折磨也难以区分，例如疲劳审讯，既是对精神的折磨，也是对肉体的折磨。殴打、体罚，既是对肉体的摧残，也是对精神的折磨，但其基础一定是对肉体的折磨和摧残。所以，刑讯逼供罪的暴力，既有直接作用于身体的各种表现形式，也有间接作用于身体的各种表现形式，既有直接接触被害人身体的各种表现形式，也有间接接触被害人身体的各种表现形式，但都是暴力，决不能认为冻、饿、烤、晒不是暴力，如果不是暴力，难道是胁迫吗？也决不能认为肉刑必须是接触肉体的、皮肉的。难道直接伤及内脏、却不损伤皮肉的就不是肉刑吗？难道伤及皮肉非要由外而内进行，就不能由内而外进行吗？

在概念的使用上，实际上，因为"肉刑"没有得到准确的界定，使得"变相肉刑"也不能得到准确界定。而之所以"肉刑"没有得到准确的界定，是因为"刑"至少有两个义项，一个是刑罚，一个是特指对犯人的体罚。① 所以"肉刑"一词在语言使用中，实际上也出现两个义项，一个是对肉体的折磨，一个是对肉体的刑罚。上述"所谓肉刑，是指对被害人的肉体施行暴力"，这一界定与"肉刑"词典义是不一致的，词典义是"摧残人的肉体的刑罚"，显然，词典义的外延较小，必须是"刑罚"，而上述学者的界定外延大得多，包括任何"暴力"。因此，"变相肉刑"就成了一个互相矛盾的词汇——既然是肉刑怎么又是变相呢，沿用历史词汇"肉刑"来解释刑讯逼供罪中的"刑"，是一种概念运用上的不得当，是义项选择上的不得当，其解释结论就不会是妥当的。当代中国，因为已经没有肉刑，所以，司法工作者使用的暴力方法、暴力行为只能被定性为"私刑"，其实质是对肉体的折磨。这是"肉刑"一词在实际使用中不得不搞清楚的。

在形式逻辑上，由于论者并未对上述肉刑和变相肉刑中涉及的暴力进行外延的界定，就存在肉刑和变相肉刑涉及的暴力未必是完全一致的概念。例如，烤，无论是太阳下面烤，还是火烤，还是红外线取暖器烤，还是热风烤，还是竹炭烤，还是放进新疆的大馕坑里面烤，还是放进北京烤鸭的炉膛里面烤，都必然造成被害人肉体的折磨，这就是肉刑，而不是什么变相肉刑。如果是直接接触被害人身体的烤，则更是肉刑。在这里，暴力的外延应该是非常宽泛的，除了胁迫之外的，都是这里讲到的暴力。在形式逻辑上，由于论者并未对上述肉刑和变

---

① 《现代汉语词典》，商务印书馆 2012 年版，第 1455 页。

相肉刑中涉及的暴力进行外延的界定，所以，假如暴力选取的是最广义的外延，上述肉刑和变相肉刑的划分就是错误的。

　　暴力，英译为 violence、force。[①] 肉刑，英译为 corporal punishment。[②] 而 corporal punishment 是 the physical punishment of people, especially by hitting them。[③] 很明显，the physical punishment 强调的是对被害人身体、肉体、躯体的伤害。而这种伤害不一定如某些学者所言"非暴力的摧残和折磨"。在形式逻辑上，对肉体的暴力折磨、对肉体的非暴力折磨，二者共同组成了对肉体的折磨，似乎是对的。其实，被害人身体、肉体、躯体的伤害根本不存在非暴力，只是显得不那么直接。暴力，未必就全是 hitting them，但是，不直接接触被害人身体，并不是说就不是暴力，这应该加以区别。especially by hitting them，是典型的暴力。而 the physical punishment，也当然是暴力。噪声、热能、冷气、狂风、淋雨、冲击波，所有这些都是对他人身体的摧残和折磨，应该都属于暴力。谁也不会否认，日本侵略者对中国人民进行人体实验时的冻伤实验、细菌实验是一种暴力。所以，有学者所谓的变相肉刑，只是与封建五刑那样的笞、杖、拶指、夹棍、脑箍等有所不同而已，与皮开肉绽、血肉模糊等在外观上有所不同而已，而其实质则是与肉刑一致的。

　　如果考虑到体系解释的话，第 247 条的刑讯逼供罪和暴力取证罪应该作为整体来考虑其中的构成要件的真实含义，刑讯逼供罪中刑讯逼供的含义与暴力取证罪中暴力的含义要统一考察，也就是说，刑讯逼供罪的刑讯逼供就是暴力逼供的意思，而暴力取证罪中的暴力无非就是通过用刑（即体罚）来获得证言、证据的意思。归根结底，两个罪名都是以暴力为构成要件的，所以，应该明确的是这里的暴力指的是什么即可。而这里的暴力，就是"摧残人的肉体"，用在嫌疑人和被告人身上，叫作刑讯逼供；用在证人身上，叫作暴力取证。换句话说，刑讯手段[④] 如果用于暴力取证罪，就是刑讯逼证。从用语的语境来考察，二者只是用的对象有差别，其手段则是一致的——暴力或者体罚[⑤]，也就是肉刑——"摧

---

① 北京外国语大学英语系《汉英词典》组编：《汉英词典》，外语教学与研究出版社 1997 年版，第 45 页。
② 北京外国语大学英语系《汉英词典》组编：《汉英词典》，外语教学与研究出版社 1997 年版，第 1039 页。
③ 《牛津高阶英汉双解词典》，商务印书馆、牛津大学出版社 2014 年版，第 455 页。
④ 即拷问、严刑拷打。"箠楚之下何求不得"指的就是暴力审讯一定能够得到审讯者想得到的证据或者口供。
⑤ 刑讯逼供的"刑"，指的是体罚。现代汉语中的"刑"，有多个义项，一个是刑罚，一个是特指对犯人的体罚。参见《现代汉语词典》，商务印书馆 2012 年版，第 1455 页。

残人的肉体的刑罚"①。在这里，刑讯逼供如果离开了暴力，就无法得出真实的含义。反之，暴力取证如果离开了刑讯，也无法得出真实的含义。

如果考虑到体系解释的话，还不得不回答一个问题，既然刑讯逼供罪是严格被禁止的非法行为，那么，被刑讯人能不能对刑讯逼供者实施防卫，乃至实施无限防卫呢，笔者认为，刑讯逼供是一种非法行为，就能够成为不法侵害，就具备了实施正当防卫乃至无限防卫的前提。正在进行的刑讯逼供，实际上是正在进行的不法侵害，被刑讯者完全有实施正当防卫的权利。但是，能否实施无限防卫，还需要结合具体事实，考察具体案件中的刑讯逼供行为是不是严重危及人身安全的暴力犯罪。如果只是所谓的变相肉刑，那么，尚不是严重危及人身安全的暴力犯罪，不能进行无限防卫，但是可以进行正当防卫。也就是说，典型的肉刑类型的刑讯逼供行为，属于严重危及人身安全的暴力犯罪。而所谓的变相肉刑构成的刑讯逼供行为，只是一般危及人身安全的暴力犯罪。

如果考虑到沿革解释，第 247 条的刑讯逼供罪和暴力取证罪，肉刑或者身体性是否包括冻、饿、烤、晒等所谓变相肉刑呢？所谓的变相，其含义是改变了外观、改变了皮相，而无损其实质，换句话说，变相肉刑也是肉刑、只是换了表现形式，那么，无论怎么改变外在形式，变相肉刑也必然摧残人的肉体，也就必然使用暴力、强制力。遭到冻、饿、烤、晒等的时候，被害人显然是被强制的，他不可能有到小卖部去买点饼干吃的自由，也不可能有进到温暖的屋内躲避寒冷的自由，也不可能根据自己的自由意志躲到背阴的地方躲避炙烤，他是被强制的遭到冻、饿、烤、晒，也就是遭到了暴力。因此，前述"所谓变相肉刑，一般是指对被害人使用非暴力的摧残和折磨，如冻、饿、烤、晒等"，这个论断是不妥当的。变相肉刑的实质仍然是暴力，而不是非暴力。例如，逼他人不断吃食物、喝水，吃的很撑很撑，当然是暴力行为，也应处断为刑讯逼供罪。

如果从刑法史的角度看，刑讯逼供和暴力取证，都是对特定人的讯、拷、掠、考、榜、搒、捶，等等。都离不开刑具（其实质是打击肉体的工具），如笞、杖、枷、鞭、烙等。②

如果考虑到文理解释的话，刑讯逼供这个表述实际上是不怎么合理的。这

---

① 《现代汉语词典》，商务印书馆 2012 年版，第 1103 页。
② 沈家本：《历代刑法考》（上册），商务印书馆 2011 年版，第 456 页。

里的刑，不是刑罚的意思。在选择义项的时候，应该选择"刑"的多个义项中"特指对犯人的体罚"这个义项。假如认为是刑罚的意思，刑讯逼供就适用刑罚手段逼供或者用肉刑手段逼供吗？现在根本没有肉刑，也不会使用有期徒刑或者无期徒刑来逼供。这里的刑讯逼供显然只是延续封建刑法的说法和用法，刑，不是刑罚，而应该是杀、甲兵的引申义，是体罚或者对肉体的折磨[①]，即 the physical punishment of people, especially by hitting them, 也就是一切摧残身体的手段行为，包括摧残被害人听觉、视觉、味觉、触觉的行为都是。诸如逼人闻烟味、油烟味、香味、臭味、大便，逼人看强光、逼人看难以忍受的暴恐音视频、听高分贝声音或者难以忍受的声音，逼人以皮肤接触蛇、蝎、蜈蚣、马陆等物，等等。逼人吃极咸的、极辣的、极酸的、极甜的食物饮料，等等。逼人看听常人难以忍受的暴恐音视频、色情音视频，都属于刑讯逼供。如果考虑到刑法历史的话，刑讯逼供这个表述实际上也是不怎么合理的。历史上的称谓有拷掠、拷讯、掠囚、讯囚，等等。讯，意思就是拷问[②]，就是用暴力来逼问嫌疑人的意思。刑讯一词，当然就存在语义的重复问题了，完全没有必要。[③]

如果考虑到字词选择的话，刑讯逼供就是刑讯取得供词、口供，也就是刑讯取供罪。暴力取证罪就是以刑讯手段逼取证据，一个是逼，一个是取，其实，都是逼取，都是以暴力为手段——逼，以取得供词或者证据——取。从二行为犯角度看，两个罪名都具有相同的手段行为——逼，也都具有相同的目的行为——取。在司法实践中，当然并不要求行为人实施完整的二行为、复行为，只需实施一个手段行为即可，这就是短缩的二行为犯。也就是说，两个罪名的实行行为都是一个，即手段行为，这是立法者评价的重点，也是将这两个罪名放置在人身权利犯罪一章的用意——遏制侵犯人身权利的犯罪。之所以使用了不同的文字来指称两个罪名，一个用的是逼，一个用的是取，大概是约定俗成的原因，也许还有刻意回避的原因。其实，这种回避是完全不必要的，回避而非直面，只会使得犯罪本质和犯罪类型变得模糊，并不利于普法，也不利于司法，更不利于刑法语言学和刑法解释的发展。

[①] 刑讯的意思是通过折磨肉体逼供审讯。参见《现代汉语词典》，商务印书馆2012年版，第1456页。
[②] 沈家本：《历代刑法考》（上册），商务印书馆2011年版，第460页。
[③] 虽然《说文》解释"讯"为"问也"，但是，由于在中国刑法史的特定语境中出现的"讯"，其外延已经缩小为"拷问"，这是因为增加了一个区别义素——考（拷）。现在的语境，则未必是这样，"讯"已经演变为审讯、审问，不再带有"考（拷）"这一义素。参见《现代汉语词典》，商务印书馆2012年版，第1485页。

综上所述，刑讯逼供和暴力取证的真实含义，是以逼供、逼取供词为犯罪动机而实施的所有暴力行为和强制行为，其核心行为、实行行为是暴力行为和强制行为。暴力干涉婚姻自由罪的暴力包括对人身自由的限制和剥夺。而暴力危及飞行安全罪的暴力包括对人身的暴力和对财产的暴力，如打砸飞机舷窗、毁坏机内设施等。

需要指出的是，前述学者对变相肉刑的解释中，认为包括"不准睡觉"。笔者认为，这实际上是把肉刑等同于暴力了，等同于强迫行为了。这一认知其实是合适的，这表明，不准睡觉、不准关灯睡觉、不准吃饭（饿）、不让喝水（渴）等特殊的、不常见的刑讯逼供行为，其本质仍然是暴力行为，也是强迫行为。它们之间至少是一个语义场，具有一致的共同义素。强、暴、逼三者之间，至少有语义交叉和重合的部分。在语义上，强[①]，迫使，勉强。暴力，强[②]制的力量。强制，强[③]迫。逼，强迫，逼迫。词典中，还有强逼一词，意思是强迫。[④] 此外，强使、强迫、强求等词语形成语义场，指向的都是特殊的、不常见的暴力。

（二）严重危及人身安全的暴力犯罪

例如，严重危及人身安全的暴力犯罪，是一个重要的刑法总则构成要件。从逻辑方法来分，包括以下排列组合：第一次分类，暴力犯罪包括危及人身安全的暴力犯罪、危及财产安全的暴力犯罪、危及国家安全的暴力犯罪、危及公共安全的暴力犯罪，等等。第二次分类，危及人身安全的暴力犯罪又包括严重危及人身安全的暴力犯罪、一般危及人身安全的暴力犯罪。在刑法总则中，有严重危及人身安全的暴力犯罪、有组织的暴力性犯罪、恐怖活动犯罪等有关用语。在刑法分则中，学者们关注比较少的是第 451 条中的突发性暴力事件。

第一，杀人罪、强奸罪等都有非暴力犯罪的情形存在。如行为人利用慢性毒药杀人，行为人利用被害人昏迷、患病、认识错误等与其发生性关系而构成的强奸罪（准强奸罪），都不是典型的暴力犯罪。此时，能否适用无限防卫条款，笔者认为，即便是使用慢性毒药杀人，也是严重危及人身安全的暴力犯罪。即便是准强奸类型的强奸罪，也是严重危及人身安全的暴力犯罪，不能被这些犯

[①][③] 读为上声。
[②] 读为阳平。
[④]《现代汉语词典》，商务印书馆 2012 年版，第 1044 页。

罪的外观所迷惑，应该适用无限防卫。

第二，严重危及人身安全的暴力犯罪，不等于严重危及人身安全的犯罪，这也许是立法者语言选择时的疏忽，或者也许是立法者智慧的安排。严重危及人身安全的犯罪，难道不是暴力犯罪？例如，决水犯罪，行为人挖开堤坝，制造水患，一般不认为是暴力犯罪，可是，该行为严重危及人身安全，应该是有权对行为人实施无限防卫的。所以，还是应该解释为严重危及人身安全的暴力犯罪。也就是说，严重危及人身安全的暴力犯罪，等于严重危及人身安全的犯罪，因为"严重危及人身安全"就是"暴力"。

第三，既然如此，严重危及人身安全的暴力犯罪与之前的行凶、杀人等属于并列关系或者交叉关系，而非属种关系。如果如此解释第20条第三款，就会使得适用前提范围大大扩张，是有利于实现正当防卫的立法宗旨的。

第四，严重危及人身安全的暴力犯罪与突发性暴力事件的关系。第451条规定：本章所称战时，是指国家宣布进入战争状态、部队受领作战任务或者遭敌突然袭击时。部队执行戒严任务或者处置突发性暴力事件时，以战时论。

突发性暴力事件当然是突发性暴力犯罪事件，是突发性暴力犯罪，否则无需规定在刑法典之中。也就是说，突发性暴力事件绝不是轻微的事件，而是社会危害性大的犯罪。另外，处置轻微的事件当然不会以战时论，这也从反面证明，以战时论是法规虚拟，性质上升得很厉害，当然只能适用于处置突发性暴力犯罪事件。

但是，突发性暴力犯罪事件是不是都一定是严重危及人身安全的暴力犯罪呢？当然不是。因为在形式逻辑上，前已述及，严重危及人身安全的暴力犯罪与严重危及财产安全的暴力犯罪[①]是一对相对称的概念，突发性暴力犯罪事件可能是严重危及人身安全的暴力犯罪，也可能是严重危及财产安全的暴力犯罪。所以，突发性暴力犯罪事件比严重危及人身安全的暴力犯罪的外延更大。

第五，《刑法》第50条："判处死刑缓期执行的，在死刑缓期执行期间，如果没有故意犯罪，二年期满以后，减为无期徒刑；如果确有重大立功表现，二年期满以后，减为二十五年有期徒刑；如果故意犯罪，查证属实的，由最高人民法院核准，执行死刑。对被判处死刑缓期执行的累犯以及因故意杀人、强奸、

---

① 即对物的暴力。最广义的暴力包括对人暴力和对物暴力。张明楷：《刑法学》，法律出版社2003年版，第553页。张明楷：《刑法学》，法律出版社2011年版，第619页。

抢劫、绑架、放火、爆炸、投放危险物质或者有组织的暴力性犯罪被判处死刑缓期执行的犯罪分子，人民法院根据犯罪情节等情况可以同时决定对其限制减刑。"其中，有组织的暴力性犯罪的外延如何界定呢？例如，第289条聚众"打砸抢"是不是有组织的暴力性犯罪呢？这些都需要在实践中予以明确。例如，最近一段时间港独分子实施的一系列行为，是不是有组织的暴力性犯罪呢？有组织的暴力性犯罪既然出现在《刑法》第50条死刑缓期执行中，显然需要限制其成立范围。

第六，严重危及人身安全的暴力犯罪理应包括：杀人、伤害（轻伤除外）、强奸、抢劫、绑架、放火、爆炸、投放危险物质或者有组织的暴力性犯罪、拐卖人口、非法拘禁、非法侵入住宅、决水，等等。

二、入户与入室

（一）司法解释的变迁："生活"—"家庭生活"—"生活"

2000年最高人民法院《关于审理抢劫案件具体应用法律若干问题的解释》："第263条第（一）项规定的'入户抢劫'，是指为实施抢劫行为而进入他人生活的与外界相对隔离的住所，包括封闭的院落、牧民的帐篷、渔民作为家庭生活场所的渔船、为生活租用的房屋等进行抢劫的行为。对于入户盗窃，因被发现而当场使用暴力或者以暴力相威胁的行为，应当认定为入户抢劫。"这一司法解释对"入户"进行的解释，是为了限制打击范围，属于另外一个问题，并未涉及入户与入室的关系问题，但是其核心是"他人生活的与外界相对隔离的住所"。

而2013年《关于办理盗窃刑事案件适用法律若干问题的解释》规定："入户盗窃，是指非法进入供他人家庭生活，与外界相对隔离的住所盗窃的情况。"其核心是"供他人家庭生活，与外界相对隔离的住所"。增加了"家庭"二字。这个变化还是很明显的。

于是，造成了两个司法解释中的"入户"出现了不同的界定：2013年的司法解释明确提出"供他人家庭生活"，2000年司法解释是"进入他人生活的与外界相对隔离的住所"。

2016年，最高人民法院《关于审理抢劫刑事案件适用法律若干问题的指导意见》认为：对于部分时间从事经营、部分时间用于生活起居的场所，行为人在非营业时间强行入内抢劫或者以购物等为名骗开房门入内抢劫的，应认定为"入户抢劫"。对于部分用于经营、部分用于生活且之间有明确隔离的场所，行为人进入生活场所实施抢劫的，应认定为"入户抢劫"；如场所之间没有明确隔离，行为人在营业时间入内实施抢劫的，不认定为"入户抢劫"，但在非营业时间入内实施抢劫的，应认定为"入户抢劫"①。

这个解释回避了 2013 年司法解释中的"家庭生活"，而改用"生活起居"，明显又把入户的外延扩大了，入户抢劫的认定标准变得更加宽松。按照这个标准，大学生的集体宿舍当然是大学生用于"生活起居"的场所，会被认定为"入户"。而按照以前的标准，进入大学集体宿舍抢劫，一直是不认定为入户抢劫的。

从以上论述可见，从"进入他人生活的与外界相对隔离的住所"，到"供他人家庭生活"，再到"生活起居"，司法解释对于"入户""户"，经历了"生活"—"家庭生活"—"生活"这个令人迷惑的循环。时而宽松，时而严密。这也许是与一定时期的社会治安形势有关。

（二）学界观点的对立

生活语言中，入室的外延大于入户，这是没有什么争议的。这也是较早时期学者的观点——入户不等于入室。② 入室盗窃，包括进入办公室盗窃，进入会议室盗窃，进入实验室盗窃，进入宿舍盗窃，等等。所以，有人认为，相对于入户抢劫，入户盗窃中的"户"应作延伸理解，还应包括集体宿舍、旅店宾馆、临时搭建的工棚，以及机关、团体、学校、单位、商店等禁止外人进入的办公地点或非营业时间段的商业性经营场所。因其同样是相对封闭的空间，在这样的场所盗窃，对办公室使用者或者看管者同样存在着潜在的人身危险。此外，这种案件的发生会加重公众对社会治安状况的不认同和不信任，社会危害性更大，这完全符合"入户盗窃"入刑的立法本意。所以在一定程度上对户的范围作适当的扩张性延伸，才能更好地体现立法的本意，做到保障行为人的自由和保护一般人的法益二者之间的均衡。③ 这种理解，显然是为了保护法益，把入户

---

① 这段话从形式逻辑上看，仍有不周延之处。例如，对于部分时间从事经营、部分时间用于生活起居的场所，行为人在营业时间强行入内抢劫或者以购物等为名骗开房门入内抢劫的，应如何认定？按照这段话的行文结构，这一情形不属于"入户抢劫"。最高法院的一贯思路是把"生活起居"作为认定"户"的重要依据。
② 侯国云：《有关抢劫罪的几个问题》，《中国刑事法杂志》2000 年第 3 期。
③ 宋文涛、高雨林：《对"入户盗窃"中的"户"应作延伸理解》，《检察日报》2011 年 9 月 21 日，第 3 版。

偷换成了入室。

上述这些行为（进入集体宿舍、旅店、宾馆盗窃），在一般社会观念里，显然不会被解释为"入户盗窃"。纵观 2000 年至今的司法解释，明显放宽了"入户"的标准，这与刑事政策的倾向是分不开的——严厉打击入室型、入户型的财产犯罪。

所以，学者们可以大概分为两派，一派认为要严格认定"入户"，一派认为可以放宽认定"入户"。

放宽认定"入户"的观点。例如：在现在社会中，由于外出务工人员日渐增加，不具有家庭关系的人合租居住，是很正常的现象，将户内成员限定为必须具有家庭关系的人，显然过于缩小了"户"的范围……即便是合租者，只要有自己独立的空间，未经允许不得进入，这种房间中的"一室"也不失为非法侵入住宅罪的对象，应评价为刑法中的"户"。①

严格认定"入户"的观点。例如：当合租者相互有独立的房间时，合租成员未经其他成员允许，进入他人房间内盗窃的，是否属于入户盗窃存在争议。有观点认为不属于入户盗窃，因为该案中"杜鹃、赵玲合租一套两室一厅的房屋，除分别住一室外，客厅、厨房、卫生间都是两人共用，可以说两人共同组成了一个'户'，只是同'户'不同'室'，她们只是共同对外具有隐蔽性和独立性及与外界相对隔断联系的特征，而两人之间不存在这样的情况。因此，同住者进入对方独居的房间盗窃，显然不构成入户盗窃，只能属于一般盗窃行为"②。

这一观点涉及了同户不同室的问题，还是很值得借鉴的。类似的合租，还有研究生的宿舍，有的就是两室一厅或者三室一厅的套房结构，每人一间房，几个人共一个大门。

所以，问题还是要回到文理解释本身。假如文理解释不做好，两派观点都是有道理的。

（三）历时性解释与体系解释

在历时性体系解释和共时性体系解释的共同观照下，在文理解释的参与下，入户与入室可能会得出新的结论。

---

① 陈洪兵："入户盗窃与入户抢劫的认定"，中国社会科学网。
② 刘瑜："进合租者房间行窃是否是'入户盗窃'"，载《法治快报》2007 年 6 月 28 日，第 8 版。

"入户"这个词语出现在抢劫罪和盗窃罪中。入户抢劫中的"入户"与入户盗窃中的"入户"是不是完全相同的？在生活语言中，常常会较多使用入室盗窃。例如，笔者在公安部官网搜索"入室盗窃"，得到1850条结果。搜索"入户盗窃"，只得到583条结果。① 这也说明，入室盗窃的使用更频繁，更符合语言习惯，而更符合语言习惯也就说明更具有社会基础。那么，2011年的刑法修正案为何不使用入室盗窃而偏偏要使用入户盗窃呢？

　　从古代汉语字书的解释看，户与室是有区别的："凡室之口曰户，堂之口曰门。内曰户，外曰门，一扉曰户，两扉曰门。"② 门，繁体字是門，户，繁体字是戶，所以，从造字上看，门的一半是户。《说文》孔颖达疏："室，宫室通名。因其四面穹隆曰宫，因其财物充实曰室，室之言实也。"③ 也就是说，里面的门是户，外面的门才是门，即大门。因为室之口曰户，所以，古代的入户就是入室。登堂入室，指的是进了大门（两扇的）之后才能进户（一扇的）。

　　在现代汉语中，则不同。现代汉语中，户的义项，有六个：门；人家、住户；门第；户头；量词，用于家庭；姓。④ 室的义项，有六个：屋子；机关、学校、工厂等内部的工作单位；妻子；家，家族；器官、机器等内部的空腔；二十八宿之一。⑤ 显然，与此处有关的义项很容易选择。在抢劫罪、盗窃罪之中，户的义项，要么是门，要么是人家、住户。室的义项，要么是屋子，要么是家，家族。排列组合后包括如下四种情形。

　　第一种，入户抢劫。要么解释为入门抢劫，要么解释为进入人家、进入住户抢劫。前者外延大于后者。

　　第二种，入户盗窃。要么解释为入门盗窃，要么解释为进入人家、进入住户盗窃。同样，前者外延大于后者。

　　第三种，入室抢劫。要么解释为进入屋子抢劫，要么解释为进入别人家抢劫。同样，前者外延大于后者。

　　第四种，入室盗窃。要么解释为进入屋子盗窃，要么解释为进入别人家盗窃。同样，前者外延大于后者。

---

① 2019年7月28日的搜索结果。
② 《康熙字典》，上海辞书出版社2008年版，第361页。
③ 《康熙字典》，上海辞书出版社2008年版，第223页。
④ 《现代汉语词典》，商务印书馆2012年版，第550页。
⑤ 《现代汉语词典》，商务印书馆2012年版，第1191页。

显然，从一般的法感觉和社会平均的观念来看，无论是入户抢劫还是入户盗窃，无论是入室抢劫还是入室盗窃，选择进入人家、进入住户抢劫、盗窃，都是更合适的。但是前已述及，现代社会的居住形态非常丰富，如何实质性解释新型的住家、住户，如合租形态，如营业与住宿合一形态，如集体住宿形态，如房车形态，等等，的确很有难度。因为住家、住户的形态很多，家庭的形态也很多，屋子也很多，是限制解释还是扩张解释，仅仅通过立法目的和法定刑，都是无法彻底解决这个问题的。

(四) 结论

笔者认为，由于当代中国的住宅形态、居住形态极为丰富，很难始终遵循统一标准。但是，有以下几点是需要注意的。

第一，现代汉语中，入户不完全等于入室。入室的外延会大一些。前已述及，只要是财物充实之所，都是"室"，但却未必够得上"户"。户强调的是家庭生活的居所，而室强调的是财产所在，侧重点不一样。但是，入户与入室在语义上有交叉的部分，也是客观事实。这使得在特殊的居住形态下，进入室内的犯罪行为，可能既可以解释为"入户"，也可以解释为"入室"，绝对区分二者有困难甚至不可能，二者不是完全并列的关系。有学者的观点过于绝对。[1]

但是同时，入户与入室的确存在着交叉的部分。家，人家，就是二者的交叉部分、共同义素。这也是不区分二者的语言基础。

第二，一户之内的多个房间或者屋子，不等于户。

第三，立法原意是很难确定的东西，所以，在解释的时候，不应该考虑所谓的立法目的，而只能根据客观文字进行解释。入户抢劫、入户盗窃使用的是"户"，义项选择的时候，如果选择人家、住户这个义项，就是偏向于严格解释，打击面偏窄。如果选择门这个义项，就是偏向于扩张解释，打击面偏宽。也就是说，入户抢劫、入户盗窃的"户"，恰恰是两派观点都可以根据自己的刑法观念来选择义项的一个词语：解释为入门、进入与外界隔离的门[2]实施抢劫、盗窃，属于扩张解释，能够扩大打击范围。反之，解释为进入人家、住户、住宅实施抢劫、盗窃，属于限制解释，能够缩小打击范围。

---

[1] 侯国云:《有关抢劫罪的几个问题》，《中国刑事法杂志》2000年第3期。
[2] 门的作用，就是隔离内外。

第四，住宅与户，需要互相参照，得出合理的解释。宅、家、室、户、门之间的紧密联系要时刻注意。宅、家、室，造字上是一致的部首。宅，居住的房屋。家，居也。室，房间。门、户，都是宅、家、室的入口，只不过门是外面的入口，户是屋内的入口。侵入住宅，就是非法入户，非法进入人家的门。显然，内室的门在此处并无什么意义。合租的套房，有个大门，同时每个合租人还有自己的户，此时，自己的户就具有了大门的意义，但是，其中一个合租人进入大门是合法的，而他进入其他合租人的户是非法的。但是，其中一个合租人进入其他合租人的房间抢劫或盗窃，被解释为入户抢劫或者入户盗窃，都是不妥的。

第五，入户犯罪无需通过门，通过窗户、天花板、地板等，也属于入户抢劫或者入户盗窃。从这个视角来看，这里的户并不是门的意思，而是户的另一个义项——人家、住户的意思。

第六，由于入户抢劫是重罪中的加重处罚情形，所以，进行限制解释为宜，应该解释为进入人家、住户抢劫，无论是典型的住家、住户，还是营业与住户合二为一的不典型的住家、住户的情形。而入户盗窃相对入户抢劫而言，是轻罪，所以，进行扩张解释为宜，应该解释为入门、进入与外界隔离的门盗窃，无论是住户的门，单位的门，宿舍的门，房车的门，办公室的门。单位的大门除外，因为进入大门还不是进入室内，还不是入室。也就是说，入户抢劫的户，与入户盗窃的户，不完全相同。

第七，家庭生活不能混同于生活。既然要尊重汉语，既然司法解释已经出现过家庭生活场所和生活起居场所两种表述方式，就应该进行严格界分。从义素角度来看，家庭生活的义素多于生活的义素，区别义素就是"家庭"。这必须结合婚姻家庭法和中国实际的家庭生活实际，考虑各种实际情况后予以认定。因此，作为家庭生活起居场所的移动房车、科考队员搭建的长期生活帐篷、前店后厂的空间、长期居住的办公室等，都应认定为"户"。

第八，家庭生活包括一个人的家庭生活、两个人的家庭生活、三个人的家庭生活、四个人的家庭生活、几代人的家庭生活，等等。就拿两个人的家庭生活来说，可能是小夫妻的家庭生活，可能是老夫妻的家庭生活，可能是母子二人的家庭生活，可能是兄弟二人的家庭生活，也可能是男女恋人的家庭生活。

家庭生活可能居住在别墅里面，可能居住在单元房里面，也可能居住在租住的棚户区，居住在临时的工棚里，居住在前店后厂的空间里，居住在三合一的空间里，或者居住在集体宿舍里面。抢劫集体宿舍，需要仔细区分，例如，高校的小夫妻刚结婚没房子，挤在学生宿舍的一间房里，行为人进去抢劫，是不是"入户抢劫"？肯定是啊。但是，行为人还是进集体宿舍去抢劫，但是抢劫的如果是四个学生住的那一间房屋，就不应认定为"入户抢劫"。所以，家庭生活与住所的空间样式或者空间形态是两个概念。

单身汉住在办公室，可能就是他的家庭生活。如果他还另有个小窝，小窝里面的生活也是他的家庭生活。单身汉住在办公室，在上班时间，这个空间不算是"户"，但是下了班，就算是"户"。

第九，今天城市里普通中国人的居住环境，基本上是公寓楼，此时入了门就是入了户、入了室。古代的建筑格局和建筑内部各个部分的名称虽然传承至今，但是其实质已经与古代不同。即便农村地区有的地方有封闭院落，院落距离房间尚有些距离，但是无须详细区分，行为人进入院落，就应该解释为进入户。所以，为了用语的统一，为了避免歧义和混乱，立法者应该把入户与入室进行统一。建议统一使用"入户"。只要是"进入他人生活的与外界相对隔离的住所"，诸如进入移动家庭性质的房车、集体宿舍、工棚等有门的场所，门之内有财物充实的，都应该解释为"入户"。现代汉语词典中，门户，是门的总称。① 所以，门，就是户。无需区分一道门还是二道门，无需区分住宅的大门还是房间的大门，也无需按照古代汉语区分"一扉曰户两扉曰门"，今天各家各户的门不管是一扇的还是两扇的，不管是大门还是房间门，都称为门。只是习惯上把入户门称为大门。这与古代是不一样的。或者，唐律的通俗用语"入人家"也是可以借鉴的语言表述方式，可以把现行刑法的入户或者生活中的入室盗窃分别改为"入家抢劫"或者"入家盗窃"。"人家"或者"家"，就是前述司法解释中的"家庭生活"的"家庭"。《说文》：家，居也。居所的意思。《说文》：室，实也。财物充实之所的意思。可见，一般而言，入室、入户、入人家、入门、侵入住宅②，都是等价关系。只是入室和入户两种表述方式用得较多罢了。因此，入户与入室的交叉部分，恰恰是二者等价的语言基础。考虑到入室的"室"在今天的习惯性解释与在古代的解释并不一致，考虑到"家室""十室九空"等语言遗迹中"室"的含义，笔者认为，入室与入户本身没有什么区别，需要区别的是，在具体的居住形态和空间形态下，怎么认定"室"或者"户"的问题。

---

① 《现代汉语词典》，商务印书馆 2012 年版，第 886 页。
② 陈洪兵："入户盗窃与入户抢劫的认定"，中国社会科学网。

第六章
语义场视角下的分型与涵摄

第一节 分型与涵摄概说

语言需要逻辑，法律语言更加强调逻辑，刑法语言则最讲究形式逻辑，这是学科特点决定了的，也是刑法语言作为刑法规范的载体所决定了的。

之所以说是学科特点决定了的，是因为刑法评价是把案件事实与构成要件挂钩，看案件事实能否属于构成要件的涵摄范围，看案件事实是否归属于构成要件指称的类别，例如，一个监察委的工作人员进行审查调查时进行暴力逼供、刑讯逼供，他是否属于构成要件"司法工作人员"的涵摄范围，这类思维在刑法那里是时时刻刻都在进行的。

之所以说是刑法语言作为刑法规范的载体所决定了的，是因为刑法语言是对案件事实、构成要件的定位与定性。刑法语言一旦确定，就意味着其对应着的世界的确定，无法游移与躲闪。至少，在应然层面上是这样的。例如，第415条负责办理护照、签证以及其他出入境证件的国家机关工作人员，这些文字和语言一旦被刑法规范确立下来，就意味着对应着的、所指的是护照、签证、港澳通行证等证件，而不是或者不包括边境管理区通行证（边境通行证、边境证）。二者分别属于公安部出入境管理局和边防管理局的管理范围。

无论是构成要件，还是罪名，还是因果关系，都只有在形式逻辑、语言逻辑的指引和限制下展开，才可能达到罪刑法定原则的真意——正当性、正义性、适正性。而最常用、最重要的刑法学形式逻辑，除了前文中的上位与下位，还有分型与涵摄。当然，分型涵摄与上位下位存在着紧密联系，无法分割。

如果从三阶层的犯罪论角度来看，构成要件符合性的实质也是一个涵摄问题。当一个具体的犯罪事实符合刑法的一个具体的下位构成要件时，即具有了符合性与该当性。而假如该犯罪事实同时也符合一个具体的上位构成要件时，当然仍然具有符合性与该当性。那么，把这一过程反过来，即：一个上位构成要件涵摄一个下位构成要件，这个下位构成要件涵摄了具体的犯罪事实。在日本刑法史上，汽油车（犯罪事实）与汽车（构成要件）的符合性判断问题，不是从文理来理解的观念形象，而是可以加以扩张的灵活的观念形象。① 这种做法其实是对文理的抛弃，也是对文字的抛弃，这不是因为文字本身有什么不妥，而是立法者的孤陋寡闻与浅见。如果那时候就以"机动车"作为构成要件，就有"机动车"这一观念形象，那么就很难涉及扩张解释了。汉语的刑事立法已经发展到了今天的高度了，对于涵摄问题和符合性问题的一体两面的关系，应该有更加深刻的把握。这才能避免刑事立法的频繁修改。

对此，有学者认为："在刑事司法审判上，判断具体之犯罪事实是否与刑法条款之抽象规定相符合一致，而可适用该条款定罪科刑之包摄（Subsumtion）过程，首先必须悟解与阐释该条文之标准意义。"② 所以，逻辑上的涵摄问题，具体到刑法学上，就是一个符合性问题。

一、能够分型

刑法构成要件，有的能够分型，有的不能或者暂时不能分型。这是人类的认识能力导致的。

对于正犯的理解，怎么才算是妥当的、周延的，笔者以为，有必要把正犯分型为两种，即真正的正犯与正犯背后的正犯。前者是限制的正犯，后者是扩张的正犯。于是，相应地，因果关系也有两种，一种是真正的因果关系，即实行行为与危害结果的关系。一种是虚拟的因果关系，即非实行行为（大人物的行为）与危害结果的关系。共谋共同正犯是典型的扩张正犯，其本质也是一种刑法的虚拟。在扩张正犯下的因果关系，由条件关系上升为因果关系，背后的大人物支配着犯罪进程，为了加重其刑事责任，虚拟为共同正犯，相应地，与危害结果的关系就由条件关系上升为因果关系。可见，因果关系既包括本来的因果关系，也包括虚拟的因果关系，像虚拟正犯与扩张正犯下的因果关系就是虚拟的因果关系。众所周知，因果关系本已经很复杂了，学说纷纭，终无定论，现在再加上虚拟的因果关系，只会使因果关系更复杂，这是不利于刑法发展的，尤其是有害于司法实践，有害于刑事被告人的权益。那么，就很有必要对于刑

---

① ［日］西原春夫：《犯罪实行行为论》，戴波、江溯译，北京大学出版社2006年版，第59页。
② 林山田：《刑法通论》，（台湾）台大法律系发行1998年版，第43页。

法中的致、致使、导致等表达事物之间联系的词语进行分型，一种类型是因果关系的，一种则是条件关系的。

买凶杀人（包括雇凶杀人）和强力机关杀人是不同分型。买凶杀人（包括雇凶杀人）是教唆犯与实行犯的关系。而强力机关杀人，是不需要买和雇的，所以是扩张的正犯与限制的正犯的关系，是共谋共同正犯与限制的正犯的关系，是正犯背后的正犯与正犯的关系。之所以说强力机关杀人不需要买和雇，是因为买和雇这一表述语言，意味着双方地位平等或大致平等，而强力机关杀人中强力机关和受其指派的杀人者之间哪里有什么平等呢。

战时，可以分型为真正的战时与以战时论两种。军人，分型为真正的军人与以军人论两种。国家工作人员，分型为真正的国家工作人员和以国家工作人员论两种。

渎职罪一章的犯罪主体，分型为法典规定的犯罪主体（国家机关工作人员）和立法解释规定的犯罪主体（广义的或者称为扩张的国家机关工作人员[①]）两种。

国家工作人员的本质特征是从事公务。而从事公务的人（即便是无身份的临时工）应该被认定为国家工作人员，包括本来的国家工作人员和以国家工作人员论的国家工作人员两种。本来的国家工作人员是有身份的常时监临主守者，以国家工作人员论的是没有身份的临时监临主守者。[②] 即"临时或永久性地履行公共职能的人员"[③] 两种。

杀人罪，可以分型为本来的杀人罪与拟制的杀人罪。

狭义的暴力可以分型为直接伤害肉体的暴力和间接伤害肉体的暴力两种。胁迫可以分型为以暴力为内容的恶害进行通告的胁迫，以当场暴力为内容的恶害进行通告的胁迫，以非暴力为内容的恶害进行通告的胁迫三种。广义的暴力包括上述胁迫。

普通正当防卫与特殊正当防卫是正当防卫的不同分型，前者不能明显超过必要限度，而后者是可以明显超过必要限度的。

[①]《第九章渎职罪主体适用问题的解释》(2002年12月28日第九届全国人大常委会第三十一次会议通过)：在依照法律、法规规定行使国家行政管理职权的组织中从事公务的人员，或者在受国家机关委托代表国家机关行使职权的组织中从事公务的人员，或者虽未列入国家机关人员编制但在国家机关中从事公务的人员，在代表国家机关行使职权时，有渎职行为，构成犯罪的，依照刑法关于渎职罪的规定追究刑事责任。
[②] 董康：《刑法比较学》，何勤华、魏琼：《董康法学文集》，中国政法大学出版社2005年版，第529页。
[③]《阿根廷刑法典》，于志刚译，中国方正出版社2007年版，第22页。

伪造货币罪和变造货币罪是不是广义的伪造之下的两个分型，广义的伪造，其含义就是词典义，即假造。① 也就是造假。而狭义的伪造，是与变造相对称的概念，指的是没有真实货币基础的制造。变造则是有真实货币基础的制造。从广义来看，其实都是假的货币，都是假造、造假。

使用武力，可以分型为使用武器类型的武力、使用非武器类型的武力。使用非武器类型的武力可以分型为使用警械类型的武力、使用非警械类型的武力。使用非警械类型的武力可以分型为徒手使用武力、非徒手使用武力。非徒手使用武力主要包括使用高压水枪、催泪弹等非警械类的警用装备，② 等等。

二、不能分型与暂时分型

由于认知能力的局限，构成要件不能分型与暂时分型的情形也不少。例如，语言的创新使用使得原有分型被打破，上下位关系与交叉关系重叠。或者，事物的性质尚未被认识之前难以分型难以深入事物内部精确切分，认知能力有限，犯罪现象还是混沌的整体，其局部尚未出现或者尚未被认识，当然无法分型，此时往往使用列举方法。或者，由于认知的发展不是一次完成，对于事物的分型可能是暂时的，随着认知的深入，会动态进步与调整。这都是常见的现象。

（一）爆燃

2019年3月31日，江苏昆山汉鼎精密金属有限公司"3·31"爆燃事故——江苏省安全生产委员会办公室通报称，经初步分析，事故直接原因是企业在镁合金铸件机加工过程中，使用了含水较高的乳化切削液，收集的镁合金碎屑废物未进行有效的除水作业，镁与水发生放热反应，释放氢气。又因镁合金碎屑堆垛过于集中，散热不良，使得反应加剧，瞬间引发集装箱内氢气发生爆燃，爆燃的冲击波夹带着燃烧的镁合金碎屑冲破集装箱对面机加工车间的卷帘门，导致机加工车间内卷帘门附近的员工伤亡，造成7人遇难，1人重伤，4人轻伤。通报称，事故暴露出昆山汉鼎精密金属有限公司对镁合金碎屑废物的危险性辨

---

① 《现代汉语词典》，商务印书馆2012年版，第1355页。
② 学者们对警用装备的分类也不一致，而分类不一致直接决定了笔者的上述分类可能不周延或者错误。

识和风险评估不到位，事故隐患排查治理不到位，废物暂存仓库设置不合理以及现场管理不到位等问题。

爆燃，既是爆炸，也是燃烧。也就是说，爆燃一词出现后，爆炸与燃烧就成为交叉关系。那么，导致爆燃发生的犯罪现象，被评价为什么犯罪类型，就成为难题。法条竞合、想象竞合就是这样产生的。

爆燃、爆炸与燃烧的交叉关系，并非现在才出现。在中国化学品安全协会发布的一篇分析文章中，多次出现"火灾爆炸事故""爆炸着火事故""爆燃事故""爆炸火灾事故"等语言。

据不完全统计，近30年来，全国发生在7—9月份涉及危化品的重特大典型安全事故18起，占30年来涉及危化品重特大事故总数的40%以上。从事故类型来看，火灾爆炸事故有16起，占比达88.9%……另一起发生在破拆施工环节，即2010年江苏南京"7·28"地下丙烯管道泄漏爆燃事故……从事故企业所属行业来看，精细化工行业发生事故最多，共计6起，占比33.3%，分别是2000年山东青州潍坊弘润石化助剂总厂"7·2"油罐爆炸事故、2018年四川宜宾恒达"7·12"重大爆炸着火事故、2006年江苏射阳盐城氟源化工公司临海分公司"7·28"氯化塔爆炸事故、2006年天津宜坤精细化工"8·7"爆炸事故、2015年山东东营滨源化学"8·31"重大爆炸事故、1991年江西贵溪农药厂"9·3"一甲胺特大中毒事故等，其中的3起事故涉及硝基化合物。从事故原因来看，违反操作规程或劳动纪律是导致事故发生的主要原因，18起事故中有10起均与此有关，占比55.6%。例如2008年云南南磷集团电化有限公司"9·17"事故，企业液氯充装站操作工将液氯钢瓶充满、关闭液氯充装阀后，没有及时调节液氯充装总管回流阀，充装总管短时压力迅速升高，造成充装系统压力表根部阀门上部法兰的垫片出现泄漏，进而造成71人中毒。又如造成22人死亡的2006年江苏射阳盐城氟源化工公司临海分公司"7·28"氯化塔爆炸事故，在氯化反应塔冷凝器无冷却水、塔顶没有产品流出的情况下，企业操作工没有立即停车，而是错误地继续加热升温，使物料（2,4-二硝基氟苯）长时间处于高温状态，最终导致其分解爆炸。发生在道路运输环节的4起事故中，有3起是因违章驾驶、违规运输危化品所致。如2014年沪昆高速湖南邵阳段"7·19"特别重大道路交通危化品爆燃事故，运载乙醇的轻型货车追尾大客车，致使乙醇泄漏燃烧。又如2011年京珠高速河南信阳"7·22"特别重大卧铺客车燃烧事故，大型卧铺客车违规运输15箱共300公斤危化品偶氮二异庚腈，并堆放在客车舱后部，偶氮二异庚腈在挤压、摩擦、发动机放热等综合因素作用下受热分解并发生爆燃。发生在储存环节的 4 起事故中，有 2 起皆与禁配物质混存混放有关。如 1993 年深圳市清水河危险化学品仓库"8·5"特大爆炸火灾事故，大量氧化剂高锰酸钾、过硫酸铵、硝酸铵、硝酸钾等与强还原剂硫化碱、可燃物樟脑精等混存在仓库内，氧化剂与还原剂接触发生反应放热引起燃烧爆炸。又如天津港"8·12"瑞海公司危险品仓库特别重大火灾爆炸事故，事故爆炸范围扩大与该企业超量储存及将不同类别的危险货物混存密切相关。此外，有 2 起事故是因对现场工作缺乏检查或指挥错误所致。如 2015 年山东东营滨源化学有限公司"8·31"重大爆炸事故，在不具备投料试车条件下，该企业先后两次组织投料试车，均因为硝化机温度波动大、运行不稳定而被迫停止。事故发生当天，企业负责人在上述异常情况原因未查明的情况下，再次强行组织试车，违规向地面排放硝化物，导致起火并引发爆炸。[①]

无论是爆燃还是燃爆，都是交叉关系。爆炸与燃烧是立法者列举的结果，而非形式逻辑上分类的结果。与此类似，爆炸与决水也是交叉关系，决水与放火也是交叉关系。如果根据形式逻辑，应该分为爆炸与非爆炸，决水与非决水，等等。立法者认为常见的危害公共安全的形式有爆炸罪、放火罪、决水罪，等等，这是列举，而不是分类。只要是列举，就可能出现交叉关系，不能认为还没出现实际的交叉关系的案例就认为这是分类。

类似爆燃这样的，还有下文的商业广告与公益性广告的关系，随着地方政府为推介本地特色产品投放公益性广告的普及，二者也许是交叉关系，而不是以往认为的并列关系。

（二）同质分立

对于分型与涵摄，有学者从同质性、同质分立角度展开论证，可谓殊途同归。[②] 既然认为是同质性、同质分立，就意味着分立出来的各种具体形态是同质之下的不同分型，是被同一性质的犯罪类型所涵摄的。也就是说，同质就是有共同义素，不同分型（分立）就是区别义素。

如有学者认为，对于金融市场的操纵的犯罪，证券、期货市场操纵类型的

[①] 30 年来 7—9 月涉及危化品重特大事故统计分析高温季节提醒企业高度警觉，中国安全生产网。
[②] 王志远：《论我国刑法个罪设定上的"过度类型化"》，《法学评论》2018 年第 1 期。

犯罪是涵摄力最大的表述，下分为操纵金融商品与操纵资本两类，操纵金融商品即操纵证券、期货市场罪，明示行为类型系价量操纵。而操纵投资者配置资本也是市场操纵类型。操纵投资者配置资本的典型就是抢帽子交易。[①] 该论者认为：刑法理论应以同质性解释规则为核心对操纵证券、期货市场罪兜底条款进行限制性解释，以抢帽子交易属性辨正为契机，诠释市场操纵的实质内涵。各国普遍将抢帽子交易规定为市场操纵犯罪，这为判断我国刑法是否有必要启动兜底条款评价抢帽子交易提供了重要参考。操纵证券、期货市场罪明示行为类型均系价量操纵，而本罪实质是市场操纵，价量操纵并非市场操纵全部内容。证券期货市场包括金融商品与资本两类要素，操纵投资者配置资本也是市场操纵类型。抢帽子交易不属价量操纵，但契合资本操纵机理，具有操纵证券、期货市场的犯罪实质，应纳入兜底条款归责。抢帽子交易操纵的犯罪属性应通过司法解释明确并从严把握入罪标准。

操纵证券、期货市场罪是立法者认知不足的一个典型，我国的证券市场尚不成熟，监管者当然也是摸着石头过河，因此，操纵证券、期货市场罪的分型问题是发展的，不可能一次完成。上述学者的研究很有意义，但未必就具有终极的价值，毕竟，操纵证券、期货市场罪还会不会在操纵金融商品与操纵资本两类之外，再出现新的分型，谁也难以预料。比如，操纵汇率、操纵利率、操纵金价等行为，是不是属于操纵证券、期货的行为，等等。

三、不周延的分型

分型的基本要求是周延，是符合形式逻辑，否则，思维的盲区会导致不周延的分型，不周延的分型折射出思维的盲区。

例如，交通肇事罪，可以分型为机动车（包括超标电动自行车）驾驶人构成的交通肇事罪，非机动车（包括残疾人机动轮椅车、电动自行车、畜力车等）

[①] 刘宪权：《操纵证券、期货市场罪"兜底条款"解释规则的建构与应用——抢帽子交易刑法属性辨正》，《中外法学》2013年第6期。

驾驶人构成的交通肇事罪[1]，行人（理论上包括交警[2]）构成的交通肇事罪，乘车人（理论上也包括交警[3]）构成的交通肇事罪四种，这是符合形式逻辑要求的分型，《中华人民共和国道路交通安全法》第四章"道路通行规定"也是按照这个分类模式来编排条文的。而如果先入为主，没有建构一个周延的思维，那么就会出现问题，出现遗漏。例如，有学者认为，酒醉后骑自行车上路即使将他人撞成重伤也不构成交通肇事罪，因为自行车不属于本罪要求的交通工具。[4] 这个结论当然是错误的。因为，交通肇事罪的构成要件中并没有交通工具，构成交通肇事罪只要求违反交通运输法规致人死伤等即可。交通肇事罪不是交通工具肇事罪。酒醉的骑车人骑车当然也属于违反交通运输法规，当然可以构成本罪。《中华人民共和国道路交通安全法》载明的，不仅有机动车通行规定，还有非机动车通行规定、行人和乘车人通行规定等。例如，第57条："驾驶非机动车在道路上行驶应当遵守有关交通安全的规定。非机动车应当在非机动车道内行驶；在没有非机动车道的道路上，应当靠车行道的右侧行驶。"第58条："残疾人机动轮椅车、电动自行车在非机动车道内行驶时，最高时速不得超过15公里。"在司法实践中，也已经出现了行人违规通行致死伤构成交通肇事罪的案例。

2018年12月6日17点46分接到报警，浙江省鄞州区五乡镇中国中车集团附近路口一辆电动车摔倒了，需要拨打120急救。民警赶赴现场，120救护车将伤者送往医院，电动车车主经抢救无效死亡。经法医初步鉴定，死者并无明显致命伤势。通过调取事故现场监控发现，这辆电动车由东往西经环城南路南车路路口时，与由北往南违反交通信号灯行走的行人发生碰撞。双方均倒地，行人事发后往西方向逃匿，而电动自行车驾驶人摔倒后就不省人事。警方成立专案组，查到了肇事者是暂住在五乡镇沙堰村的谢某。12月14日早上，正式抓获肇事逃逸的嫌疑人谢某（女，55岁），她如实交代了事故经过及事发后逃匿情况。案发后，谢某亲属代为向被害人亲属赔偿5万元。在本次事故中，谢某违反交通信号灯指示通行且造成交通事故后逃逸，承担本起交通事故的主要责任；邓某驾驶电动自行车在机动车道内行驶，承担次要责任。经鉴定，被害人

---

[1] 《中华人民共和国道路交通安全法》第60条：驾驭畜力车，应当使用驯服的牲畜；驾驭畜力车横过道路时，驾驭人应当下车牵引牲畜；驾驭人离开车辆时，应当拴系牲畜。
[2] 例如，交警错误指挥、错误发出交通信号等导致的交通事故。
[3] 例如，交警乘车时指使、强令驾驶人违章驾驶导致的交通事故。
[4] 王海桥：《经济刑法解释原理的建构及其适用》，中国政法大学出版社2015年版，第158页。

邓某因交通事故头部撞击钝性物体面，导致颅骨骨折、蛛网膜下腔出血，继而引发颅内压增高，压迫延髓呕吐中枢及生命中枢，咳嗽等反射减弱，呕吐物吸入呼吸道阻塞支气管引起窒息死亡。2019年3月19日，公诉机关指控被告人谢某犯交通肇事罪，向鄞州法院提起公诉。被告人谢某对公诉机关的指控罪名表示认罪，同时解释当天晚上风雨交加，自己打着伞没能看清路面情况，在事故发生后，因为心慌意乱，又担心对方讹钱，就逃离了事故现场，没有查看车主的受伤情况也未报警。鄞州法院审理后认为，被告人谢某违反道路交通管理法规，因而发生致一人死亡的重大交通事故，并在交通肇事后逃逸，其行为已构成交通肇事罪。谢某的犯罪行为致使附带民事诉讼原告人遭受损失，依法应承担相应的民事赔偿责任。判处被告人谢某有期徒刑3年，赔偿被害人家属医疗费、丧葬费、被扶养人生活费、死亡赔偿金等共计117万余元。①

再如，刑法解释方法中的历史解释和体系解释两种，未必就是并列关系。如本书提出的历时性的体系解释或者历史性的体系解释，就表明二者可能是交叉关系。这方面例子还有，历史文义解释和现实文义解释的提法②，也表明文义解释与历史解释也未必就是并列关系。这样算下来，公认的文理解释、历史解释、目的解释、体系解释等方法，都存在交叉关系的可能性。而所谓的合宪性解释，其实是所有法律解释结论的"底线"而已，本来就是不言自明的事情。况且，一个具体的典型的刑法案件，本身就会对抽象的宪法精神和宪法规则进行补足或者拓展，此时的合宪性实际上是一种超宪性，而如何让超宪性变成合宪性，显然，罪刑法定的正义性才是合宪性的基石。再说，合宪性不是明明白白摆在那里让解释者去照抄、去套用的现成的东西，一个新案例是不是具有合宪性，本身是需要去证明的，而不是已经证明了的东西。最后，因为合宪性本身不是什么具体可操作的标准和规则，所以，当把矛盾的最终解决都寄希望于合宪性解释的时候，反而会使得合宪性本身被消解。所以，笔者认为，无需把合宪性作为兜底的解释方法，因为无论是罪刑法定，还是其他各种解释方法，无一不是在宪法精神之下进行的。各种解释方法都是对合宪性解释的阐发和延展，各种解释方法的结论是否合理本身都要受到合宪性的制约，合宪性显然不是一个兜底的解释方法，而是自始至终都需要解释者予以遵循的红线，无需再用合宪

---

① 她怎么也想不到，走路闯了个红灯，今天被判3年、赔偿117万！付出这么大的代价！
② 王海桥：《经济刑法解释原理的建构及其适用》，中国政法大学出版社2015年版，第157页。

性来最后筛查一遍解释结论，这很烦琐，也无必要。换句话说，当我们的各种解释方法都已经得到很好的运用的时候，合宪性本身已经失去操作价值。

所以，有学者把客观解释分型为语义解释和语用解释，至少是符合形式逻辑所要求的周延性的。[1] 该学者认为，语义解释是客观解释之基础，而语用解释是客观解释之实现。所以，刑法解释无非就是体系内的解释和体系外的解释两种，只不过"体系"如何界定罢了——是以刑法文本作为体系还是以整个法律文本作为体系。因此，既然探讨的是刑法解释和刑法问题，自然应该把刑法文本作为这里的体系比较合适。也就是说，刑法自身的体系才是这里的体系。否则，如果把最广义的体系定位为这里的体系，就不会再有所谓的体系外解释了，都成了体系内的解释了。

第二节 分型的形式逻辑与语义视角

一、分型不能使用列举方法

分型不能使用列举方法，否则，分型就不周延，不符合形式逻辑的要求。最理想的分型是严格遵守形式逻辑的分型，刑法解释需要这样的分型，而且非常需要，随手列举的做法已经不适应法治国家的建设要求了。但是由于认知能力的原因，以及每个刑法解释者的知识结构的原因，学者们还是特别习惯于使用列举来代替分型，以自己熟悉的方式、在自己熟悉的领域进行列举，这在刑法总则和刑法分则中都非常多见。

例如，日本学者在研究公然猥亵罪的时候，单独涉及脱衣舞这一具体犯罪方式[2]，就属于对公然猥亵罪的列举而不是形式逻辑的分型。这是因为，经验法则告诉我们，有限的过去的经验告诉我们，公然猥亵罪的典型犯罪样式是脱衣

---

[1] 王政勋：《刑法解释的语言论研究》，商务印书馆2016年版，内容简介。
[2] [日] 大谷实：《刑法各论》，黎宏译，法律出版社2003年版，第369页。

舞而已。但网络犯罪发展后，公然猥亵罪的表现形式发生变化，屏幕前的公然犯罪未必会脱衣，也未必会跳舞。假如根据形式逻辑对公然猥亵罪进行分类分型，可以分为屏幕内的公然猥亵罪和屏幕外的公然猥亵罪。屏幕内的公然猥亵罪和屏幕外的公然猥亵罪都可以涉及脱衣舞。

再如，我国学者在研究不作为犯作为义务的来源的时候，往往会列举法律明文规定的义务（即法律义务）、法律行为引起的义务（即合同义务）、职务或业务上要求的义务（即职业义务）、先行行为引起的义务等四种[①]，此即形式的四分说，这是列举，是形式的作为义务说支撑下的分类结果。这四种类型显然不是根据形式逻辑进行的分类分型。[②] 在近代刑法学早期，无论是费尔巴哈的法律和契约的两来源说，还是19世纪末开始的法律、契约和先行行为的"形式的三分说"，都没有将作为义务实质化，列举的方式不够全面，列举还缺乏分类的依据。[③] 有学者就认为：形式的作为义务说以列举的方式阐明作为义务的来源问题，而列举法的弊端在于无法涵盖所有的作为义务来源的类型。并且随着社会的发展和社会关系的日益复杂化，作为义务的来源呈现不断增加之势，此时列举的方式便无法涵盖这些增加的事例，无法有效地指导司法的认定。[④] 于是，在实质的作为义务说支撑下，新的分型就应运而生了。[⑤]

再如，暴力。这是一个很复杂的构成要件。分型方式很多。日本学者分为最广义的暴力、广义的暴力、狭义的暴力、最狭义的暴力。[⑥] 王政勋教授把刑法中的35个暴力分为最严重的暴力、严重的暴力、较严重的暴力、较轻的暴力、最轻微的暴力。[⑦] 笔者认为，王政勋教授对暴力的分型和具体论述存在很多逻辑错误。

第一，他认为，暴力是实行行为的表现方式。在有的犯罪中，暴力是实行行为的一部分，属于手段行为。[⑧] 像暴力干涉婚姻自由罪，其实行行为只有暴力，干涉婚姻自由是行为人实施暴力的目的。换句话说，暴力干涉婚姻自由罪并不

[①] 高铭暄、马克昌：《刑法学》，北京大学出版社、高等教育出版社2016年版，第68页。
[②] 先行行为引起的义务，有的是法律义务，如司机对交通事故被害人的救助义务；有的是合同义务，如行为人带领邻居家的小孩外出游玩遇险后对小孩产生的救助义务，等等。
[③] 笔者认为，费尔巴哈的法律和契约的两来源说，在形式逻辑上是没有任何问题的。
[④][⑤] 谢绍华：《作为义务来源的实质化》，《政法论坛》2008年第2期。
[⑥] ［日］前田雅英：《刑法各论讲义》，转引自张明楷：《刑法分则的解释原理》，中国人民大学出版社2003年版，第330页。
[⑦] 王政勋：《刑法解释的语言论研究》，商务印书馆2016年版，第245页。
[⑧] 王政勋：《刑法解释的语言论研究》，商务印书馆2016年版，第244页。

第六章 语义场视角下的分型与涵摄

是复合行为犯，而是目的犯的单行为犯。虽然论者此处并未涉及暴力干涉婚姻自由罪，但是在后文中明确认为"否则难以实现干涉婚姻自由的目的"①

第二，他认为，暴力危及飞行安全罪中的暴力是较严重的暴力。②而事实上，只要对机组人员或者机长等进行禁闭、关押，就足以危及飞行安全。也就是说，本罪的暴力最高限度也许是较严重的暴力，但是也不能把论者所谓最轻微的暴力排除在外。因为，本罪的刑度很大，最低是拘役。此时，当然不能认为本罪的暴力是较严重的暴力。

第三，他认为，暴力干涉婚姻自由罪中的暴力是"仅仅是指造成肉体的暂时痛苦而没有造成任何轻伤害的暴力的单纯暴力"③。可是，刑法学界的通说认为，本罪可以使用禁闭的方法，也就是非法拘禁的方法。在非法拘禁的时候，行为人对于被害人是不是"造成肉体的暂时痛苦"呢？是不是"单纯暴力"呢？并不清楚。本书认为，"仅仅是指造成肉体的暂时痛苦而没有造成任何轻伤害的暴力的单纯暴力"是很暧昧的语言表述，至少，暴力干涉婚姻自由罪出现非法拘禁方式的时候，根本无法判断是不是"单纯暴力"。

第四，他认为，暴力是一个多义词。而实际上，刑法中的暴力只有一个词典义，即"侵害他人人身、财产的强暴行为"④。而不会是另一个词典义——国家强制力。那么，问题在于，一个词典义很明确的暴力，为什么解释起来如此艰难呢，笔者认为，是由于犯罪事实、犯罪类型的原因导致了暴力的分型太复杂，于是暴力的内涵在遇到不同犯罪类型的时候自动产生了弹性，自动调整其外延大小，以适应犯罪事实，适应法定刑，适应立法原意，适应公众的刑法感觉，等等。而上述这些需要适应的要素，就是语境或者语用。也就是说，每个罪名所提供的具体语境或者语用，决定了暴力该如何解释。

分型分类不能使用列举的方法，这意味着，好的词典义最好也不要使用列举的方法，因为如果词典义使用列举的方法，只是在对事物进行简单的归纳和列举，会产生可能的不周延，实际上等于没有给其下定义。例如，弹药一词，早期的词典义中是：枪弹、手榴弹、枪榴弹、炮弹、炸弹、火箭弹、地雷等的

---

①③ 王政勋：《刑法解释的语言论研究》，商务印书馆2016年版，第251页。
② 王政勋：《刑法解释的语言论研究》，商务印书馆2016年版，第247页。
④ 王政勋：《刑法解释的语言论研究》，商务印书馆2016年版，第243页。

统称。① 后期的词典义变为：枪弹、炮弹、手榴弹、炸弹、地雷等具有杀伤能力或其他特殊作用的爆炸物的总称。② 后期的词典义好于前期，是因为揭示出了弹药的本质是——爆炸物。至于如何爆炸，是利用武器发射后爆炸，还是投掷后爆炸，还是敌人踩踏或者触碰后爆炸，在所不论。

二、分型应该符合形式逻辑

例如，淫乱行为的形式逻辑。淫乱行为包括聚众的淫乱和非聚众的淫乱。聚众的淫乱包括交易性的聚众的淫乱和非交易性的聚众的淫乱。一般而言，聚众淫乱罪指的是非交易性的聚众的淫乱，交易性的聚众的淫乱是一种卖淫行为。非聚众的淫乱包括非交易性的非聚众的淫乱和交易性的非聚众的淫乱。一般而言，交易性的非聚众的淫乱是一种卖淫行为，而非交易性的非聚众的淫乱尚未构成犯罪，其实指的是成年人之间的和奸行为，既不是犯罪，也不是一般违法行为，而是合法行为，但是可能触犯党纪、政纪，会受到法律制裁之外的党纪、政纪处分。

再如，弹药。弹药是上位概念，枪弹、炮弹、手榴弹、炸弹等则是其下位概念，子弹其实指的是枪弹，所以，子弹是弹药的下位概念。虽然弹药的本质就是爆炸物，但是刑法中的爆炸物，实际上是与弹药存在交叉关系的概念。根据形式逻辑，刑法中的爆炸物，可以分为民用爆炸物和军用爆炸物，而军用爆炸物，又可以分为具有杀伤能力的军用爆炸物和其他特殊作用的军用爆炸物（如信号弹），具有杀伤能力的军用爆炸物又可以分为利用武器等发射的具有杀伤能力的军用爆炸物（如飞弹、枪弹等）和不利用武器等发射的具有杀伤能力的军用爆炸物（如手榴弹、地雷等）。

再如，笔者曾经探讨过的"在战场上"与"战时"的关系。军职罪一章中，"在战场上"是犯罪地点，"战时"是犯罪时间，"在战场上"发生的犯罪行为肯定是能够解释为"战时"的，而反过来，"战时"发生的犯罪行为却不一定能够解释为"在战场上"，"战时"发生的犯罪行为也可能发生在战场之外，发生在

---

① 《辞海》（缩印本），上海辞书出版社1980年版，第1092页。
② 《现代汉语词典》，商务印书馆2012年版，第258页。

后方，所以，"战时"外延更大，完全可以涵摄"在战场上"。也可以从另一种形式逻辑的角度来确定两者的关系："战时"分为"战时在战场上"和"战时在战场外"；而"在战场上"只有"战时在战场上"的情形，却不可能具有"非战时在战场上"的情形，因为"在战场上"本身具有"战时"的内涵。这样的话，"在战场上"内涵大外延就小，"战时"内涵小外延就大，"战时"是"在战场上"的上位构成要件。[①]

再如，"战时"可以分型为"战时"的军事行动地区和"战时"的非军事行动地区。军事行动地区是进行作战、反恐、维和、演习、救援的地区。"战时"的军事行动地区只能是作战的地区，而不再包括反恐、维和、演习、救援的地区。"战时"的非军事行动地区指的是战时军事行动地区之外的地区。

军事行动地区可以分型为平时的军事行动地区和战时的军事行动地区。平时的军事行动地区指的是反恐、维和、演习、救援的地区。战时的军事行动地区指的是作战的地区。

再如，笔者曾经探讨过的毒品犯罪罪名之间的关系。如果从形式逻辑角度分类，运输毒品包括跨境运输毒品和非跨境运输毒品，而走私毒品只是跨境运输毒品。同理，第350条中的非法运输制毒物品罪和走私制毒物品罪也是属种关系、上下位关系，因为，非法运输制毒物品包括非法跨境运输制毒物品和非法非跨境运输制毒物品，而走私制毒物品只是非法跨境运输制毒物品而已。所以，运输毒品罪是上位罪名，非法运输制毒物品罪（或表述为"运输制毒物品罪"）也是上位罪名。一般认为，运输相对于携带而言，属于上位构成要件，二者指称的范围有大小的不同。在运输毒品罪中，运输毒品与携带毒品的关系，就是属种关系，无论是利用工具运送还是随身携带，或者人体藏毒，都应该处断为运输毒品罪。[②]

再如，组织卖淫罪的分型。前已述及，如果不顾及卖淫的词典义，那么卖淫包括四种可能的情形，第一种是女性对男性实施的卖淫，第二种是女性对女性实施的卖淫，第三种是男性对女性实施的卖淫，第四种是男性对男性实施的卖淫。其实，理论上还有下列可能性：第五种是女性对中性人实施的卖淫，第六种是男性对中性人实施的卖淫，第七种是中性人对女性实施的卖淫，第八种

[①] 胡先锋：《解构与重构：刑法分则类型化研究》，中国政法大学出版社2018年版，第30页。
[②] 胡先锋：《解构与重构：刑法分则类型化研究》，中国政法大学出版社2018年版，第174页。

是中性人对男性实施的卖淫，第九种是中性人对中性人实施的卖淫。随着社会发展，也许还会出现新的可能性，例如机器人、智能工具、AI 等对男性、女性、中性人实施的卖淫。当然，笔者对第一种之外的任何可能情形都认为不能处断为卖淫，而应该以立法的、立改、废予以回应和规制。

再如，《中华人民共和国疫苗管理法》第二条规定："在中华人民共和国境内从事疫苗研制、生产、流通和预防接种及其监督管理活动，适用本法。本法未作规定的，适用《中华人民共和国药品管理法》《中华人民共和国传染病防治法》等法律、行政法规的规定。本法所称疫苗，是指为预防、控制疾病的发生、流行，用于人体免疫接种的预防性生物制品，包括免疫规划疫苗和非免疫规划疫苗。"这一规定中对疫苗的分型分类就符合形式逻辑，是周延的。第 97 条："免疫规划疫苗，是指居民应当按照政府的规定接种的疫苗，包括国家免疫规划确定的疫苗，省、自治区、直辖市人民政府在执行国家免疫规划时增加的疫苗，以及县级以上人民政府或者其卫生健康主管部门组织的应急接种或者群体性预防接种所使用的疫苗。非免疫规划疫苗，是指由居民自愿接种的其他疫苗。"

不过，分型分类并不是绝对的。因为，分型分类标准如果加以改变，同样的概念会产生不同的分型。分型分类观念如果加以改变，同样的概念也会产生不同的分型。例如，车型分类，不同法律法规背景下分类分型就不一样。《收费公路车辆通行费车型分类》由交通运输部发布，于 2019 年 9 月 1 日起实施。2003 版标准收费车型分为两大类：客车和货车。2019 版新标准对车辆类别体系重新划分，增加"专项作业车"大类，全部收费车辆按客车、货车和专项作业车三个大类分别进行具体分类。新标准将不以载客和载货为主的专项作业车辆单独作为一个类别划分出来，可以较好地解决目前各地对专项作业车辆分类的不明确、不统一和不合理的问题，同时与国家标准及公安机关交通管理部门关于机动车辆分类的体系相一致，减少了收费争议，便于收费费率制定和收费管理。从以前的二分法变为现在的三分法，即从客车、货车，变为现在的客车、货车、专项作业车，专项作业车不再属于货车了。如果今后摩托车可以上高速公路行驶，摩托车应归属于客车还是货车？显然，二分法、三分法都无法完美解决这个问题，只能再次重新分类。

而现行《中华人民共和国车船税法》的分类是乘用车、商用车、挂车、其他车辆、摩托车、船舶六大类，税目税额各不相同。其他车辆又分为专用作业车和轮式专用机械车。船舶又分为机动船舶和游艇。显然，上述两种分类是不同的。

再如,《中华人民共和国食品安全法》第150条规定:"食品,指各种供人食用或者饮用的成品和原料以及按照传统既是食品又是中药材的物品,但是不包括以治疗为目的的物品。"而《中华人民共和国农产品质量安全法》第2条规定:"本法所称农产品,是指来源于农业的初级产品,即在农业活动中获得的植物、动物、微生物及其产品。"这两部法律中的食品、农产品是交叉关系,有的农产品不是食品,如中药草乌、一般花卉。有的食品不是农产品,如薯片、杏仁饼,等等。

三、两个逃逸不同分型

当立法者使用了与司法实践有较大距离的能指的时候,也很难分清楚其原意是什么,难以忖度其制定规范的目的。例如交通肇事罪中的"逃逸",到底仅仅指的是逃离现场,还是扩大为"不救助"。司法实践中,既有逃离现场不救助的情形,也有逃离现场但是积极救助的情形,还有不逃离现场而且不救助的情形,以及不逃离现场而且救助的情形。这四种情形中,立法原意或者规范目的是什么,学者们的解释都不一致,也就是说,每个"读者"心中都有一个自己以为的那个立法原意或者规范目的。逃逸与因逃逸致人死亡,可能是两个不同的逃逸,"交通运输肇事后逃逸"的"逃逸",应该是逃离现场,是一个作为行为,是情节加重犯。而"因逃逸致人死亡"的"逃逸",应该是不救助,是一个不作为行为,不救助被害人导致其死亡,是不作为行为导致了危险升高以至于死亡,因为如果仅仅是逃离现场是不会致人死亡的。可见,两个逃逸不一样。这也可以从因果关系角度得到证实,即:行为人在逃逸后的不救助行为与死亡结果之间存在高度盖然性,逃逸本身与死亡结果之间则没有这种高度盖然性。

正因如此,有学者认为,交通肇事犯罪中,"因逃逸致人死亡"是指受害者的死亡与肇事者的逃逸之间存在刑法上的因果关系。以他罪或以交通肇事罪和故意杀人罪数罪定性的,不构成"因逃逸致人死亡"。[1] 对此,论者作出如下

---

[1] 赵秉志、田宏杰:《交通肇事逃逸致人死亡问题研究》,《人民检察》2000年第1期。

阐述。

　　逃逸与死亡结果关系的因果性。即受害者的死亡与肇事者的逃逸之间存在刑法上的因果关系。换言之，受害者的死亡是由肇事者的逃逸所导致的。如果受害者的死亡结果超出了行为人业已制造的危险结果的范围，则这一死亡结果客观上不能归责于交通肇事者，但要令其对肇事的普通结果负刑事责任。这样，下述两种情况就不应在刑法典第133条规定之列：其一，行为人肇事致他人重伤而逃逸，被撞者被他人送至医院抢救，但由于医生的玩忽职守出现医疗事故致使该被撞者死亡，或者抢救期间因医院失火或其他意外事件导致其死亡，或者被送医院抢救途中再次发生交通事故而被其他肇事者撞死。其二，行为人肇事致他人重伤后为逃避罪责而杀人灭口，之后逃逸的，这种情况下，受害者的死亡结果并非在行为人制造的肇事危险范围内所实现，而是在行为人另外制造的危险范围内实现的，即由行为人实施了另一个单独的故意杀人行为所造成的，行为人应当构成交通肇事罪和故意杀人罪两罪。另外，根据因果关系的序列性即因在前果在后，交通肇事逃逸致人死亡应当是逃逸行为在先而死亡结果在后。如果是行为人交通肇事当场致受害人死亡而后逃逸的，这种情况下受害人的死亡与行为人的逃逸并无因果关系，即使肇事者主观上认为受害者仅是重伤未死而逃逸的，由于在客观上受害者已经死亡或者已经重伤且濒临死亡，即便及时抢救也无法避免死亡，因而行为人的不作为与受害者的死亡之间不存在因果关系，这种情况下对肇事者仍应定交通肇事罪一罪。①

　　《最高人民法院关于审理交通肇事刑事案件具体应用法律若干问题的解释》2000年11月21日起施行。第三条："交通运输肇事后逃逸"，是指行为人具有本解释第二条第一款规定和第二款第（一）至（五）项规定的情形之一，在发生交通事故后，为逃避法律追究而逃跑的行为。第四条：交通肇事具有下列情形之一的，属于"有其他特别恶劣情节"，处三年以上七年以下有期徒刑：（一）死亡二人以上或者重伤五人以上，负事故全部或者主要责任的；（二）死亡六人以上，负事故同等责任的；（三）造成公共财产或者他人财产直接损失，负事故全部或者主要责任，无能力赔偿数额在六十万元以上的。第五条："因逃逸致人死

---

① 赵秉志、田宏杰：《交通肇事逃逸致人死亡问题研究》，《人民检察》2000年第1期。笔者按："行为人的不作为与受害者的死亡之间……"明显是把"逃逸"这一作为行为偷换成了"不救助"这一不作为行为，虽是错误的，但也表明，立法者规定的"逃逸"实际就是"不救助"，或者是"逃逸且不救助"。

亡"，是指行为人在交通肇事后为逃避法律追究而逃跑，致使被害人因得不到救助而死亡的情形。

司法解释的这个意思，还不如表述为"因逃逸致人死亡是指被害人得不到救助而死亡"，这样，直接把因果关系的"因"指向了"不救助行为"，而这才是真正的因果关系。

从先行行为引起的作为义务角度来看，将逃逸改为不救助的意义在于，行为人的肇事行为得到刑法的评价之后（可能是犯罪也可能不构成犯罪），刑法会进一步评价这一不作为行为的犯罪性的有无，前后两个行为由于未必都能够合并进行评价（例如前行为不构成犯罪的时候合并评价前后行为就不妥当），单独评价不救助则变得很有必要。前行为引起了作为义务，实际上是引起了一个作为，假如有不作为发生，则行为人必须得到刑事的追究。

交通肇事罪中的两处逃逸，可以按照以下思路来厘清。

首先，交通运输肇事后逃逸中的逃逸，可以分型为：逃跑且不救助、虽然逃跑但是救助（报警或者让他人代为救助等）。对于后者，不宜按照逃逸处断，不宜解释为逃逸。也就是说，这里的逃逸仅仅指的是逃跑且不救助的行为。

其次，因逃逸致人死亡中的逃逸，同样可以分型为：逃跑且不救助、虽然逃跑但是救助（报警或者让他人代为救助等）。同样的，因逃逸致人死亡中的逃逸指的是逃跑且不救助的行为。

四、分型的语义视角

如果从语义学视角观察构成要件分型问题，得出的结论也是很有意思的。一般来说，共同义素传达的是上位构成要件，区别义素加上共同义素传达的则是下位构成要件，它们之间会形成语义场。这在刑法文本中，可以找到很多实例。我们以第三章中涉及的武器、武器装备、军用物资、凶器、械等一组构成要件为例予以说明。

第一，器具是一个共同义素，也是上位概念。凶器是器具，犯罪工具也是器具。械，也是器具。所以，凶器、犯罪工具、械，都是器具，形成了器具的语义场。

第二，语义场中，之所以各个概念文字的表达不同，是因为其区别义素不同。犯罪工具，就是犯罪用的器具。劳动工具，就是劳动用的器具。学习用具，就是学习用的器具。凶器,就是行凶用的器具。① 厨具,是做饭菜的用具。② 衡器,是称重量的器具。③ 武器,是直接用于杀伤敌人有生力量和破坏敌方作战设施的器械、装置等。④ 道具,是演出或摄制影视片时表演用的器物。⑤ 自然,魔术道具、影视道具、话剧道具、歌唱道具、朗诵道具等,都具有"道具"这个共同义素。

而根据《医疗器械监督管理条例》第 76 条:"医疗器械,是指直接或者间接用于人体的仪器、设备、器具、体外诊断试剂及校准物、材料以及其他类似或者相关的物品,包括所需要的计算机软件;其效用主要通过物理等方式获得,不是通过药理学、免疫学或者代谢的方式获得,或者虽然有这些方式参与但是只起辅助作用;其目的是:疾病的诊断、预防、监护、治疗或者缓解;损伤的诊断、监护、治疗、缓解或者功能补偿;生理结构或者生理过程的检验、替代、调节或者支持;生命的支持或者维持;妊娠控制;通过对来自人体的样本进行检查,为医疗或者诊断目的提供信息。"所以,简单地说,医疗器械就是医疗用的仪器、设备、器具、体外诊断试剂及校准物、材料以及其他类似或者相关的物品,包括所需要的计算机软件。

第三,分型的本质,是将共同义素传达的概念按照统一标准进行分类。只要分类是科学的、周延的,那么,共同义素就会涵摄这些"区别义素加上共同义素"传达的多个概念。它们构成的语义场,同时也是上下位构成要件的关系。

第四,凶器是对人使用的,所以,凶器是犯罪工具的一类而已。犯罪工具,包括对人使用的犯罪工具和对人之外的事物使用的犯罪工具。例如,驾驶汽车抢劫,汽车作为交通工具来使用,就不是凶器,而是凶器之外的犯罪工具。而如果作为撞人的工具,汽车就是凶器了。

第五,持械的"械",可能是凶器,也可能是对人之外的事物使用的犯罪工具。

---

① 《现代汉语词典》,商务印书馆 2012 年版,第 1462 页。
② 《现代汉语词典》,商务印书馆 2012 年版,第 194 页。
③ 《现代汉语词典》,商务印书馆 2012 年版,第 535 页。
④ 《现代汉语词典》,商务印书馆 2012 年版,第 1382 页。
⑤ 《现代汉语词典》,商务印书馆 2012 年版,第 269 页。

第三节 构成要件的分型与涵摄

构成要件的分型非常重要,因为只有把分型完成好了,涵摄问题才能彻底解决,犯罪事实能否为构成要件所涵摄这个刑事司法核心问题才能解决好,构成要件符合性才能解决好。只有把分型完成好了,刑法解释和刑法语言才是符合逻辑的。

如果从汉语的言说角度这一视角来看的话,构成要件符合性问题,实际上是一个犯罪事实同时符合几个构成要件,竞合问题于是产生。[①]

本书前文已经涉及构成要件的上下位关系问题。这里从分型与涵摄的角度进一步加以阐释。

一、形形色色的未公开信息

形形色色的未公开信息中,一个是"不应公开的案件信息"。而"不应公开的案件信息"这一表述,是典型的描述性用语,公众从中不得其实。其实,"不应公开的案件信息"目前就是三类。一类是不公开审理案件中关于国家秘密的,一类是不公开审理案件中关于个人隐私(个人秘密、个人信息)的,一类是不公开审理案件中关于商业秘密的。例如,根据《中华人民共和国刑事诉讼法》第183条:"人民法院审判第一审案件应当公开进行。但是有关国家秘密或者个人隐私的案件,不公开审理;涉及商业秘密的案件,当事人申请不公开审理的,可以不公开审理。"根据《中华人民共和国民事诉讼法》第134条:"人民法院审理民事案件,除涉及国家秘密、个人隐私或者法律另有规定的以外,应当公

[①] 胡先锋:《解构与重构:刑法分则类型化研究》,中国政法大学出版社2018年版,第131页。

开进行。离婚案件，涉及商业秘密的案件，当事人申请不公开审理的，可以不公开审理。"根据《中华人民共和国行政诉讼法》第54条："人民法院公开审理行政案件，但涉及国家秘密、个人隐私和法律另有规定的除外。涉及商业秘密的案件，当事人申请不公开审理的，可以不公开审理。"

至于公开审理案件中涉及国家秘密和个人隐私的不应公开的那些信息，立法者并未规定在第308条之一中，可能也是疏漏。所以，行为人泄露不公开审理案件中关于国家秘密的，法条已经注意到了，这有第二款规定为证。所以，泄露不应公开的案件信息罪规制的仅仅是行为人泄露不公开审理案件中关于个人隐私的信息的行为，也就是泄露个人信息、个人隐私的行为。那么，为此职务上的滥权或者业务上的滥权而又单设一个罪名是否值得？①

与此同时，进一步地，本罪打击的是泄露国家秘密和部分个人信息的行为，联系到其他法条，打击非法获取、非法提供国家秘密，以及非法获取、非法提供个人信息、信用卡信息的行为，似乎可以整合一下，仅就泄露个人信息而言，那么，泄露、获取、提供个人信息的行为，是一个犯罪类型。

综上所述，"不应公开的案件信息"之所以受到刑法的保护、还其本质的话，是因为涉及了国家秘密、个人隐私、商业秘密，而不是因为它们是"案件信息"。因为原则上，所有的案件信息都是应该公开的、并未受到刑法的额外保护，审判公开原则是所有诉讼活动的基本原则，只有公开才有司法的公正。"不应公开的案件信息"并不是必然体现出司法活动这一法益，而同时也是分别涉及国家秘密、个人隐私和商业秘密，对应的法益分别是国家安全、国家机关正常活动、人身权利、知识产权。也就是说，"不应公开的案件信息"并非神秘、高大、类型化的"新颖"的、崭新的、有别于其他的构成要件，它只是其他法条中已经被刑法规范反复申明了的国家秘密、个人隐私、商业秘密罢了。如果本罪主体泄露了商业秘密，按照刑法的规定，属于"违反约定或者违反权利人有关保守商业秘密的要求，披露……其所掌握的商业秘密"②，"披露"也是"泄露"，所以理应构成侵犯知识产权罪中的侵犯商业秘密罪。

"不应公开的案件信息"既不是规范化的构成要件，也不是类型化的构成要

---

① 职务上的滥权，可以按照"司法工作人员"构成滥用职权罪处断。业务上的滥权，按照"辩护人、诉讼代理人或者其他诉讼参与人"构成相应罪名处断，当然目前还找不到合适罪名。
② 齐文远：《刑法学》，北京大学出版社2016年版，第418页。

件。"不应公开的案件信息"能够分别解释为国家秘密、个人隐私、商业秘密,行为人分别触犯的是泄露国家秘密罪、侵犯公民个人信息罪和侵犯商业秘密罪。所以,"不应公开的案件信息"可以被解构掉,泄露不应公开的案件信息罪也没什么存在的价值。唯一值得注意的是,目前,侵犯公民个人信息罪中,对于一般的"泄露"行为的危害性往往还没有上升到非法获取、非法买卖、非法出售、非法提供那样被打击。所以,如果是一般的泄露不应公开的案件信息行为,还不能按照侵犯公民个人信息罪处理。

刑法中有形形色色的"未公开信息",应该找到涵摄这些的上位构成要件。应该有可以涵摄第180条第一款"内幕信息"和第四款"未公开信息"这两个构成要件的词语,进而把内幕交易罪和利用未公开信息交易罪合二为一。根据罪状,第四款罪名本应该表述为"利用内幕信息以外的未公开信息交易罪",现在确定罪名表述为"利用未公开信息交易罪",可能会令公众误以为内幕交易罪和利用未公开信息交易罪属于属种关系、下位与上位关系、包容关系,而实际上内幕交易罪和利用未公开信息交易罪(即"利用内幕信息以外的未公开信息交易罪")属于并列关系、互斥关系。况且,内幕交易罪的构成要件中,也有"信息尚未公开"的用语,表明内幕信息也属于未公开信息,最高法院的确定罪名把第180条第四款表述为利用未公开信息交易罪,公众怎能不误解,难道立法者就不能找到一个词语来指称"内幕信息"和"未公开信息"这两个构成要件吗?难道确定罪名时,非要采取目前这种容易引起歧义的表述模式吗?描述和指称犯罪现象,刑法使用的是规范化的词语,最佳的境界就是使用类型化的词语。"未公开信息"这个词语当然谈不上规范化,"利用未公开信息交易罪"更谈不上类型化,所以,"利用未公开信息交易罪"的生命力会有多久,会不会很快就被修正,的确是个问题。

顺便提及,国家秘密也是一种未公开的信息、不应公开的信息,从窃取、刺探、收买三个词语就知道,行为人从公开渠道得不到这些信息——国家秘密。至于情报,有的学者认为可以是公开的信息,其外延大于国家秘密,但是假如结合窃取、刺探、收买三个词语来解释,不好解决的是:既然是公开的信息,为什么行为人还要窃取、刺探、收买呢?岂不是有点矛盾?最少,应该区分窃取、刺探公开的情报和收买公开的情报两种情形。笔者初步认为,窃取、刺探公开的情报不能成立。

内幕信息、未公开信息、国家秘密、公民个人信息、信用卡信息,都是未公开信息，也是不应公开的案件信息。这些构成要件之间构成语义场，肯定存在着共同义素，只是如何用汉语来表述这个共同义素，需要斟酌。

二、形形色色的非法获取

窃取、刺探、收买、购买、收购、贿买，都是刑法规范意义、类型化意义上的"非法获取"。出售、给予、提供、赠送、出具、销售、出售等，都是刑法规范意义、类型化意义上的"非法提供""提供"。

窃取、刺探、收买国家秘密、情报，是一种"非法获取"；侵入计算机信息系统，非法获取数据，是一种"非法获取"；窃取或者以其他方法非法获取公民个人信息，是一种"非法获取"，等等。立法者使用的"非法获取"，即便属于不同的罪名，侵害不同的社会关系，也不可否认，它们都是"非法获取"。所以，"非法获取"作为构成要件，是一种类型化的指称方式和表达方式，是现代汉语用于刑法之中时的一种类型化的犯罪行为，搭配不同的动词宾语，就组合而成各种各样的具体罪名。换句话说，"非法获取"可以分型为各个罪名中的形形色色的非法获取，"非法获取"可以涵摄各个罪名中的形形色色的非法获取。

第四节　罪名的分型与涵摄

一、概述

从事指称犯罪、评价犯罪这种工作，遵守形式逻辑是一个基本要求。立法者也罢，解释者也罢，司法者也罢，千万不要故作"特色"与"创新"。其中，罪名的分型与涵摄非常重要，这是遵从形式逻辑的具体体现。

在刑法分则领域，学者们最喜欢使用的刑法语言是"典型的某某罪（A罪）是什么什么""不典型的某某罪（A罪）是什么什么"，以此来进行分类和涵摄，希望通过这样的刑法语言来对某种犯罪进行宏观把握和微观分类。

例如，杀人罪可以分为本来的杀人罪和拟制的杀人罪。抢劫罪可以分为本来的抢劫罪和拟制的抢劫罪，本来的抢劫罪可以分为事前暴力的抢劫罪和事后暴力的抢劫罪，拟制的抢劫罪可以分为抢夺行为拟制而来的抢劫罪和聚众打砸抢行为拟制而来的抢劫罪。

再如，叛逃罪可以分为作为的叛逃罪和不作为的叛逃罪，作为的叛逃罪就是叛逃境外的叛逃罪，不作为的叛逃罪就是在境外叛逃的叛逃罪，作为的叛逃罪的实行行为的起点即着手始于身体的动——亡命山泽，而不作为的叛逃罪的实行行为的起点即着手始于身体的静——拒不回国。

再如，强奸罪的分型问题。首先，整体的强奸罪并非复合行为犯。只有典型的强奸罪才是复合行为犯。其次，准强奸罪、诡计强奸罪、趁机强奸罪等都是单行为犯，不存在所谓的方法行为。再次，强奸罪中的"强"到底强不强，从分型来看，复合行为犯类型的强奸罪是需要"强"的，而单行为犯类型的强奸罪则是不需要"强"的。

再如，非法剥夺生命权的犯罪可以分为侵害子宫外之生命罪（即杀人罪）和侵害子宫内之生命罪。当我们还在纠结于杀死胎儿该如何进行刑法评价时，澳门刑法典使用的是侵害子宫内之生命罪。相较而言，我国现行刑法所言的杀人罪，在澳门刑法典中，就是侵害子宫外之生命罪。相较而言，杀人罪和侵害子宫外之生命罪，侵害子宫外之生命罪更加类型化。当我们还在纠结于杀死胎儿该如何进行刑法评价时，古代刑法已经有"折跌肢体及破骨堕胎者，无问手足他物，皆限五十日"[①]，"折跌肢体及破骨堕胎，限外二十日之内，果因本伤身死，情真事实者，方拟死罪"[②]，也就是说，辜限之内身死的，按照杀人罪处断，否则（包括辜限之外身死和辜限之内没死），就按照殴伤（故意伤害罪）处断。古代刑法不认为胎儿承载着独立的法益（胎儿就像"肢体"一样只是母体的一部分），而是根据母亲的死亡与否以及死亡时间，确定行为人构成杀人罪还是伤害罪。只要母亲没死，导致母亲堕胎的（不论胎儿是否死亡）就只是伤害罪。杀人罪只是非法剥夺生命权的犯罪之一，人有生命，胎儿也有生命。所谓生命，指的是

---

① 《大明律·刑律三》，"保辜期限条"。
② （万历）《问刑条例·刑律三》，"保辜期限条例"。转引自王伟凯：《〈明史·刑法志〉考注》，天津古籍出版社 2005 年版，第 50 页。

生物体所具有的活动能力，生命是蛋白质存在的一种形式。①胎儿，指的是母体内的幼体。②幼体，指的是在母体内或脱离母体不久的小生物。③动物、植物、微生物，都有生命。因此，严谨地说，杀人罪是非法剥夺人的生命权的犯罪。非法杀害珍贵、濒危野生动物罪，则是非法剥夺珍贵、濒危野生动物的生命权的犯罪。杀死胎儿，是非法剥夺幼体的生命权的犯罪，是侵害子宫内之生命罪，当然是非法剥夺生命权的犯罪。因此，很有必要周延刑事立法，增设非法剥夺幼体生命权罪，这不是处罚堕胎行为，要注意区别。

二、罕见的分型

强迫交易罪可以分为强迫交易类型的强迫交易罪和强迫不交易类型的强迫交易罪。后者是极为罕见的，但是也能找到案例，如北京政泉控股有限公司、郭汉桥、赵大建强迫交易案。

2008年至2014年，被告单位北京政泉控股有限公司（原名北京政泉置业有限公司，2012年7月16日更名为北京政泉控股有限公司，以下简称政泉公司）的实际控制人郭某甲（在逃）为进入金融证券领域，决定以政泉公司的名义收购中国民族证券有限责任公司（以下简称民族证券）的股权并实现控股。为排除收购过程中可能遇到的障碍，郭某甲找到某副部长马某（另案处理）帮助解决，马某表示同意。同时，郭某甲指使时任政泉公司投资顾问的被告人郭某乙、时任民族证券董事长的被告人赵某具体负责收购事宜。在收购民族证券股权及增资扩股过程中，郭某甲经与马某共谋，由马某以国家安全部发函或派员的方式进行干预，郭某甲还指使被告人郭某桥、赵某建直接向有关单位和个人施加压力，威胁、排挤竞争对手，最终使政泉公司实现控股民族证券的目的。具体事实如下。

2009年，郭某甲获知石家庄市商业银行股份有限公司（2009年12月4日更名为河北银行股份有限公司，以下简称石家庄银行）欲转让其持有的6.81%民族证券股权的消息后，指使被告人郭某乙、赵某具体负责操作收购该部分股

---

① 《现代汉语词典》，商务印书馆2012年版，第1162页。
② 《现代汉语词典》，商务印书馆2012年版，第1254页。
③ 《现代汉语词典》，商务印书馆2012年版，第1582页。

权。因民族证券股东东方集团股份有限公司（以下简称东方集团）不愿放弃收购，郭某甲遂找到马某，马某指派高某、满某，郭某甲指派郭某乙多次到东方集团威胁该集团负责人，迫使东方集团放弃了优先购买权。之后，政泉公司以人民币 2.908251 亿元（以下币种未注明的，均为人民币）的价格收购了上述股权。

2010 年，在首都机场集团公司（以下简称首都机场）转让其持有的 61.25% 民族证券股权的过程中，为确保收购该部分股权，郭某甲找到马某，马某以国家安全部的名义向中国民用航空局（以下简称民航局）致函，要求民航局在转让首都机场持有的民族证券股权时对政泉公司优先考虑，二人又分别指派高某、郭某乙与首都机场负责人谈话进行威胁，迫使首都机场设立有利于政泉公司的受让条件。同时，郭某甲在得知东方集团有意参加本次收购后，又与马某分别指派高某和郭某乙、赵某到东方集团对其负责人直接进行威胁，逼迫东方集团再次放弃了优先购买权。之后，政泉公司顺利以 16 亿元的价格收购了上述股权，所持民族证券股权增至 68.06%，成为控股股东。

2013 年，郭某甲推动民族证券召开股东会，决定分两批增资扩股，政泉公司完成第一批增资 42 亿元后，为了确保民族证券实现与方正证券股份有限公司（以下简称方正证券）并购重组，郭某甲指使赵某以民族证券的名义，向参加第二批增资的东方集团等公司发函要求不得增资。在遭到东方集团拒绝后，郭某甲和马建分别指使赵某、高某到东方集团威胁其负责人，迫使东方集团放弃了增资。2014 年，政泉公司所持民族证券股权增至 84.4%。

2014 年 8 月，民族证券与方正证券完成并购重组，方正证券收购了民族证券 100% 股权。通过本次重组，政泉公司原持有的 84.4% 民族证券股权置换为 17.99561764 亿股方正证券股票。经鉴定，截至 2015 年 8 月 10 日案发，政泉公司通过上述强迫交易行为所取得的 17.99561764 亿股方正证券股票市值扣除投资支出 60.908251 亿元，非法获利 119.04792542 亿元。2015 年 8 月 11 日，被告单位政泉公司持有的上述 17.99561764 亿股方正证券股票被大连市公安局依法冻结。① 经鉴定，截至 2017 年 2 月 15 日，民族证券已收到还款共计 4.1103718124 亿元。经核实，未收回款项共计 16.3896281876 亿元……

大连市中级人民法院认为，被告单位北京政泉控股有限公司采取威胁手段，

---

① 政泉控股因强迫交易罪被判处罚金 600 亿元。

强迫他人转让公司股份、放弃优先购买权及退出特定的经营活动，情节特别严重，构成强迫交易罪。被告人郭某乙作为政泉公司的投资顾问，受政泉公司实际控制人郭某贵指使实施强迫交易行为，系被告单位的直接责任人员；被告人赵某受郭某甲指使，予以配合并提供帮助，情节特别严重，其行为均构成强迫交易罪。被告人赵某、单某、杨某用担任民族证券高管的职务便利，伙同被告人吕某，受郭某甲指使挪用民族证券的资金，归郭某甲实际控制的其他公司进行经营等活动，数额巨大，其行为均构成挪用资金罪。其中，被告人赵某犯数罪，应予并罚；被告人杨某在缓刑考验期内发现判决宣告以前还有其他罪没有判决，应撤销缓刑，前后两罪进行并罚。公诉机关指控被告单位北京政泉控股有限公司、被告人郭某乙、赵某犯强迫交易罪、被告人赵某、单某、杨某、吕某犯挪用资金罪的事实清楚，证据确实、充分，指控罪名成立。被告单位北京政泉控股有限公司实际控制人郭某甲通过马某以国家安全部门派员或发函进行干预，或者指派公司人员直接施压等方式，在公司收购股权、增资扩股等多笔交易和经营环节，多次对有关单位和个人施压、威胁，排除竞争对手，损害他人合法经营权益，获取巨额非法利益，严重破坏了正常的市场经济秩序，情节特别严重，危害特别重大，影响特别恶劣，对被告单位应依法从重处罚，对其因强迫交易所获取的违法所得应予追缴，上缴国库。被告人郭某乙、赵某、单某、杨某、吕某均系受郭某甲指使实施强迫交易或挪用资金犯罪行为，在共同犯罪中起次要、辅助作用，均系从犯；且到案后均能够如实供述犯罪事实，认罪悔罪，具有法定从轻、减轻处罚情节，依法予以减轻处罚，并可适用缓刑。

  2018年10月12日，大连中院一审公开宣判被告单位北京政泉控股有限公司、被告人郭某乙、赵某强迫交易案和被告人赵某、单某、杨某、吕某挪用资金案。大连中院对被告单位北京政泉控股有限公司以强迫交易罪判处罚金人民币六百亿元；对被告人郭某乙以强迫交易罪判处有期徒刑二年六个月，缓刑三年，并处罚金人民币三十万元；对被告人赵某以强迫交易罪判处有期徒刑二年，并处罚金人民币二十五万元，以挪用资金罪判处有期徒刑二年六个月，决定执行有期徒刑三年，缓刑四年，并处罚金人民币二十五万元；对被告人单某以挪用资金罪判处……；对被告人杨某以挪用资金罪判处……；对被告人吕某以挪用资金罪判处……对冻结在案的被告单位北京政泉控股有限公司持有的17.99561764亿股方正证券股票的价值扣除其投资支出的人民币60.908251亿元后的违法所得予以追缴，上缴国库；对被挪用未归还的资金人民币16.3896281876亿元继续追缴，返还被害单位中国民族证券有限责任公司。宣判后，五名被告人均当庭表示服从法院判决，不上诉。①

三、泄露秘密或者情报的犯罪

（一）泄露国家秘密罪涵摄非法出售、提供试题、答案罪

当我们还在新增"非法出售、提供试题、答案罪"这么琐细的罪名的时候，其实没有意识到这无非就是泄露国家秘密罪的特殊类型。因为，本罪规定的试题和答案是特指国家考试的试题和答案，应该属于绝密级或者机密级的国家秘密，行为人非法出售、提供试题、答案，或者传递、购买、收藏、占有、刺探、窃取，都应该解释为泄密行为，应定性为泄露国家秘密罪，根据案件的实际情形，或为实行行为，或为教唆行为，或为帮助行为。

泄露国家秘密罪作为共同义素，涵摄力很强，之所以它能够涵摄非法出售、提供试题、答案罪，是因为后者也具有"泄露国家秘密罪"这一共同义素。

（二）"泄露案件信息罪"涵摄泄露不应公开的案件信息罪与披露、报道不应公开的案件信息罪

"泄露案件信息罪"可以涵摄第308条之一的两个罪名——泄露不应公开的案件信息罪，披露、报道不应公开的案件信息罪。这两个罪名，语言表述烦琐重复，确定罪名不了解动词之间的关系，是对立法条文的不当概括。只需确定为一个"泄露案件信息罪"即可。理由如下。

第一，泄露不应公开的案件信息罪，改为"泄露案件信息罪"即可。因为既然本条是打击"泄露"行为，就意味着是"不应泄露""不应公开"之意，也不可能存在"泄露应公开的案件信息"。

第二，披露、报道不应公开的案件信息罪，改为"公开披露案件信息罪"即可。因为公开披露已经涵摄了报道，报道、新闻报道也是一种公开披露。在我国社会中，报道实际上就是指媒体的披露，当然属于"披露"。而媒体的特点决定了，

---

① 政泉控股因强迫交易罪被判处罚金600亿元。

媒体的披露肯定是公开的披露。所以，罪状中的"公开披露"与"报道"不是并列关系，而是包容关系，是"公开披露"包容"报道"。顺便提及的是，根据法条的表述，"不应公开的案件信息"与"国家秘密"是并列关系、互斥关系，不是属种关系。

第三，"泄露"可以涵摄"公开披露"，"公开披露"可以涵摄"报道"，那么，"泄露"就能够涵摄"公开披露""报道"。这是因为，泄露可能是公开的，也可能是不公开的。公开披露当然是公开的。而报道是媒体公开案件信息的行为。也就是说，泄露、公开披露、报道，这三个词语，涵摄力是递减的，"泄露"的涵摄力最大。立法者完全可以在第308条之一中都使用"泄露"来指称特殊主体的泄露案件信息行为、媒体泄露案件信息行为、媒体之外的任何人泄露案件信息行为，而无需分别使用泄露、披露、报道。由于都属于泄露案件信息的犯罪行为，所以在行为类型、行为本质相同的情况下，要特别打击某些特殊主体的犯罪行为，只需要对值得加重其刑的特殊主体规定特别的法定刑即可。也就是说，一般主体对个人或者公众泄露不应公开的案件信息被表述为"泄露"，特殊主体对公众泄露不应公开的案件信息则被表述为"披露、报道"，假如把这两类情形都表述为"泄露不应公开的案件信息"难道就不可以吗？我国刑法历史已经表明，这两类情形应该属于同一个犯罪类型。[①]

第四，所以，"确定罪名"把该条设计为两个罪名，未必是正确的，更不是类型化的。应该类型化地指称犯罪，应该把第308条之一确定为一个罪名"泄露案件信息罪"。

（三）"泄露案件信息罪"与泄露国家秘密罪的整合

进一步来说，案件信息与国家秘密也是可以找到一个上位构成要件的，如国家情报、国家信息之类的语词。总之，秘密、情报、信息等一组语词，是有一个共同义素存在的。这个共同义素，就是具有较大涵摄力的上位概念、上位构成要件。

[①] 1907年《大清刑律草案》、1910年《修正刑律草案》、1911年《钦定大清刑律》将"漏泄于他人""公表"两种情形加以并列，颇有启发意义。

四、"持械"的增减

类型化地指称犯罪，就应该警惕反类型化的罪名，警惕立法的倒退。例如，1979年刑法的"持械聚众叛乱罪"被废除、被解构，成为1997年刑法的武装叛乱罪，去掉了"聚众""持械"等构成要件，改为"武装"，这完全是符合类型化的要求的。因为"武装"是概括性更强的构成要件，完全可以涵摄"持械"，还可以避免"持械"的过于具体化的弱点。武装叛乱罪也不考虑叛乱的人数，不考虑无论是否"聚众"，只要是武装、叛乱，都属于本罪。所以，相较1979年刑法的持械聚众叛乱罪而言，1997年刑法的武装叛乱罪就是更加类型化的上位罪名。从"持械聚众叛乱罪"到"武装叛乱罪"，是类型化的立法进步。

但是有的刑法规范就是反类型化的立法了，例如1979年刑法第96条"聚众劫狱或者组织越狱的首要分子或者其他罪恶重大的"中的"聚众劫狱"，到了1997年刑法变成了"聚众持械劫狱"，增加了"持械"这一内涵之后，新罪名的涵摄力下降了，概括性变差了，也无法规制不持械劫狱之类的犯罪现象了，实际是刑事立法的倒退。"聚众劫狱"变成了"聚众持械劫狱"，就是反类型化的刑事立法倒退。

刑法典之中的任何罪名，都应该取消"持械"这个构成要件，以增强罪名的涵摄力。行为人是否持械，就跟是否携带犯罪工具一样，根本不应是立法者考虑的因素。抢劫罪的构成，与是否携带犯罪工具无涉。杀人罪的构成，与是否携带犯罪工具无涉。聚众斗殴罪的构成，与是否携带犯罪工具无涉，等等。持械、携带犯罪工具这一事实，应该是犯罪情节的问题，与量刑有关联，所以不应上升为构成要件的地位。这是一种趋势。

第七章
侮辱的真实语义

第一节　侮辱的词义和分类

一、侮辱的词义

现代汉语认为，侮辱是使对方人格或名誉受到损害，蒙受耻辱。[①] 从1979年到2012年，侮辱的词典义没有任何变化。而众所周知，刑法学界在多种意义上使用了侮辱一词。

第一个，侮辱罪中的侮辱，是以暴力或者其他方法公然贬低他人人格，破坏他人名誉[②]，显然，此处的侮辱遵从的是上述词典义。

第二个，强制猥亵、侮辱罪中的侮辱，实际是猥亵的意思，侵犯了性自由权。这早已经为刑法学者所证明。既然如此，强制猥亵、侮辱罪中的侮辱与猥亵同义，完全可以删掉。

第三个，侮辱国旗、国徽罪中的侮辱，实际上是冒犯、亵渎、不尊重（不尊）、不敬的意思。这是对主权标志物、国家标志物等的侵犯，这种侵犯行为伤害的是人们对国家应有的敬畏和热爱情感，对国家应有的敬畏和热爱情感形成的风俗习惯是维系社会运转所必需的，因而侮辱国旗、国徽罪是风俗犯。

第四个，侮辱尸体、尸骨、骨灰行为中的侮辱，其意义实际是亵渎、不敬，这种侵犯行为伤害的是人们对祖先或亲人的敬畏，与侮辱国旗、国徽罪一样，本罪也是风俗犯。

第五个，出版歧视、侮辱少数民族作品罪中的侮辱。有学者认为，歧视、侮辱少数民族的内容，是指贬低、污蔑、嘲讽、辱骂，以及其他歧视、侮辱。[③]

[①]《现代汉语词典》，商务印书馆1979年版，第1211页。《现代汉语词典》，商务印书馆2012年版，第1382页。
[②] 高铭暄、马克昌：《刑法学》，北京大学出版社、高等教育出版社2016年版，第477页。
[③] 高铭暄、马克昌：《刑法学》，北京大学出版社、高等教育出版社2016年版，第480页。

笔者以为，可以看作是俗称的"泼脏水"。歧视，词典义是不平等地看待。[①] 侵害的法益是少数民族的尊严、民族间和睦关系。[②] 这是不尊重、不平等对待的意思，不是侮辱的词典义。

这里的侮辱，显然需要从历史角度来考察。乾隆四十八年（1783 年）改美诺直隶厅为懋功屯务厅。"懋"与"茂"通，盛大之意，"功"即功劳、功绩，"懋功"即盛大功劳、功绩之意。自诩"十全老人"的乾隆帝以两征金川为其"十全武功"中的两大武功，为"永杜后患，不必复存大小金川之名"而标榜其盛大武功、盛大功绩，将美诺厅更名为懋功厅，蕴含征服、歧视两金川被征服者的用意。新中国成立后，1950 年 10 月 10 日，建立懋功县人民政府，仍沿用懋功县名。1952 年，懋功县政府根据政务院 1951 年 5 月 16 日《关于处理带有歧视或侮辱少数民族性质的称谓、地名、碑碣、匾联》的指示精神，建议不再使用懋功县名，并由各族各界人民代表大会形成决议上报政务院。1953 年 12 月 16 日，政务院批准将"懋功县"更名为"小金县"。[③]

1951 年 5 月 16 日《关于处理带有歧视或侮辱少数民族性质的称谓、地名、碑碣、匾联》的内容是："为加强民族团结，禁止民族间的歧视与侮辱，对于历史上遗留下来的加于少数民族的称谓及有关少数民族的地名、碑碣、匾联等，如带有歧视和侮辱少数民族意思者，应分别予以禁止、更改、封存或收管。其办法如下：（一）关于各少数民族的称谓：由各省、市人民政府指定有关机关加以调查，如发现有歧视蔑视少数民族的称谓，应与少数民族代表人物协商，改用适当的称谓，层报中央人民政府政务院审定、公布通行。（二）关于地名：县（市）及其以下的地名（包括区、乡、街、巷、胡同），如有歧视或侮辱少数民族的意思，由县（市）人民政府征求少数民族代表人物意见，改用适当的名称，报请省人民政府备案。县（市）以上地名，由县（市）以上人民政府征求少数民族代表人物意见，提出更改名称，层报中央人民政府政务院核定。（三）关于碑碣、匾联：凡各地存有歧视或侮辱少数民族意思之碑碣、匾联，应予撤除或撤换。为供研究历史、文化的参考，对此种碑碣、匾联在撤除后一般不要销毁，而加以封存，由省、市人民政府文教部门统一管理，重要者并须汇报中央文化部文物局。如其中

---

① 《现代汉语词典》，商务印书馆 2012 年版，第 1019 页。
② 高铭暄、马克昌：《刑法学》，北京大学出版社、高等教育出版社 2016 年版，第 480 页。
③ 小金县。

有在历史、文物研究上确具价值而不便迁动者，在取得少数民族同意后，得予保留不撤，唯须附加适当说明。以上均由各省、市人民政府进行调查，提出具体处理办法，报请大行政区人民政府（军政委员会）核准后实行。重要者，须层报中央人民政府政务院核准。各级有关人民政府在执行以上工作前，应结合民族政策，须先在当地少数民族人民和汉民族人民中进行宣传教育，并与有关民族（包括汉族）的代表协商妥当，在大多数人了解之后始具体执行，以便进一步地加强各民族人民的团结，而不致增加民族隔阂，甚或发生民族纠纷。此外，关于各民族历史和现状的艺术品（戏剧等）和学校教材中内容不适当处，应如何修改，因较为复杂，尚待各有关机关研究，并望各地民族事务机构提出意见。"

很明显，有三种场合中的侮辱并不是侮辱的词典义。所以，在这三种场合使用侮辱一词不准确，容易引起误解。

二、侮辱的分类

如果保持现有刑法规范中的几种侮辱的罪名，在形式逻辑上对侮辱的分型应该是以下几种。

首先，侮辱可以分型为对于活着的人名誉、人格的侵犯，对于死去的人名誉、人格的侵犯，以及对于国旗、国徽等主权标志物、特定文化标志物的侵犯。这是第一次分类。

其次，把对于活着的人名誉、人格的侵犯分型为对于英雄名誉、人格的侵犯，以及对于一般公民名誉、人格的侵犯。这是第二次分类。

再次，把对于死去的人名誉、人格的侵犯分型为对于烈士名誉、人格的侵犯，以及对于死者尸体、尸骨、骨灰的侵犯。这是第三次分类。

最后，把对于国旗、国徽等主权标志物、特定文化标志物的侵犯分型为对于国旗、国徽等主权标志物的侵犯，以及对于特定文化标志物的侵犯。这是第四次分类。在当前，特定文化标志物包括但不限于长城、龙、红五星、八卦、四大发明[①]、屈原、粽子、天安门、华表、雄狮、各民族典型服饰及其纹样、长

[①] 某大学一位教师，因为否定四大发明被校方处分，校方认为其违背师德师风，停止其教学活动两年。参见：贬低"四大发明"是师德失范还是学术争鸣？澎湃新闻。ThePaperhttps：//www.thepaper.cn/newsDetail_forward_4246546

江黄河、泰山北斗、紫禁城、清明上河图等。① 需要特别指出的是，侵犯特定文化标志物是否构成犯罪，显然是需要立法者明确规定的，而不能由某个人、某个实体进行任意解释。当前，的确存在滥用侮辱一词、任意上纲上线的不良做法和社会风潮。② 把否定嘲讽特定文化标志物、否定嘲讽历史事实、否定嘲讽先贤英烈等行为评价为侮辱，在构成要件语义上，是随意删除侮辱一词特有的区别义素从而扩张其外延的做法。笔者以为，罪刑法定主义的价值在此时显得尤为珍贵。

而如果不再维持现有刑法规范中的几种侮辱的罪名，而是对其进行适度合理的解构与重构，那么，上述分型就不完全不合理了。

综上所述，结论是：侮辱可以分型为对人的侮辱和对物（圣物）的侮辱。而后者，实际是亵渎、不敬、冒犯的意思。对人的侮辱可以分型为对活着的人的侮辱和对死去的人的侮辱，前者构成侮辱罪，后者成为刑法解释的难题，需要立法予以明确。对死去的人的侮辱，可以分型为对英烈（即烈士）的侮辱和对一般的死去的人的侮辱，笔者以为，这也都是亵渎、不敬和冒犯的意思。也就是说，可以坚持张明楷教授的观点——侮辱只限于对活人的情形，其余的都应该使用亵渎、不敬、冒犯。对物（圣物）的侮辱一般指的是对国旗、国徽等标志物的亵渎、不敬、冒犯。

三、滥用侮辱的原因

如何看待刑法语言中多次使用了侮辱，却并未完全遵从侮辱的词典义呢？如何看待刑法实际上在滥用侮辱一词呢？笔者认为，原因可能是以下几个方面。

第一，强制猥亵、侮辱妇女罪之所以使用了侮辱，是因为当时性自决权观念并未形成，猥亵妇女的行为被立法者和社会观念普遍认为是对妇女人格和名

---

① 国家主席习近平强调，当今世界，人们提起中国，就会想起万里长城；提起中华文明，也会想起万里长城。长城、长江、黄河等都是中华民族的重要象征，是中华民族精神的重要标志。我们一定要重视历史文化保护传承，保护好中华民族精神生生不息的根脉。习近平：保护好中华民族的象征，新华网。http://www.xinhuanet.com/2019-08/21/c_1124900776.htm

② 例如，将那些已有官方定评的事物和历史进行否定、质疑、嘲讽、不够尊重等行为定性为"侮辱"，就是滥用。比如，已经出现过的否定南京大屠杀的行为，美化侵略历史的行为，所谓的"精日"行为，"侮辱"四大发明的行为，等等。

誉的损害（毕竟不是奸淫），妇女也觉得丢脸，抬不起头，所以，把猥亵、侮辱并列使用。可是，时代进步，性自决权早已经成为全民共识，也是一种基本人权，社会观念普遍认为猥亵不是侮辱，而是远甚于侮辱的另一种性质的犯罪行为。可是，法律用语仍然把猥亵、侮辱并列，这非常落伍，不合时宜。所以，强制猥亵、侮辱妇女罪改为强制猥亵、侮辱罪后，理应再进一步，删除侮辱为宜。

第二，其他罪名中的侮辱，则属于立法者典型的扩张语词外延和涵摄范围的做法，这种做法实际上已经误导了国民，也是对词典义的无视，既然从1979年到2012年，侮辱的词典义没有任何变化，我们就不应该任性使用侮辱一词，况且，现代汉语中并非找不到合适的词语来指称前述三种情形的所谓"侮辱"。笔者认为，对立法者的批评和嘲笑是必要的，对立法者的批评和嘲笑不是针对权威的抽象立法者的，因为实际上并没有一个权威的抽象的立法者，所有的立法行为和立法语言都是有缺陷的、有血有肉的、具体的人或者群体的人来完成的，这是两个概念。

现代汉语中，什么词语可以来指称前述三种情形的所谓"侮辱"呢？这当然需要找寻、借鉴、甄别。例如，有的外国法典中，使用的词语更为准确，值得借鉴。如，对死者不尊①，渎神②，亵渎棺材或者墓穴③，暴力攻击④，触犯国旗、国徽⑤，等等。英语中，侮辱有时是 insult，有时是 humiliate，有时是 indignity。⑥ 而 insult 强调的是 offend。humiliate 强调的是 feel ashamed, lose respect，这是现代汉语中侮辱的词典义。indignity 强调的是 not treated with respect⑦。显然，英语中的三个词语，也是不一样的。笔者认为，insult 对应侮辱国旗、国徽罪中的侮辱，可以用于冒犯特定标志物的行为；indignity 对应出版歧视、侮辱少数民族作品罪中的侮辱。

可见，刑法典实际用法中的多个侮辱，已经是对侮辱的词典义进行了扩张，需要还其本来面目。例如，美国人卡戴珊创立的一个内衣品牌 kimono，有人认为是对日本文化象征和服的侮辱。因为品牌名"KIMONO"与日本"和服"

---

① 《西班牙刑法典》，潘灯译，中国政法大学出版社2004年版，第186页。
②③ 《西班牙刑法典》，潘灯译，中国政法大学出版社2004年版，第187页。
④ 《瑞士联邦刑法典》，徐久生、庄敬华译，中国方正出版社2004年版，第92页。
⑤ 《越南刑法典》，中国人民公安大学出版社2005年版，第124页。
⑥ 北京外国语大学英语系《汉英词典》组编：《汉英词典》，外语教学与研究出版社1997年版，第1314页。
⑦ 《牛津高阶英汉双解词典》，商务印书馆、牛津大学出版社2014年版，第1093、1029、1071页。

的日语同名（日语发音为 kimono），诸多日本网友认为这是一种"文化盗用"的行为。尤其是将日本传统文化的代表性服饰，用来命名一个内衣品牌，让他们觉得受到"奇耻大辱"，指责卡戴珊不尊重日本传统文化，为了鼓吹消费主义侮辱日本，玩弄文字游戏。① 这里的汉语虽然使用了"侮辱"，但是其实质是冒犯，是 insult。

第三，侮辱可能与冒犯、不敬、亵渎存在共同义素。从语义学上来看，这些词语虽然未必是上下位关系，但可能是交叉关系，存在着语义重合的部分。这是侮辱一词被过度使用的隐性因素。

四、从历史解释看侮辱

从历史解释来看，侮辱国旗、国徽罪，以及侮辱国歌、英烈的行为，以及某些法域现存的侮辱元首、领袖的犯罪，其实质是对特定人或者特定物的不敬，是古代刑法大不敬的历史延续。例如，《钦定大清刑律》规定了对乘舆、车驾、太庙、山陵有不敬行为的犯罪。② 现实中，侮辱特定人或者特定物的行为包括对军人、卫兵的侵犯和不敬，诸如军营门前的立牌上书"卫兵神圣不可侵犯"。何为神圣？当然是一种象征和比喻，表达的是立法者对特定人或者特定物背后的精神意义的保护，诸如红领巾是国旗的一角，是英烈们用鲜血染红的，表达的同样是这个意思。诸如五星红旗冉冉升起，奏唱国歌之时需要起立以表达对精神的敬重。所以，对特定人或者特定物的不敬，不宜简单地使用侮辱一词，以免引起混乱。

从其他法域立法实际来看，也规定了类似的罪名。如我国台湾地区刑法，有侮辱宗教建筑物或公众纪念处所罪，妨害祭礼罪。西班牙刑法典规定了对具有社会或者文化价值的特殊物品的损害的犯罪。③

---

① 卡戴珊自创内衣品牌取名"和服"日本有人气炸了：这是侮辱！https://news.sina.cn/2019-06-27/detail-ihytcitk8069332.d.html？vt=4&pos=3
② 高汉成：《〈大清新刑律〉立法资料汇编》，社科文献出版社 2013 年版，第 731 页。
③ 《西班牙刑法典》，潘灯译，中国政法大学出版社 2004 年版，第 108 页。

第二节　侮辱行为的展开

一、侮辱国旗、国徽罪的展开

第299条侮辱国旗、国徽、国歌罪中，焚烧、毁损、涂划、玷污、践踏这五个词语是用于国旗、国徽的，篡改、歪曲、贬损这三个词语是用于国歌的。立法者在罗列这些犯罪的具体手段的时候，不会刻意考察各个动词之间的关系，但是作为客观法律文本呈现出来之后，各个动词之间的关系就成为一个刑法解释的问题。例如，行为人以焚烧方式侮辱国旗，除了解释为焚烧，能否解释为毁损，笔者认为，是可以解释为毁损的。也就是说，在此处，毁损与焚烧并非并列关系，而是属种关系、上下位关系。毁损涵摄焚烧，焚烧是毁损的一种具体方式而已。

同样,玷污和涂划的关系也值得深究。如果行为人故意泼洒污物、颜料、油漆、泥巴、粪便、呕吐物等，可以解释为玷污。而如果故意使用画笔、刷子、喷枪、喷壶、裱花袋等工具，使用墨水、颜料、油漆、奶油、巧克力、椰丝、麦芽糖、芝麻酱、辣椒酱、炼乳等涂划国旗、国徽，当然也可以解释为玷污。此时，玷污和涂划并非并列关系，而是属种关系、上下位关系，玷污涵摄了涂划。

现代汉语本身的复杂性、指称对象的复杂性等因素导致了词语的并列使用并不一定就是逻辑上的并列关系。现代汉语的实际使用未必都完全符合逻辑的要求，事实上也不太可能完全符合逻辑的要求。侮辱国旗、国徽罪中各个动词的列举，只是对于有限度的犯罪现象的概括，是一种不太谨严的"随手列举"，焚烧、毁损、涂划、玷污、践踏都是立法者当时所能想到的常见的犯罪方式、犯罪行为罢了，至于其中的列举项之间的逻辑关系是否严谨、周延，并不在其重点考察范围之内。假如完全符合逻辑的要求，本罪罪状也许就表述成了："在公共场合故意以焚烧、非焚烧的毁损、涂划、非涂划的玷污、践踏等方式侮辱中华人民共和国国旗、国徽的……"这当然是令人无法接受的，也是不符合刑事立法的语言习惯和语言传统的。

玷污是弄脏；使有污点。多用于比喻。如玷污名声，玷污光荣称号。[1] 正如词典义指出的那样，在实际语言习惯中，玷污很少用于表达"把衣物或者建筑物墙面弄脏"的意思，而是多用于精神、贞操、名誉等方面，指的是对操守、道德、尊严、荣誉、神圣等的亵渎。这样一来，侮辱国旗、国徽、国歌罪中，玷污一词外延就比较大，既可表达对实体物的弄脏，也可表达对非实体物的弄"脏"。已经有实际案例表明，"玷污"一词未必"限于物质上的玷污"，这是不是为了入罪而进行的刑法扩大解释，其结论是否合理，值得进一步研究："港独"组织热血公民主席、立法会议员郑松泰涉嫌 2016 年 10 月在香港立法会倒插国旗及区旗，被控侮辱国旗及侮辱区旗两罪。经民联主席卢伟国曾表示，郑松泰倒插国旗的行为令许多建制派议员十分愤怒，认为这是对国家的侮辱。2017 年 9 月 29 日，案件经审讯后在香港东区法院裁决，郑松泰两项罪名皆成立，罚款 5000 港币。控方在结案陈辞指出，根据《国旗及国徽条例》和《区旗及区徽条例》，"玷污"是指与旗帜有实体接触的污辱性行为，而"玷污"也不限于物质上的玷污，"玷污"的方式不一定只是弄污或践踏，而即使郑松泰没有弄污和损毁旗帜，但倒插旗帜都会损坏国家及地区的独有尊严，请法庭以常识作出判断。在结案陈词中，辩方狡辩称，郑松泰当时是希望通过倒插国旗及区旗的行为吸引离席的议员返回座位，以免造成流会（会议因人数不满定数而停开）。辩方还妄称，相反郑松泰可能极尊重国旗及区旗，国旗及区旗并未有实质上弄污及损坏，并非倒插就等于侮辱。由于郑松泰没有被判入狱，这次定罪将不会影响其立法会现有议席或将来的参选资格。根据香港有关国旗及区旗的法律规定，任何人公开及故意以焚烧、毁损、涂划、玷污、践踏等方式侮辱国旗、国徽、区旗及区徽，即属犯罪，一经定罪，最高可判罚款 5 万港元及监禁 3 年。[2]

香港特别行政区法律规定中的焚烧、毁损、涂划、玷污、践踏，与现行刑法中的规定完全一致。为了规制新型的、新发的侮辱国旗、国徽案件，应该对法条中的"以焚烧、毁损、涂划、玷污、践踏等方式侮辱中华人民共和国国旗、国徽"进行新的解释、实质的解释。侮辱国旗、国徽的具体方式在犯罪实践中

---

[1]《现代汉语词典》，商务印书馆 2012 年版，第 297 页。
[2] 香港"倒插国旗"议员侮辱国旗罪成立被罚 5 千港币。http://news.ifeng.com/a/20170929/52226943_0.shtml

得到不断扩展，除了上述"港独"分子的倒插方式，还有"摘旗"方式。2017年，俄罗斯与美国之间的外交冲突中发生了"摘旗辱俄"事件，俄罗斯认为美国的做法侮辱了俄罗斯。2017年10月2日，美方人员进入俄驻旧金山总领馆实施搜查曾遭到俄罗斯的强烈抗议。10月11日，美方摘除了俄驻旧金山总领馆与华盛顿商务代表处的俄罗斯国旗。此前，这两处外交机构已经关闭。俄罗斯外交部发言人扎哈罗娃10月12日说，美国擅自摘除俄驻旧金山总领馆与华盛顿商务代表处的俄罗斯国旗是侮辱俄罗斯的行为，俄方对此表示强烈抗议并将采取回应措施。①

倒插国旗、"摘旗"行为，被解释为对国旗的侮辱、对国家的侮辱，应无问题。但是，把倒插国旗、"摘旗"等新型方式解释为"玷污"，进而得出"侮辱""污辱性行为"的结论，是不是一个正确的解释路径，值得商榷。笔者认为，如果对"玷污"一词外延任意扩展，恐怕会侵入其他语词的指称范围，是越界。倒插国旗、"摘旗"的目的当然是侮辱、亵渎、轻慢、轻侮、不尊重，但是这两种手段行为能否解释为构成要件的"以焚烧、毁损、涂划、玷污、践踏等方式侮辱中华人民共和国国旗、国徽"，是个语言的难题。"玷污"一词不是焚烧、毁损、涂划、玷污、践踏的上位构成要件。从域外立法经验来看，有的直接规定了"除去"作为行为方式②，有的直接规定了"撤除"作为行为方式③，有的极为笼统地规定了"以任何方式侮辱"④，有的规定了"以言语、文字或者行为公然侮辱"⑤，有的规定了"公然侮辱""不对之给予其应受之尊重"⑥，有的规定了"触犯""侵犯"⑦，等等，并没有特别好的语言表达方式。"触犯""侵犯"，其实是冒犯。而冒犯与亵渎，即为冒渎，用于冒渎神灵⑧等场合，可见，冒犯与亵渎有语义的重合。"以焚烧、毁损、涂划、玷污、践踏等方式侮辱"，表明除了上述方式，肯定还会有其他的方式，立法者难以一一列举，诸如把国旗、国徽图案制作在内裤上、印

---

① 俄罗斯：将回应美国摘旗辱俄行为或取消美方访俄。http://news.163.com/17/1012/23/D0J8VFMT00018AOQ.html
② 中央人民政府法制委员会编译室译：《捷克斯洛伐克共和国刑法典》，法律出版社1956年版，第55页。
③ 《日本刑法典》，张明楷译，法律出版社2006年版，第152页。
④ 《保加利亚人民共和国刑法典》，中国科学院法学研究所译，法律出版社1963年版，第24页。
⑤ 《西班牙刑法典》，潘灯译，中国政法大学出版社2004年版，第192页。
⑥ 澳门政府法律翻译办公室译，中国政法大学澳门研究中心、澳门政府法律翻译办公室编：《澳门刑法典澳门刑事诉讼法典》，法律出版社1997年版，第114页。
⑦ 《越南刑法典》，米良译，中国人民公安大学出版社2005年版，第124、206页。
⑧ 《现代汉语词典》，商务印书馆2012年版，第878页。

制在厕纸上、印制在卫生巾上，在奏唱国歌时故意制造嘘声、背对国旗显示其鄙夷、鄙视心态，等等。

二、侮辱国歌罪的展开

2017年刑法修正案（十）增加的侮辱国歌罪，是"在公共场合，故意篡改中华人民共和国国歌歌词、曲谱，以歪曲、贬损方式奏唱国歌，或者以其他方式侮辱国歌，情节严重的"。篡改、歪曲、贬损三个词语是什么关系？笔者认为，对于国歌的侮辱，实际上是对于国歌的亵渎、仇视、轻视。亵渎、仇视、轻视国歌的具体方式只有两种，一是歪曲歌词即篡改歌词，一是歪曲曲谱即篡改曲谱，其目的都是贬损、亵渎国歌。所以，在形式逻辑上，这三个词语其实都是歪曲国歌，使用歪曲就可以了。亵渎，英文是 blaspheme, profane, pollute[①]，blaspheme 有亵渎神灵的意思，profane 有亵渎（圣物）、玷污的意思，pollute 有弄脏、污染、玷污的意思。[②] 侮辱，英文是 insult, humiliate, 都是针对具体人的。比较而言，侮辱是针对世俗事物、世俗的人，而亵渎往往针对精神层面的事物如神灵、国家、国家的标志物、上帝、圣物、坟墓、祖先等。因此，侮辱国歌罪的侮辱其实不同于侮辱罪的侮辱，也不同于强制猥亵、侮辱罪的侮辱，使用亵渎一词更为准确。也有学者认为，凡任何亵渎行为而足以表示侮辱之意，如果是公然为之，都是公然侮辱[③]。这是把亵渎与侮辱同等看待，虽然值得借鉴，但是并不准确。

从其他法域来看，大多规定了针对国旗、国徽等主权标志的犯罪。但是对于涉及国歌的犯罪，则较少见。主要是因为，针对国旗、国徽等主权标志的犯罪，其实行行为如践踏、焚烧、玷污、取走、移除等，容易进行司法认定。而对于是否为故意歪曲国歌，则不易认定，行为人的错误奏、唱行为，到底是因为无知、无能、陌生，还是因为对于音乐的天赋不够、天生五音不全，还是因为恶意歪曲、亵渎贬损，确实不好认定。从侦查角度而言，这还需要委托专业音乐鉴定机构

[①] 北京外国语大学英语系词典组编：《汉英词典》，外语教学与研究出版社1997年版，第1380页。
[②] 《新英汉词典》，上海译文出版社2013年版，第155、1224、1185页。
[③] 林山田：《刑法特论》，三民书局1979年版，第752页。

和人员来进行，而且未必奏效。

　　侮辱国歌的真实含义是亵渎。当万众举行仪式之时，行为人背对球场和国旗而不是面对国旗，也是对国旗的亵渎。当万众举行仪式、奏唱国歌之时，行为人却发出嘘声，也是对国歌的亵渎。

蕺藜之思（代后记）

一、名物

2019年8月2号，临近立秋，又到了一年中最热的季节，不由得想起了蕺藜。

蕺，鱼腥草、折耳根也。藜，灰灰菜也。此二物，南方诸省皆有，是寻常蔬菜，可果腹充饥，亦可疗病救人。薤，野葱也，薤白也是常见草药之一。芝，灵芝也。芷，白芷也，是草药，也是炖肉香料。今天，古老名物与古老智慧早已被现代科技逼近绝路，只存于荒村僻壤和故纸堆之中，知晓者近乎寥寥，知晓者几为通儒之才。

或许，蕺、藜、芝、芷、薤，还有莲、苏、萍、堇，还存于女子的姓名里，我曾记得这些名与姓。我曾记得，周芷若、黄蓉这些武侠小说的人物。有一次，在检索汉字"莹"之前，以为是一种植物，草字头嘛。实际，应该写成瑩，根本不是植物，而是石头。这让我极为沮丧，但也知道了，不是名字里有"莹"的都值得珍惜，也不是所有的莹莹都是少年时期的梦。至少，金庸笔下任盈盈，就不是任莹莹，入我梦中的是任盈盈啊，我是不会搞错的。还有一次检索"堇"，才知不是植物，不是草字头，而是黏土。不知道那年选我课的李书堇同学看到这里，心中是不是崩溃的。

算了。你记得也好，最好你忘掉。少年乘流水而来，老朽御清风而逝，谁也不知，何处来兮何所终。一片燃烧过的森林，留下震耳的安静，如此而已。

努力忘记。不能忘记。曾在北纬23度观云观水。曾在北纬30度论剑论道。阿尔卑斯山的金雕，阿拉伯半岛的羱羊，藏羌故地的草叶，是否还记得一个平淡的躯壳来过。

杜英树在八月花开，栀子花在八月死去。爱情在六月发芽，婚姻在三月埋葬。汉语在五千年前繁盛，汉语在五千年后受伤。汉语曾经像念青唐古拉山一样伟岸和单纯，可如今，在我眼皮底下，汉语一次次被冒犯。

零食有所谓"高端零食"，其实就是贵，反正是垃圾食品。论坛有所谓"高峰论坛"，其实就是嘉宾身价高，观点未必就高到哪里了。这些忽悠术，或者叫作话术，本质上是在搞语言的鬼，的确是高级。

是的。汉语有多少可能性，刑法就有多少可能性。汉语有什么样的禁忌和界限，刑法也就有什么样的禁忌和界限。毋宁说你我生存于大地之上和雨露之下，不如说你我生存于汉语的意义世界里面。你我沉醉于现实的爱与谎言之中，沉醉于祖国的伟大和人民的善良之中，你我也必将在汉语的呢喃中合上双眼。

二、诗篇

2017年初夏的时候，刚看完乒乓球亚锦赛，看完平野美宇横扫国乒三大将。写下《夏至未至》。

  夏至未至菖蒲已是插满千门万户
  夏至未至蕲艾的香味还氤氲在古老的卷书
  母亲的念叨总离不开田埂上被吃光的狗牙根
  法学的辩论总伴着灯火通明和意义的追寻
  私人记忆血泪难忍
  国野万里正声阵阵
  一个平凡的学期追随一季珍贵的雨水
  一段旷古的盛世遗忘一场莫名的混乱
  夏至未至溪水潺潺
  夏至未至四海咸安
  在每一个夏至之前
  男生女生的提问诘问究问令人伤神
  在每一个忌日之前
  母亲都要提起被饥饿吞噬的深秀乡村
  把荆楚的痛和泥土的历史放在心里
  把虔敬的魂和自然的悲喜死死记忆
  把古国之根和家族的使命用力攥住
  把千字之文和本草纲目镌刻在复兴的迷途
  剩下的人事是老迈和坍圮

> 剩下的作品是行走与不屈
> 剩下的词语是黑板上寂寥的"绞""斩""降""叛"
> 剩下的礼物是讲台上的一杯酸奶和学子眼神的期盼
> 夏至未至,夏至不远
> 我拭去苍凉,沐浴焚烟——
> 为了虔敬地引用每一篇文献
> 为了虔敬地解析每一个案件
> 为了虔敬地怀想每一位逝者智者与勇者
> 为了一次次纵情高唱那永不会死的正义与诗篇

处暑,想到清代黄周星的诗:"被发何时下大荒,河山举目共凄凉。客来古寺谈秋雨,天为幽人驻夕阳。去国屈原终婞直,无家李白只佯狂。百年多少凭高泪,每到西风洒几行。"挽歌也罢,赞歌也罢,谁还不知道谁,永远别在人民面前抖机灵。任何精英,任何名牌大学,也不要试图在人民面前抖机灵。

三、大学

我只喜欢中南财经政法大学和华中师范大学,哪怕她们与任何一所公立大学并无二致。一个人喜欢母校是一种天然的情感,但大可不必吹捧和拔高自己的母校,她绝对不是圣母。梦中的母校,可能只是一个初次品尝接吻滋味的少男对少女甜甜唇舌的痴迷和沉醉罢了,但是,不要当真以为少女唇舌永远不会塞进韭菜叶和饭粒子。

于是,鄙夷一些著作中有意无意的"名校情结",尤其不喜他们口中所谓的"研究重镇"。作为抽象实体和文化象征的母校,与现实中的母校当然不是同一个东西。世俗的母校不是那个具有宗教意味的母校,有鸿鹄之志的校长也不是民国的蔡元培。很多学子在这一点上,认识都是糊涂的。

真希望有那么一所大学,或者有那么一个人,能像堂·吉诃德那样,哪怕做无谓的挣扎抗争,也能表明我们曾经自由勇敢过。总得给子孙做个样儿吧,总不能被子孙骂吧。

四、唯真

　　严谨的学术探讨和学术评判的前提，是确定术语的内涵与外延。最近，某教师"侮辱四大发明"这一热点事件的性质，逐渐变得清晰。上海交通大学江晓原认为：原本，我们说蔡伦是世界上第一个造出纸张的人，我们所谓的"纸"，就是指用蔡伦的这套方法造出的"纸"。后来，有人在陕西灞桥墓发现了"纸"——其实就是扁平的絮状物，上面也没有文字，学界产生两种意见，一派坚决认为这是"纸"，一派则坚持蔡伦所造的才是"纸"。前者或许是想因此而提前中国发明纸张的时间，但是这里的问题是，主张"灞桥纸"是"纸"，实际上就改变了"纸"的定义。一旦修改定义，这个事情就坏了。它提示人们，可以通过修改定义来"争第一"。如果灞桥墓发现的这个东西可以称为"纸"，那么，埃及人早在公元前三千年就发明了纸——埃及人的莎草纸，就符合一些学者修改后的定义。现在很多博物馆也都藏有埃及人的莎草纸作品，其上有大量的文字，还有绘画作品，如果我们承认存在"灞桥纸"，那么，为什么埃及人的"莎草纸"不能称之为"纸"？如果可以，埃及发明纸张的时间就比中国早得多。这个事情已经说不回去了。

　　已经无需进行过多的解释了。如果不把概念的内涵外延先确定好，任何争论都是没有结果的，还反倒会制造冤、假、错。

五、灵魂

　　天井的阳光，老汉的烟枪，嘉宾的装腔。一切都是老样子罢了。倘若投身时代，自然可以得到很多。倘若刻意闪避逃逸，也可以得到很多。唯灵魂似魅影，无法回避。灵魂就像是你有负于她的那个女孩，无处不在，不在眉前，就在梦田。

　　前贤辈出，代有才人，都是有趣有益的灵魂。现在很多青年人喜欢攀附逢迎，不走学术正途，贪恋迅速成名的诱惑，就是出卖灵魂。不论是老人变坏了，还是坏人变老了，反正说的都是坏人。诚朴不是城府，淡定不是呆萌，声名不等于头衔，青涩也不是无知。这些不是什么同义词，而可能是反义词。

　　毒害少年的游戏企业为自己卫道，肆意侵权、滥用职权的公务员为自己卫道，整容脸的戏子为自己卫道。每个人都有为自己卫道的权利，不可剥夺。但是，大道至简，卫道何用。

六、学问

这年头的一些事情，总是让人哭笑不得。

比如吧，原来是学生吹捧自己的老师，因为老师有名气，有各种现成的资源。现在倒好，老师也经常吹捧学生，老师也在利用学生的地位来巩固自己的江湖身价，维持自己的影响力。见多不怪——这是一个利益共同体，互相利用、攀附罢了。古代有母因子贵，今天有师因生贵。

杨大师会青冥剑，鲁大师耍流星锤，张少侠刚刚练就古墓派绝学从墓里爬出来，牛大师的八级太极铁砂掌都出自名门，于是，江湖人物就有点飘，个个都嘚瑟得很，不知道自己姓啥了。除了名头响亮，不时自贵身价，还擅长互相抬桩，甚至生造与炒作热点来维持自己的"曝光率"。年轻人，瞎闹、跟风、攀附、市侩、缺乏判断力，只会害了自己，最终自毁名节。白纸黑字不是写得越多越好，著作等身也未必是什么好事，白纸黑字和等身著作可能是一个人的纪念碑，也可能是一个人的耻辱柱。

有一年，在乌蒙之南，读《南菁书院志》，深受触动。黄体芳操守清厉、风节卓著，但是对世界大势了解太少。王先谦澄心渺虑，能烛人根柢之厚薄、学术之邪正，却不喜做表面文章。瞿鸿禨校士严峻、律下尤严。张文虎性端严，沉默寡言语，然接之极谦和。黄以周实事求是、不作调人，履贤体圣、怀裏精纯。仅仅一个王先谦"能烛人根柢之厚薄、学术之邪正"，就足够今天的读书人羞愧了。

另有一年，班上一少年郎，较黑，卷发，戴眼镜，南方沿海口音，言必称《刑法的私塾》。我劝他"现在不要看这本书"。不是贬低张师的文字，而是认为本科生看此书并不合适。《刑法解释的语言论研究》长达60页的导论令我暗暗叫苦——为什么不能直接上干货。

朴学已矣，传奇不再。假如看一看乾嘉学派的文字，就知道学问的极限在哪里。我下一部书，不敢写太快。因为有个男生杨柏轩曾说过谶语——"大师们写第九部著作时就会死去"，我非大师，但是怕死。这厮，给我幼小心灵带来极大的阴影。

宽严相济，风险社会，法哲学，法人犯罪主体，这些昔日热点，都已经凉下来了。昔日一卷卷的文献，再也无人问津，因为已经交换不来利益。凡是靠资本和权力堆造的热点，都逃不过时间的洗礼。踏雪千山，方成一卷。匈牙利医学家塞麦尔维斯生前饱受排挤，死后却声名鹊起。真的学问，也许就不是给当代人看的。

目前，刑法学研究现状是热点轮转快，刑法具体构成要件的解释总是沦为刑法理论的附庸。这既是一种偏颇的观念在作祟，更是总体研究水平低下的征表。大而无当的学术会议主题，不堪一击、破绽百出却自我欣赏的刑法理论，导致了多数时间下自说自话的成分居多。由于氛围不行，学术争鸣尚未形成常态，学术成果与刑事司法脱节。这些其实也可以理解，毕竟中华人民共和国刑法施行才40年。刑法学研究任重道远，刑法学形成中国品格任重道远。刑法学人，不负韶光，方能做出真学问。打破禁锢，就会迎来新视界。

七、师生

东北学生待人，绝对了，简直了。汪清县的崔雪华，还有宽甸县还是桓仁县的那个男生，都不机灵，却都有满满的善良。哈尔滨的李梓睿算是大城市的，也是一点都不像大城市的孩子，却仍有满满的善良。霍哲泓，每次谈论文都要带一瓶水给我喝，多大点事儿，于我而言，则是天大的事。善良，直爽，敞亮，豁达，真是伟大的东北人民。

2015级的烧麦，三亚人也，貌不惊人，语不惊人，学习不惊人，啥也不惊人的一个人。自重庆回，给我带了多味麻花。临近冬日，文泰楼走廊微凉的风吹拂着她蓝色的衣衫。麻花很好吃，够我记半生。

本书第二章中涉及医疗器械的内容，是受到2017级郑林静所写小论文的启发。她眼睛里闪烁着阿拉伯大漠戈壁上宝石的神秘幽光。有一次她感冒很重，还坚持来上课，对她这种"以危险方法危害全班公共安全"的行为，不知道与她同桌的朱兆睿会不会生气。反正我是很生气。

2019年9月7日下午4点40分，在文泰楼二楼教师休息室，多名对上学期期末成绩有异议的学生来面谈……总之是不愉快。我不知道，为什么师生之间曾经没有因果地一起走过光阴，为什么我的白发非要穿过你的年华。活在世间，真是比看电影还刺激。嘴脸，人性，贪婪，胆怯。9月16日，写好《平时成绩说明》，节录如下。

某同学：被害人姓名，忽而李磊，忽而李雷，态度不够认真。法院判决，忽而故意伤害罪，忽而不构成防卫，忽而防卫过当，案情交代不清楚，就贸然端出结论。被害人无故挑衅，是不是已经构成"不法侵害"，这些关键点，都没有进行论证。

某同学：有一个文献没有作者姓名，期刊的期数居然是"第48期"，显然是编造的，态度不认真。内容方面，一共是四个自然段。第二段讲的是有效性。第三段讲的是"仍有犯罪的欲望"。第四段讲的是"有值得表彰之处"是中止犯的关键，这个标准模糊得很，也不知道是自己的观点还是学者们的观点。面面俱到，但是都未形成有力的证明。

某同学：三个文献中，一个没有来源。论题是"从龚建平案看受贿罪的主体要件"，这个问题文献很多，案例也很多，但是作者征引很少。为什么足球裁判不是从事公务，该学生的"在国家机关中"显然不是此案的关键点，是错误的。龚建平应该构成商业受贿罪，也是错误的。分数低的一个原因可能是选择了一个自己没有能力证明的难度极大的刑法学问题。

某同学：虐待动物能否入刑，这是可以写的。但是，涉及构成要件，作者却没有给出危害行为是什么，实际上是没有解决该问题。客观要件都没有，还谈什么刑法，还有，"解释为驯养动物"，难道虐待野生动物不是作者所说的"虐待动物"，也没有解释为什么。

某同学：文献征引极其不符合规范。罪刑法定不是关于公正的，而是关于民主人权的，作者这一点是完全错误的，根本没有理解罪刑法定的实质。作者的"刑法视角下关于公正观念的思考"，既没有与刑法知识点进行结合，又很突然地提到"死刑复核权回收"，说什么"佘祥林的错判""鲜活的生命在法律的空隙中流逝"，众所周知，佘祥林并没死在监狱里。作者行文混乱，前后不搭，论题游移，缺乏基本逻辑。

某同学：文献征引极其不符合规范。论题是《论巨额财产来源不明罪》，但是引用的文献很少，大量文献被弃之不顾。也不知道有什么底气去涉及这一问题。而且，作者并没有从刑法学角度去论证构成要件，通篇都是诉讼程序、公民对法律的信仰、举证责任、财产申报等，等于是与刑法基本无关。

某同学：多处引用，没有交代出处。两处征引，没有出版年份。人身自由写成"人生自由"。置于支配之下写成"至于支配之下"。态度之不端,可见一斑。

某同学:作者试图解决"郑某九楼倾倒杂物致人死亡案",但是没有给出一个明确结论。对于裁判结果,也无评析。本案关键,显然是行为人是否认识到自己的行为会产生危害结果。作者的论述前后矛盾——"看到下面没有人"明明指向的是已经预见危害结果、采取了防果措施。而结论却是——疏忽大意的过失。

某同学:文献征引极不规范,四个文献没有一个是规范的。分析和结论都是错误的。"双手紧紧抓住李某的睾丸不放达数分钟""无期徒刑",居然还"主观恶性较小",不知道作者怎么想的。

文如其人,见字如面。看一篇小论文,也能看到作者的努力、才情与学识。有的随意,有的没有决断,有的胆大包天伪造文献,有的前后相左不知所云,有的否定某一观点又赞成同样观点、不知何意。小论文是平时成绩的唯一依据,不要再说什么"我学习认真""我从未旷课"之类的话。如果打分没有特别不准,请不要再继续纠缠。

我屡受狗害,走路时数次脚底一软,心念"不好",一坨狗屎就被我踩成烂泥,变成了臭狗屎。那种沮丧和气愤,多次冲击我身处新时代的好心情,多次意识到自己身处一个刑法学的"危险社会"。2014级的当堂作业,就是评价德国刑法中的"未经许可喂养危险的狗",当时学生们答什么的都有,真是笑死人不偿命。"未经许可喂养危险的狗"是一个道德问题还是一个犯罪问题,众所周知,我们对于养狗人的执法实在是太轻微了。每次想到"未经许可喂养危险的狗",我就无法平静。"不要把道德与法律混淆"是法学院的金科玉律了。可是,这种静态的观点,无法解释很多问题。事实证明,道德规范会成为法律规范,甚至成为刑法规范。

有一年,刑法期末试题是《我曾竭力解释过一个构成要件》,居然逼出了几篇好文章,虽时过境迁,但丝丝缕缕都历历在目。对于用心学习的学生,我心怀感激,因为他们的思维足够启发我了,即便有时候是粗糙的,有时候是可笑的。另有一年,某幼稚男生口试时心太软被我说得流眼泪,一贯传递"负能量和阴暗面"的刑法老师的我只好借机传播了很多很多正能量。上学期只要我讲课,某同学就频频点头,我真的讲得那么好吗,如果我讲的不好,那她为什么频频点头呢,那我讲得好还是不好呢,我怀疑她是为了锻炼颈部肌肉。孙昊学习可积极了,就是成绩不好,但日后必有一番成就。年纪轻轻就有高血压的陈君屹,前路踟蹰。还有那个贫血女生,吃了我的宝香斋糕饼,应该沉疴顿去了吧。

有学生庆幸遇见,有学生庆幸没遇见。错过是机缘、再也不见,撞见是孽缘、不得不见。也许是罪过，也许是善哉。

写这篇后记的时候，突然想到2016级都已开始研究生推免了，不禁感慨春秋之代序。想当年，阆中刘琴忕喝着娃哈哈酸酸乳，龙泉周佳妮倾心于部分犯罪共同说，杨柳依依时节的文泽楼，就是刑法的时节和刑法的世界。如今，昔日相见已成今夕怀念。

八、价格

任何自由竞争的社会里面，商品或者服务的价格都不会太高，这是经济学原理。但是，依靠权力来控制，依靠资本来垄断，则往往价格离谱。最近汽车价格降得厉害，因为逐渐已经形成充分竞争态势了。景区门票，居高不下，因为即便一个小小的山头，也已经被文旅产业集团等企业控制，成为奇货可居的资源。

在云南的集镇上，各种苦荞糕点，有豆沙馅儿的，有夹沙红糖的，只要5块钱一斤。现烤云腿饼，25元一斤。至于青菜，一块钱一堆。原料产地竞争的激烈，可见一斑。

不记得哪个国家了，说是中国男性娶当地女子，彩礼是300元人民币。可见当地女子竞争激烈，价格上不去。在中国，乒乓球运动员不值钱，哪怕他能在乒乓球领域干翻一个欧洲小国的人。但是足球就不一样了，踢得不咋地，身价可不低，座驾必须豪华。无非都是因为竞争过度或者竞争不足。

劣币驱逐良币，也是经济学原理，准确地说，应该是政治经济学原理。这当然也是因为不能形成充分竞争，好的商品和服务打不过劣质的。例如，有保护伞的劣币，或者有补贴的劣币，或者有权力罩着的劣币，都会畅行无阻，这已经不是市场经济，而是暴力经济或者官僚资本运作的经济体。

闲鱼上的价格就很有趣。你可以很实惠的价格买到心仪商品，因为卖家要出国，要搬家，要腾衣柜，贱卖家中细软。因为有的商品是货场货、赠品、走私货、积压货、单位奖品，物美价廉。你也可能上当受骗。但是，总的来看，闲鱼的价格才是当前我国商品的实际价格，而专柜价格、商超价格就显得太高，主要是人工成本和税收成本。闲鱼价格不含税，就像二手车交易是不用交车辆购置税一样。闲鱼价格低，还因为竞争充分，信息透明，几乎没有垄断和权力渗透。

正因为如此，你也不可能以不合理的低价买到商品，市场行情在那里摆着呢。

如果善于对比价格，或者从价格角度观察社会，也会得出有趣的结论。最优质的学术成果，不一定卖得最好。最佳出版社，未必最挣钱。最有本事的教练，可能在家赋闲。诸如此类。明代清代刑律有"私度僧道"，因为朝廷要实行总量控制以确保丁银收入的稳定。法律问题，甚至刑法问题，也可能是简单的价格问题。

九、鸡汤

鸡汤教主们终于混不下去了。本来是很容易判断的，却忽悠了很多人。可见，鸡汤也善于改头换面，有时候是扮成学者，有时候是扮成企业家，有时候化身为农民、学生或者导演，等等。每次看到某大主持人走过书架，抚过群书，眼睛里闪烁着故作睿智的光芒，就立刻警惕起来——读书要是不过脑子可危险呢。时政不便谈论，就说点读书啊修身啊理想啊求学啊之类的轻话题，其实仍是鸡汤。

大学里面的鸡汤也不少。最容易出现的几个地方，一个是校园广播，一个是课堂展示，一个是社团组织。有一次走在孙中山雕像附近，听广播居然听不懂，估计讲的是某一款电脑游戏，那些词汇，简直是对我弹琴啊。学姐告诉师妹，师兄传给学弟，好的不知道有没有传授，鸡汤倒是泼出去几罐子。真是担心学生的心理健康——要总是炖鸡汤、不炒几个青菜，营养不全倒是小事，怕就怕喝出了软骨病和高血脂啊。脑梗现在这么多，怕是没撇油的鸡汤喝多了吧。

不过，也真有学生，刚上大学，只听了一两周的课，就决心退学重考。

十、尘世

尘世里头都是尘土。每天，家里都是一层灰尘，所以，我们都身处尘世。如果哪天没了尘土，我们就在净土里面了。阳光天天明媚，岁月日日静好，可能是吧。

把尘世中的仇恨和鄙视写下来，把尘世中的欢乐和泪水写下来，把尘世中的真实和琐碎写下来，把我穿过你脑海的瞬间和你深植我心田的点滴写下来。

写下不堪，写下偶像的幻死倾覆，写下爱人路人，写下异乡山岚和不死文字，写下我的不能淡然处之。尘世永在，真相难寻。此刻，耳畔回荡着《洗衣歌》的声音：

  （一件，两件，三件，）
  洗衣要洗干净！
  （四件，五件，六件；）
  熨衣要熨得平！
  我洗得净悲哀的湿手帕，
  我洗得白罪恶的黑汗衣，
  贪心的油腻和欲火的灰，
  你们家里一切的脏东西，
  交给我洗，交给我洗。
  ……

胡先锋

2019年9月30日，盲风未至